주식회사의 이사회와
경영감독

주식회사의 이사회와 경영감독

윤 동 은 著

 한국학술정보㈜

머 리 말

주식회사의 기본적이고도 효율적인 운영을 위해서는 주식회사내의 기관들이 제 기능을 발휘하여야만 한다. 특히 이사회가 그 기능을 상실하거나 제대로 기능하지 못할 때에는 여러 가지 직접적인 문제점들이 드러나게 된다. 본 서는 주식회사 이사회의 기능 특히 경영감독기능을 그 논의의 대상으로 하여 운영실태의 문제점과 법제도상의 문제점들을 파악하고 그 개선방안을 제시하고자 집필되었다.

최근 상법학계에서 논의의 대상이 되는 중요한 사항들 중에 하나가 바로 주식회사의 지배구조문제이다. 지배구조의 개념에 대하여는 아직도 완전한 결론이 나지 않은 상태이고 따라서 지배구조가 포함하고 있는 범위에 대하여도 의견이 분분하다. 일반적으로 광의로는 주식회사를 효율적으로 운영하기 위한 모든 측면을 포함하는 개념으로 보고 협의로는 그 가운데 주식회사의 경영 및 감독구조만을 의미한다고 파악하고 있다. 본 서에서는 이러한 지배구조의 개념을 협의로 파악하여 지배구조의 문제점을 지적하고 특히 경영감독기구로서 이사회의 문제점을 중점적으로 고찰한다. 주식회사 지배구조의 문제점으로는 이사회의 형해화와 감사제도의 형해화로 진단했으며 특히 감사제도가 이사회와 밀접한 관련이 있다는 점을 강조하여 이사회의 문제점을 개선한다면 자연스럽게 주식회사의 감사제도도 개선되리라는 전제하에 이사회제도의 개선방안을 제시하였다.

주식회사의 경영감독기구는 단순하지 않다. 주주총회·감사·이사회 등이 있고 기타의 기구로는 기관투자가·사외이사·감사위원회 그리고 최종적인 경영감독기구라 할 수 있는 주주 등이 있다. 이처럼 많은 경영감독기구 가운데 본 서는 이사회만을 그 논의 대상으로 하였다. 본 서에서 논의한 이사회제도의 문제점을 간략히 정리해 보면 다음과 같다. 이사회의 법제도상의 문제점으로 첫째, 주식회사내의 업무집행기관에 의한 경영감독, 둘째, 이사회 내에 설치된 각종 위원회의 형해화, 셋째, 사외이사제도의 운영 미숙 등을 지적하였고 이사회 운영 실태상의 문제점으로는 첫째, 지배주주·경영진에 의한 이사회의 종속, 둘째, 비등기임원의 비대화, 셋째, 상법상 감사의 기능 부재 등이다.

이러한 문제점 지적을 바탕으로 그 개선방안을 찾기 위하여 본격적인 논의에 앞서 세계 각국의 입법례를 살펴보았는데, 미국·독일·프랑스·일본을 그 대상 국가로 삼았다. 미국은 전통적인 일원적 경영감독기구를 가지고 있는 나라로 각 주법상에 규정된 내용들을 살펴보고 이어 최근 자국내의 회계부정사태로 인하여 제정하게 된 기업개혁법(Sarbanes-Oxley Act)을 검토하였다. 독일은 미국과는 달리 이사회와 감사회로 나누어진 이원적 경영감독기구를 가지고 있으며 프랑스는 기본적으로는 일원적 기구였던 것을 최근 이원적 제도를 병행하여 양 제도의 선택적 시행을 하였으나 이원적 제도의 선택이 그리 많지 않아 성공하지 못한 것으로 평가되고 있다. 일본의 경우는 우리 나라의 경우와 유사하게 감사와 감사위원회의 선택을 할 수 있도록 관계 법규를 개정하였고 그 내용을 살펴보았다.

본 서가 나오기까지 많은 분들의 배려와 보살핌이 있었다. 본 서의 모태이기도 한 필자의 박사학위논문을 지도해주신 명지대학교 법과대학의 강희갑 학장님을 위시하여 학위 후 각 대학의 강단에서 후학을 가르칠 수 있도록 배려해주신 경북전문대학의 조성종 교수님과 국립진주산업대학교의 전일주 교수님 그리고 명지대학교 박준우 교수님의 보살핌이 없었다면 불가능한 일이었다고 생각한다. 머리 숙여 깊은 감사의 말씀을 올리며 앞으로 살면서 그 은혜를 갚을 일이 천리길이라 생각한다. 아울러 본 서의 출간을 허락하신 한국학술정보주식회사에도 고마운 마음을 전한다.

2005년 12월

尹 東 恩

目　次

그림차례

표차례

第1章 序 論

第1節 研究의 目的

주식회사의 기본적 이념은 이윤추구이다. 그러나 그러한 이윤추구가 올바르고 바람직한 방법으로 투명하게 이루어져야 이윤으로서의 의미가 있을 것이며 또한 회사의 이윤추구에 간접적으로 참여하게 되는 대다수의 선량한 투자자가 이 과정을 항상 확인하고 알 수 있어야 함이 옳다. 그러나 우리 나라를 비롯해 현재 세계 각국에서는 기업의 기본적 경제윤리가 무시된 채 부정한 방법을 동원해서라도 회사의 외적 규모만을 성장시키면 이윤은 저절로 만들어질 것이라는 의식이 팽배해 있고 장부의 조작을 해서라도 이윤이 발생했다는 실적을 내야만 하는 주식회사의 현실 앞에 결국 주식회사의 위기 더 나아가 세계 경제의 위기를 자초하게 되었음은 주지의 사실이다.

여기에는 경영자들의 경제윤리에 대한 문제와 함께 회사 운영의 구조 즉 회사의 지배구조와 이사회제도에 커다란 문제점이 있음을 지적하지 않을 수 없다. 이와 관련하여 오늘날 세계 각 국의 회사법 개정에서 가장 핵심적인 문제로 등장하고 있는 것이 회사지배구조 문제이다. 지배구조의 개념은 후술하는 바와 같이 아직 통일적으로 확립되지는 못했으나 일반적으로 대규모 주식회사의 경영에 대한 효과적인 감독구조와 감사구조를 확보하기 위한 법적 토대를 구축하는 문제를 중심내용으로 하고 있으므로 좁은 의미로는 회사의 경영감독구조라고 할 수 있다.

우리 상법이 도입한 제도 가운데 가장 획기적인 것은 회사기관의 재편성이었다. 주주총회의 권한을 축소하고 업무집행기관의 권한을 강화하는 일면 그 기구를 회의체 형식으로 개편한 이사회 제도의 도입이 그것이다. 이사로서 구

성된 이사회가 업무집행에 관한 의사를 결정하고 그 직무집행을 감독하며 대
표이사는 이사회가 결정한 업무를 집행하고 회사를 대표한다. 이것은 현대 주
식회사에서 업무집행기관의 권한을 강화하고 그 권한을 신중히 행사시키기 위
해 회의체형식을 도입한 것이다. 그러나 이러한 이사회 제도를 시행한 결과 기
대되었던 효과는 나타나지 않고 오히려 이사회의 무능력과 대표이사의 전횡으
로 말미암아 그 제도의 입법취지가 퇴색된 지 오래다. 여기서 회사 경영진에
대한 감독과 감사의 문제가 시작되며 현재 상법학계의 연구대상은 경영의 문
제보다 오히려 이에 대한 감독의 문제에 더욱 맞추어져 가는 실정이다.

이러한 현실에 비추어 우리 나라 주식회사의 경영 및 감독구조의 개선을 위
한 과제로는 다음과 같은 것을 들 수 있다. ① 우리 나라의 재벌그룹 또는 대
기업의 현실적인 지배구조를 개혁하는 방안의 마련 ② 주식회사 전체의 경영
감독구조의 개선과 이사회의 개혁 그리고 현행 감사제도의 존치 ③ 주주의 권
리를 최대한 보장하고 주주의 경영 감독을 강화하기 위해서 이사의 의무와 책
임의 강화와 주주의 대표소송의 강화, 주주의 직접적인 경영참가권, 기업매수
합병을 중심으로 한 회사지배권 시장의 활성화 내지 합리화의 문제 ④ 기관투
자가와 회사 채권자에 의한 경영감독에 대한 역할의 문제 ⑤ 주주총회의 운영
의 강화 방안 ⑥ 지주회사제도를 통한 재벌그룹 경영의 합리화와 재벌경영지
배의 완화 ⑦ 회사분할 내지 사업분리를 통한 재벌 경영지배의 완화 ⑧ 경영
진의 정보공개 문제 등이다.

우리 나라의 기업지원 정책의 결과로 탄생하게 된 재벌기업은 그간 한국경
제의 발전과 성장의 원동력이 된 것은 사실이나 주식회사의 이사회를 중심으
로 하는 경영관리구조에서 업무집행기능을 담당하는 기관은 기업경영의 효율
화와 경영감독의 실효성이라는 측면에서 업무의 집행과 감독이 분리되어야만
한다. 과거 우리 나라는 이사로 구성되는 이사회가 회사의 업무집행결정을 하
고 그 감독까지 하고 있었기 때문에 바람직한 이사회의 활동을 기대할 수 없
었던 것이다. 대기업과 재벌기업은 소유와 경영이 분리되지 못한 채 기업의 소
유자인 지배주주가 실질적인 오너인 이른바 회장이 되고 최고 경영자로서 막

강한 경영권을 행사하여 왔으며 상법상의 경영감독기관인 이사회를 도리어 지휘하고 통제하며 기업경영을 독점하여 왔다. 이에 따라 정부는 1998년부터 수차에 걸쳐 상법을 비롯한 관련 법규의 개정작업을 시도하여 이제 그 마무리단계에 서 있는 상황이다. 이러한 문제의 책임소재를 생각건대 안일한 정부주도의 경제정책에 순응해온 기업들에게도 책임이 있지만 이와는 별도로 급변하는 세계 기업환경의 변화에 따른 합리적이고 바람직한 이사회 제도와 경영감독제도를 발전시키지 못한 우리 스스로의 반성이 먼저 있어야 할 것이며 본 서는 이러한 문제의식을 내재하고 있음을 밝힌다. 현재 우리 나라 기업환경은 다음과 같은 변화를 요구하고 있다. 즉, 기업경영방식의 변화, 의사결정과정의 변화 그리고 조직의 구성방식의 변화가 그것이다. 이는 필연적으로 다시 주식회사 경영의 핵심 기관인 이사회의 변화를 요구하게 되는데, 이사회 구성원의 변화, 이사회를 포함한 경영감독기관의 분리, 이사회의 독립성과 권한회복으로 구체적으로 나타나게 된다. 이러한 변화의 결과물로써 우리가 얻을 수 있는 것이 바로 기업 경영감독 방식의 투명화 및 기업 경영의 내실화이다. 이사회 구성원의 변화를 위해서는 사외이사제도, 자격주제도의 재검토, 집중투표제도 등을 고려할 수 있고, 이사회를 포함한 경영기관의 이분화를 위해서는 역시 사외이사제도, 미국식의 집행임원제도, 이사회의 업무감독권 실효성확보 등이 검토될 수 있으며 마지막으로 이사회의 독립성 및 권한회복을 위해서는 이사회 의장과 대표이사의 겸직금지, 이사회의 법정결의사항 확대, 이사회 소집권의 확대, 이사회 소집절차의 간소화, 대표이사의 보고의무규정 등이 검토 고찰 대상이 된다. 이러한 이사회 제도의 새로운 변혁을 위한 입법적 준비는 어느 정도 구비되었다고 할 수 있다. 남은 문제는 바람직한 주식회사의 운영 및 건전한 경영환경을 조성하기 위한 시행상의 문제점과 그 중심에 서있는 이사회의 구성·운영상의 문제점을 파악하여 각국과의 기업경쟁에서 자생할 수 있는 능력을 키우는 일만 남았다 할 것이다. 본 서는 이러한 과정에 있어 주식회사 경영감독기구로서의 이사회의 위상을 재정립하고 그 역할의 제고를 위한 하나의 지침이 될 수 있을 것으로 기대한다.

　따라서 본 서는 주식회사의 경영감독제도상의 전환점에서 지금까지 새로이 도입된 제도들의 시행실태와 그리고 그간 나타났던 문제점들을 분석하여 주식회사의 이사회가 올바르게 경영감독의 기능을 수행하도록 함이 그 목적이라 할 것이며 이러한 목적을 위하여 서의 내용상의 문제제기를 바탕으로 하여 이와 관련된 이사회의 경영감독상의 여러 문제점들을 거시적·통합적으로 고찰하고 현재 세계적인 주식회사 경영감독 추세가 어떠한지를 각국의 실태와 비교법적으로 고찰, 우리의 현 위치를 파악하여 국내의 경영구조개혁에 기여함을 목적으로 한다. 또한 현재 우리 나라의 경영감독제도 실패의 원인과 변화 및 개혁의 대상 그리고 현대 주식회사가 요구하고 있는 지배구조의 재편성과 그 대상이 되고 있는 이사회 및 각종 위원회제도의 재정립을 시도하며 최근에 실시되고 있는 이사회 관련 제도들을 중간 점검하여 문제점들을 진단·고찰하여 미비점들에 대해서는 보완책을 제시함으로써 향후 주식회사 이사회 제도의 발전적 방향을 제시하고자 함을 본 서의 목적으로 한다.

第2節 硏究의 範圍 및 方法

Ⅰ. 硏究의 範圍

　경영감독구조와 관련한 상법상 이사의 직무집행에 대한 경영감독기관으로는 원칙적으로 이사회가 있다(상법 제393조 제2항). 경영감독구조 가운데 특히 이사의 직무의 집행을 감사하는 감사기관으로는 감사(상법 제412조 제1항) 또는 감사위원회(상법 제415조의 2)가 있다. 상법은 정관의 규정에 의하여 감사에 갈음하는 감사위원회를 둘 수 있게 함으로써 회사가 종전의 감사제도와 감사위원회제도 가운데 어느 하나를 선택하도록 하고 있는 것이 특징이다. 그리고 상법은 이사회의 경영감독권을 강화하고 지원하기 위하여 정관이 정하는 바에 따라 위원회를 설치할 수 있게 하였다(동법 제393조의 2 제1항). 또한 앞에서 이사회의 의사결정을 활성화·효율화하고 이사회의 경영감독기능을 강화하기 위해서는 사외이사의 기능이 중요하다 할 것이며 이에 따라서 사외이사도 상법상 경영감독기능을 하는 지위를 가지고 있다. 이 밖에 일정 규모 이상(직전 사업년도말의 자산총액이 70억원 이상)의 주식회사에서는 특별법에 의하여 인정된 임시의 회계감사기관으로서 회계법인 등의 외부감사인이 있다(주식회사의외부감사에관한법률, 1980. 12. 31 제정, 법제3297호). 또 주식회사의 설립절차나 회사의 업무 및 재산상태 등을 조사하기 위하여 상법상 법원 또는 주주총회에 의하여 선임되는 임시의 감사기관인 검사인이 있다(상법 제298조, 제310조, 제417조 제3항, 제467조 제1항). 이상은 상법규정과 관련법에 의한 독립된 경영감독기관이고 이외에도 널리 주주총회와 주주에 의한 경영감독도 주식회사의 경영감독구조에 있어서 매우 중요하다. 이 가운데 본 서에서는 이사회만을 그 고찰 대상으로 한다.

본 서의 연구 범위를 소개하면 다음과 같다.

제1장에서는 연구의 목적과 범위 및 구체적 연구방법 등을 밝히고,

제2장에서는 주식회사의 지배구조에 대한 개념과 포섭범위를 먼저 논의하여 그 바탕 위에서 이사회제도의 위상을 정립하게 된다. 주식회사의 지배구조는 아직까지도 완전한 결론이 나지 않은 개념으로 넓게는 주식회사의 운영 전반에 걸친 관리체계를 가리키며 좁게는 그 중에서 경영감독구조만을 가리키는 개념으로 이해할 수 있다. 본 서에서는 지배구조의 개념을 협의로 파악하여 경영감독구조만을 논의의 대상으로 하며 이 가운데 특히 이사회제도만을 집중적으로 검토하게 된다. 주식회사의 지배구조하에서 이사회의 역할과 위상을 재정립해보고 경영감독기구로서 이사회의 실태와 문제점을 정리하여 개선방안의 기초로 삼고자 한다. 제1절 주식회사의 지배구조와 경영감독기구편에서는 현재 세계 각국에서 활발히 논의되고 있는 지배구조의 기본적인 개념과 이러한 지배구조가 포함하고 있는 범위 및 우리 나라 주식회사에서는 어떻게 적용되어 왔는지를 검토하고 이어 우리 나라 지배구조의 문제점을 이사회와 감사제도의

형해화로 진단한 후 상법상 지배구조 내에서의 이사회의 기능을 검토한다. 아울러 상법상 경영감독기능을 담당하고 있는 기구를 법규상의 기구와 기타의 기구로 나누어 고찰한다. 제2절에서는 앞서 논의한 경영감독기구 가운데 이사회를 포함하는 상법상의 경영감독기구만을 고찰하여 경영감독기구별 역할과 기능을 소개한다. 여기에는 이사회, 감사 및 감사위원회, 증권거래법상 사외이사 등이 논의의 대상이 된다. 제3절에서는 이 가운데 이사회제도만을 한정하여 나름대로 문제점을 지적한다. 이사회제도의 문제점으로 지적되는 것은 법제도상의 문제점으로 업무집행기관에 의한 경영감독, 이사회내 위원회의 형해화, 사외이사제도의 운영미숙을, 이사회 운영실태상의 문제점으로는 이사회의 지배주주·경영진에의 종속, 비등기임원의 비대화, 감사의 기능부재 등이다.

제3장에서는 제2장에서 논의되고 제시되었던 문제점들의 개선방안을 찾고자 각국의 이사회제도를 비교·분석하게 되는데 그 대상이 되는 국가는 미국, 독일, 프랑스, 일본이다. 미국의 경우는 기업의 지배구조라는 개념이 처음 등장한 국가이므로 미국의 기업지배구조에 대하여 먼저 살피고 이어 각 주 회사법과 모범사업회사법상의 규정을 살펴보아 미국 이사회제도의 현황을 파악하였다. 또한 최근 미국의 기업사태와 관련된 중요한 문제로서 미국의 이사회의 동향을 파악하기 위해 주회사법과 더불어 ALI「원칙」상의 규정과 미국의 기업개혁법에 대하여 그 내용을 고찰하였다. 독일의 경우는 이원적 제도라는 점을 감안하여 이사회와 감사회를 중심으로 이사회의 구성과 경영감독기관을 어떻게 하고 있는지에 대하여 기술하였다. 이어서 프랑스는 프랑스 이사회의 기본적 구조를 일층제와 이층제로 나누어 살펴보고 각종 프랑스의 보고서를 검토하였다. 일본의 경우는 기존에 일본 내에서 제기되었던 문제점들에 대한 개선방안으로 단행된 상법 개정내용을 고찰하였고 특히 이사의 책임완화와 관련된 최근의 법개정 내용을 검토하였다.

제4장에서는 지금까지 논의하고 비교·고찰하였던 내용들을 바탕으로 구체적인 이사회 경영감독기능의 개선방안을 제시하게 된다. 우선 개선방안의 방향을 소유와 경영의 분리, 업무집행기능과 경영감독기능의 분리, 감독기능의 강

화라는 측면에서 제시하였으며 그 구체적 방안으로서 사외이사제도의 정착화, 이사회내 위원회제도의 활성화, 감사 및 감사위원회제도의 활성화, 집행임원제도 도입을 통한 이사회 감독기능의 강화 등으로 제시하였고 이와 함께 이러한 제도들이 시행됨으로써 과중한 책임을 지게 되는 이사에 대한 의무와 책임의 완화방안까지 아울러 고찰하였다.

제5장에서는 이상의 논의를 정리하여 결론을 맺는다. 결국 현행 이사회제도의 경영감독기능의 제고를 위해서는 현재의 제도를 어떻게 운용하느냐의 문제로 생각해 볼 수 있겠으며 다른 나라에서 시행하고 있는 생소한 제도를 무리하게 도입하여서는 아니 될 것이다. 물론 시행상의 문제점들은 발생되겠으나 이들 또한 제도만으로 개선하려고 하여서는 안 된다. 현재의 추세에 비추어 보면 이사회 외에 사외이사, 주주, 기관투자가 등 이사회 외부의 세력에 의해 많은 감시·감독이 이루어지고 있으며 특히 사외이사제도와 현재의 이사회제도를 적극적으로 활용하여 이를 성공적으로 정착시키느냐의 여부가 이사회의 경영감독기능의 제고를 위한 최대의 관건이라 할 것이다.

Ⅱ. 硏究의 方法

본 연구의 수행 및 연구목적의 달성을 위하여 다음의 몇 가지 방법을 사용하고자 한다. 우선 국내외에서 기존에 발표된 관련 논문과 저서 및 자료들을 분석·정리하여 기초자료로 활용하는 문헌 분석적 방법을 사용한다. 기존 문헌은 각종 학회잡지들과 각 기관의 보고서 그리고 단행본 등을 망라하여 참고하기로 하며 특히 조사자료는 직접 조사를 수행하여 작성함이 타당하나 작업의 곤란성과 방대성으로 인해 기존 조사자료를 재입수·정리하여 분석하는 것으로 대신하고자 한다. 둘째, 외국의 실태를 비교하는 비교법적 연구방법을 사용한다. 이러한 비교연구를 수행하는 데에도 앞서의 방법과 마찬가지로 기존의 연구논문 및 자료들을 검토·분석하는 문헌분석적 방법을 사용하여 연구하기로 한다. 그리고 마지막으로 현행 상법의 해석을 통하여 그 취지를 살펴보는 법해석학적 방법을 병행하여 사용하기로 한다. 또한 인터넷의 각종 자료들을 수시로 입수하여 검토하고 각 외국 사이트에 접속하여 최신 자료를 입수하여 사용함을 밝혀둔다.

第2章 株式會社의 支配構造와 商法上 理事會 制度의 問題點

第1節 株式會社의 支配構造와 經營監督構造

현대 주식회사는 소유와 경영의 분리로 인하여 실질적인 기업 소유자인 주주는 회사의 경영에 직접 참여하지 않고 주주는 그 이익을 대표하는 경영관리기구에 회사의 경영과 관리를 위임하고 있다[1]. 이러한 위임에 따라 발생할 수 있는 문제 예컨대, 경영과 관리의 권한을 위임받은 이사의 권한남용이라든지 경영관리 및 감독의 적법성 내지 적절성의 문제가 발생하게 되고 자연스럽게 주주·경영자 및 관련 당사자들의 이해관계는 서로 얽히게 된다. 현재 세계 각국에서는 이러한 회사 운영상의 문제를 해결하는데 많은 노력을 기울이고 있으며 회사법도 이러한 노력에 부응하여 활발한 논의를 진행 중에 있다. 이러한 노력 가운데 가장 중요한 것 중에 하나가 바로 Corporate Governance[2] 즉 기업의 지배구조와 관련된 것이다. 현재의 기업지배구조는 주식회사 운영의 핵심적인 요소로 인식되고 있으며 현행 우리 나라 이사회 제도의 실태와 문제점 및 그 개선방안을 논하기에 앞서 경영감독구조를 포함하는 전체적인 회사지배구조의 개념 및 내용 그리고 이에 대한 범위 등을 우선적으로 살펴보아야 할

---

1) 강희갑, "主要國家의 會社支配構造論과 日本의 株式會社의 經營監督構造에 대한 改善論議", 「商事法研究」 제18권 제3호(韓國商事法學會, 2000. 2), p. 111.

2) Corporate Governance의 개념에 대하여는 강희갑, "會社支配構造에 있어서의 株主의 代表訴訟", 「比較私法」 제4권 제2호(韓國比較私法學會, 1997. 12), pp. 455~456, 464~466 ; 同, "株式會社의 支配構造와 美國法上의 經營管理構造", 「經營法律」 제9집(韓國經營法律學會, 1999. 2), pp. 127~130 ; 정병석, "企業支配構造의 改善方案", 「韓國上場會社協議會 심포지움 자료 99-2, 1999. 3. 23)」, p. 14 이하 참조.

24

것이며 그 전제 하에 경영감독기관을 논하는 것이 순서일 것이다.

I. 企業 支配構造의 意義

1. 支配構造의 槪念

주식회사에 있어서 지배구조가 무엇이냐에 대한 문제 즉 지배구조의 개념에 대하여는 아직까지 명확한 결론이 나지 않은 문제이다. 일반적으로 회사의 지배구조라는 용어는 'Corporate Governance'를 번역한 말로서 '회사통치[3]', '기업통치[4]', '회사통제', '기업(회사)통할[5]', '회사관리운영[6]' 등 여러 가지로 번역·사용되고 있다. 또한 개념에 대한 정확한 번역이 어려우므로 단순히 '코포렛 거버넌스'라고 그냥 사용하는 견해[7]도 있다. 이렇듯 용어에 대한 번역의 불일치만 보아도 지배구조의 개념을 정립하기가 쉽지만은 않은 문제임을 알 수 있으나, 이 지배구조에 대한 개념정의가 전제되지 않고서는 주식회사 내에서의 경영감독기구의 위상을 제대로 파악하기 어렵게 된다. 지배구조론의 효시는 미국에서 기업지배구조 문제를 본격적으로 제기한 Berle & Means로 보고 있는데 1932년에 출간된 이들의 저서 「근대 주식회사와 사유재산(The Modern Corporation and Private Property)」[8]에서 대규모 공개회사의 경우 주식소유의 분산의 결과 소유자가 경영에서 물러나고 경영자 지배의 현상이 나타나므로 당해 기업의 피용자나 지역사

---

3) 권재열, "經營判斷의 原則", 「比較私法」, 제6권 1호(통권 제10호), p. 6.
4) 정준영, "社外理事制度의 導入 및 運營實態", 「21세기 商事法의 發展」(정동윤선생화갑기념), 법문사, 1999, p. 285.
5) 上場協, 「연구보고서 99-1」, p. 68.
6) 강희갑, "株式會社의 支配構造에 관한 美國法의 動向", 「企業構造의 再編과 商事法(I)」(회명 박길준교수 화갑기념 논문집), 도서출판 정문, 1998, p. 246.
7) 노일석, "敵對的 企業買受와 會社支配理論", 「商事法硏究(商事法學會)」, 제17권 제1호, 1998. 6, p. 232.
8) Berle and Means, *The Modern Corporation and Private Property*, The McMillan Company, 1932.

회를 망라하는 회사에 대한 이해관계자의 요구에 부응하여 정부가 대규모 회사의 경영에 관여할 필요성을 지적[9]하고 이를 'Corporate Governance structure'라고 칭하게 된 것이다.

현재 각국에서 기존에 정의된 지배구조의 개념에 대한 설명으로서는 다양한 설명이 나와 있으나 다음 몇 가지 정도가 중요하다. 이를 간략히 보면, 우선 미국의 증권거래위원회(Securities Exchange Commision : SEC)의 위원장이었던 Williams는 회사 내에서 의사결정을 하는 자들의 책임문제를 다루는 것이라고 하였고[10] Matheson교수와 Olson교수는 대기업에서 의사결정권을 분배하는 방법과 절차에 관한 것을 의미하는 것으로 보고 있다[11]. 또한 영국의 Cadbury위원회는 회사가 관리되고 통제되는 체계로 보고 있고[12] 영국의 Parkinson은 주주들의 이익을 위하여 회사의 경영진이 활동을 하게끔 그 경영진을 감독하고 통제하는 과정으로도 보고 있다[13]. 일본에서는 공개형 주식회사가 누구의 이익을 위하여 어떠한 방법으로 운영해야 하는가를 둘러싼 논의이며 결국 공개형 주식회사의 사회적 역할과 그 운영관리기구에 관한 것이라고 보거나[14] 경영자 지배가 진행된 대기업에서 건전한 기업 경영을 가능하게 하는 시스템을 어떻게 구축할 것인가에 관한 문제로 보기도 하고[15] 또는 경영자의 임면, 견제 등의 수단을 통하여 건전

---

9) Dallas, *Two Models of Corporate Governance* : Beyond Berle and Means, 22 U. Mich. J. L. Ref. 19, 20 (1988).

10) Harold M. Williams, *Introduction to Symposium on Corporate Governance*, 8 Hofstra Law Review 1, 1997.

11) John H. Matheson & Brent A. Olson, "Corporate Cooperation, Relationship Management and the Trialogical Imperative for Corporate Law", 78 Minesota Law Review 1444 N.3, 1994.

12) Jonathan P. Charkham, *Keeping Good Company*, Oxford : Clarendon Press, 1993, p. 248.

13) J. E. Parkinson, Corporate *Power and Responsibility*, Oxford : Clarendon Press, 1993, p. 159.

14) 太田誠一, "コ-ポレ-ト・ガナンスに關する商法等改正試案骨字", 「商事法務」No. 1470(商事法務研究會, 1997. 10. 5), p. 7 ; 江頭憲治郎, "コ-ポレ-ト・ガナンスを論する意義", 「商事法務」(商事法務研究會, 1994. 8. 25), p. 3.

15) 小林秀之 / 近藤光男, 「株主代表訴訟大系」, (弘文堂, 1996), p. 5.

하고 활력 있는 기업경영이 행하여지도록 하는 것으로 보고 있다[16]. 그리고 기업경영의 효율성을 높이는 것을 의미한다는 견해도 있다[17]. 독일에서는 대규모 공개회사에서의 경영감독기구의 개혁의 문제를 중요한 내용으로 하고 있다[18][19]. 아울러 OECD의 Principles of Corporate Governance 에서는 이사회(또는 감사회), 경영진, 주주 기타 이해관계자들의 책임에 관한 구조로 이해하고 있다.

이렇듯 각국의 Corporate Governance의 개념에 대한 포괄성·다양성으로 인하여 정의 및 해석이 일치하지 않고 있고 일반적으로 인정되고 있는 정의도 나와있지 않은 상태이므로 결국 이상의 견해들을 종합하여 개념정의를 하고자 한다. 결국 'Corporate Governance'란 공개형 주식회사의 경영을 둘러싼 회사의 여러 구성원들의 권한과 역할의 분배 그리고 경영진의 경영권 남용에 대한 감독과 통제를 위한 법적·사실적 체계를 의미한다고 정의할 수 있다[20].

2. 支配構造의 內容

앞서 정의한 지배구조의 개념을 기초로 하여 어떠한 범위까지 지배구조의 범주에 포함하여야 할지가 문제된다. 최근의 경향은 이를 넓은 의미(광의)와 좁은 의미(협의)로 구분하여 이에 따라 그 포함내용도 달라지게 되는 바, 본서에서도 이러한 구분에 따르기로 한다.

가장 넓은 의미로서의 지배구조는 전반적인 기업의 운영관리구조를 의미하게 되는데 이는 기업구성원의 자율적 선택이나 법적 규제를 포함하는 전반적인 사회구조에 따라 결정된다. 미국법률협회는 기업지배구조에 관한 연구결과를 출판하

---

16) 加護野忠男, "日本における コ~ポレ~ト・カバナンスの制度的課題", 「會社法學への問いかけ」(日本私法學會 商法部會シンポジウム資料, 1999. 10), p. 10.

17) 市川兼三. "コ-ポレ-ト・ガナンス", 「民商法雜誌」第117卷 4~5(1998), pp. 528~529.

18) 前田重行, "ドイツにおけるコ-ポレ-ト・ガバナンスの問題", 「民商法雜誌」第117卷 4・5(1998), pp. 546~547.

19) 이상 기존 정의는 강희갑, 앞의 논문(각주 1), pp. 109~110 참조.

20) 강희갑, 앞의 논문(각주 2), pp. 464~465 참조.

면서 '기업지배구조법(the law of corporate governance)은 회사 특히 공개기업
에 있어 주주, 이사, 경영진간의 중요한 법적 관계에 대한 사회일반의 인식을 반
영하고 있으며, 비록 헌법에 회사관련규정은 없으나 기본적 사회질서의 법적구조
로서 헌법의 일부'라고 표현하고 있다[21]. 기업지배구조에 관한 네덜란드의 보고
서는 기업의 지배구조란 '기업에 있어서의 관리와 권한, 책임, 영향력과 신뢰성,
감독을 의미하며, 경영권과 투자자간의 분리가 존재하는 기업을 대상으로 한다'고
정의하고 있다[22]. 기업을 법경제학적으로 분석하는 입장에서는 '이해관계가 상이
한 집단들의 공동체인 기업에 필연적으로 존재하는 개별 구성집단의 바람직하지
못한 행태로 인한 비용을 보다 적은 비용으로 줄이고자 하는 메카니즘[23]'을 기업
지배구조의 출발점으로 보는 것이 보통이다. 그러므로 광의의 지배구조에는 주식
회사의 관리운영에 관한 전반적인 것을 포괄하는 범위를 가지고 있으며 여기에는
경영진, 이사회(또는 감사회), 주주 기타 이해관계집단의 상호관계와 각각의 책임
에 관한 구조를 포함한다고 할 수 있다.

보다 제한적인 개념 정의를 보면 '기업의 이해관계집단과 경영진, 이사회간의
상호관계에 관한 문제[24]' 또는 '기업의 주주와 이사회, 임원간의 관계[25]'로 기업
의 지배구조를 이해하는 것이 보통이며, '그 핵심에는 법규와 시장, 주주총회에
의해 제약받는 이사회가 존재[26]'한다고 본다. OECD도 기업지배구조의 개념을
좁게 파악하여, 거시경제정책이나 경쟁시장, 법규 내지 제도적 환경, 환경문제

---

21) Geoffrey C. Hazard, Jr., Director's Foreword, in : American Law Institute, Principles of Corporate Governance: Analysis and Recom- mendations, 1994.
22) Recommendations on Corporate Governance in the Netherland, Forty Recommendation, Committee on Corporate Governance, 1997. 6, p. 9.
23) Frank H. Easterbrook / Daniel R. Fischel, "The Economic Structure of Corporate Law", 1991, p. 7.
24) D.D. Prentice, *Some Aspects of the Corporate Governance Debate*, *Contemporary Issues in Corporate Governance*, Clarendon Press Oxford/Allen & Overy, 1993, p. 25.
25) Mark J. Roe, Strong Managers Weak Owners, 1994, Preface.
26) Sir Adrian Cadbury, *Highlights of the Proposals of the Committee on Financial Aspects of Corporate Governance*, *Contemporary Issues in Corporate Governance*, Clarendon Press Oxford/Allen & Overy, 1993, p. 46.

기타 사회적 이익 등 넓은 의미에서의 기업운용환경의 일부분으로 이를 이해한다. 즉, 기업지배구조를 '기업의 경영진, 이사회(또는 감사회), 주주 기타 이해관계집단 간의 일련의 관계'로 정의하면서[27], 지배구조에 영향을 미치는 구성요소로서 지배주주(개인, 가족, 공동집단, 지주회사 내지 상호주보유회사), 기관투자자, 소액주주, 은행 등 채권자, 종업원 기타 이해관계집단, 나아가 규제권한을 갖는 정부를 열거하고 있다. 이는 '주주와 경영진, 이사회나 감사조직으로 이루어지는 회사의 기본적 구성요소간의 상호관계와 각각의 책임에 관한 구조(the structure of relationships and corresponding responsibilities among a core group)'로 기업지배구조를 규정하는 자문단의 보고서[28]에 기초한 것으로 보인다.

결국 회사지배구조는 이를 넓게 보면 공동기업형태로서의 회사, 특히 대표적인 물적회사인 주식회사의 법적구조를 어떻게 하면 그 이해관계자들의 지위를 최대한 보호하면서 동시에 본래의 목적인 영리활동을 가장 효율적으로 수행할 수 있도록 재정립할 것인가에 대한 논의로 본다. 이에 따라서 물적 기초로서의 자기자본 및 타인자본의 조달수단, 출자자로서의 주주의 지위 및 이에 대한 보호 수준(여기에는 주주권·복수 내지 차등의결권·주주총회의 권한·주주의 대표소송권 등을 포함한다), 회사채권자의 보호 수준, 경영기구의 조직·권한·책임, 경영에 대한 대내외적 감독체계 등의 문제뿐만 아니라 계산과 공시, 회사 경영에 대한 종업원의 참가 여부와 형태, M&A에 의한 경영권 변동의 가부, 기관투자자의 역할, 금융산업의 산업자본참가, 회사의 대사회적 책임 등 회사법상의 거의 모든 쟁점들이 그 내용이 된다[29]. 즉 회사지배구조는 이를 넓게 본다면 회사의 설립, 경영, 해산·청산, 회생이라는 회사의 일생을 법적으

---

27) OECD Principles, p. 2.
28) Ira M. Millstein et al., Corporate Governance Improving Competitiveness and Access to Capital in Global Market, A Report to the OECD by the Business Sector Advisory Group on Corporate Governance, 1998. 4., p. 13
29) 권종호, "日本의 企業支配構造 動向과 우리 나라 監査制度의 改善", 上場協, 1999. 春季號, p. 73.

로 어떻게 형성할 것인가 하는 회사법의 근원적이고도 원천적인 문제라고 볼 수 있으며[30] 미국의 경우처럼 주식회사의 관리운영에 관한 일체의 문제를 포함하고 보다 제한적으로는 OECD의 경우와 같이 주주와 이사회, 임원, 이해관계집단 및 경영진의 상호관계를 내용으로 하고 있는 것이다[31].

반면에 지배구조의 개념을 좁게 파악한다면 영국, 독일, 프랑스, 일본의 경우처럼 투자자의 입장에서 최대의 경영성과를 얻기 위한 최적의 회사경영구조 및 이에 대한 감독체계 즉 주식회사의 경영 및 감독구조를 회사지배구조의 내용으로 볼 수 있다[32]. 그러나 광범한 문제를 포괄하고 있는 미국과 OECD의 경우에도 경영 및 감독구조의 개혁, 주주의 권리와 이해집단의 권리의 보호를 주된 내용으로 하고 있으며 특히 경영 및 감독구조를 핵심내용으로 하고 있다[33]. 결국 광의의 지배구조와 협의의 지배구조에 공통적으로 포섭되는 범위를 회사의 경영감독구조로 파악할 수 있고 이에 따라 본 서에서는 지배구조를 광의의 개념에 포함되는 협의의 지배구조로 파악하여 주식회사의 경영 및 감독구조를 지배구조의 내용으로 한정하며 특히 대규모 공개기업의 경우로 국한한다[34]. 그리고 이러한 지배구조하에서의 주식회사의 여러 경영감독기구들 가운데 특히 이사회만을 그 논의의 대상으로 삼아 경영기구로서의 위상과 실태 및 문제점 그리고 개선방안을 검토하고자 한다.

---

30) 권기범, "獨逸 및 EU에서의 會社支配構造", 「比較私法」, 제6권 2호(통권 11호), p. 8.
31) 강희갑, 앞의 논문(각주 1), p. 113.
32) 강희갑, "우리 나라의 企業支配構造의 立法論的 檢討", 上場協, 1999. 春季號, p. 20.
33) 김지환, "株式會社의 支配構造에 관한 硏究", 法學博士 學位論文(成均館大), p. 9 이하 참조.
34) 이는 현재의 支配構造에 대한 논의가 株式會社 특히 大規模 公開株式會社를 그 대상으로 하고 있으며 規模가 작은 非公開 人的會社까지 劃一的으로 規律하는 것은 오히려 非效率的이라 생각하기 때문이다.

3. 商法의 態度

(1) 商法上 支配構造의 變化[35]

우리 상법상 지배구조의 역사는 주주총회와 이사회 그리고 감사기관의 권한 분배의 내용을 살펴보면 어느 정도 짐작할 수 있다. 1962년 우리 나라 상법 제정시까지 일본상법에 의하여 규율되던 의용상법하에서는 회계감사뿐만 아니라 이사의 업무집행에 대해서도 감사를 하였다. 이 업무감사를 바탕으로 임시 주주총회의 소집(의용상법 제285조 제2항), 이사의 자기거래의 승인(의용상법 제265조), 이사결원의 경우 그 직무대행(의용상법 제276조), 회사와 이사간의 소에 관한 회사대표권(의용상법 제227조 제1항), 각종의 소제기권(의용상법 제 247조, 제268조, 제277조 제2항, 제371조 제2항, 제380조 제2항, 제415조, 제 428조 제2항) 등과 같은 광범위하고 포괄적인 권한이 인정되고 있었다. 그러다가 1962년에 상법이 제정되면서 영미법상의 이사회제도를 도입하게 되었고 여기에서 감사의 임무를 회계감사로 한정하였는데 이는 일본 상법이 1950년 개정될 때 감사의 권한 가운데 업무감사권을 이사회로 넘기고 회계감사권만을 갖도록 한 것과 맥을 같이하는 상법의 제정이었다.

1984년의 상법개정에서 다시 감사에게 업무감독권을 인정하고 감사의 권한을 대폭 확대하는 방향으로 개정하였는데 이는 이사회의 업무감독기능에 대한 회의에서 비롯된 것이다. 즉 감사의 기능을 다시 강화한 것은 이사회의 업무감독기능이 실효성을 발휘하지 못하였기 때문으로 이는 이사회의 구성자체가 사내이사만으로 구성되어 실질적인 업무감독을 할 수 없었기 때문이다[36]. 이러한 이사구성상의 문제는 오늘날까지도 완전한 해결을 보지 못하였으며 이를 개선하기 위한 방안으로 미국법상의 사외이사제도가 도입되었으나 그 정착여부가 아직 불투명한 상태이다.

---

35) 法務部, 「各國의 會社支配構造」, 法務資料 제229집, 1999. 12, pp. 15~16 참조.
36) 정석호, 「監事의 監査機能 活性化에 관한 硏究」, 漢陽大 碩士學位論文, 1994. 6, pp. 5~8.

(2) 支配構造 改善을 위한 最近의 商法改正

최근 우리 나라에서는 바람직한 지배구조의 재편을 위하여 수 차례 상법을 개정하여 왔고 어느 정도의 가시적인 효과를 보고 있다. 특히 중요한 개정내용을 간략히 정리하여 보면, 1998년의 개정내용으로 주금액인하(상법 제289조 제1항 4호, 제329조 제4항), 이사의 충실의무, 사실상의 이사의 책임 주주제안제도(상법 제363의2 제3항), 집중투표제도, 소수주주권행사요건의 완화, 합병절차의 간소화, 회사분할제도의 도입 등이 있고, 1999년에는 기업의 국제화에 따라 이사회의 기능과 역할을 강화하여 기업경영의 효율성을 제고하고, 감사위원회제도의 도입을 통하여 기업경영의 투명성을 보장하며 주주총회 및 이사회의 운영방법을 정비하는 등 기업지배구조를 개선함으로써 건전한 기업발전을 도모하고 궁극적으로 우리 기업의 국제경쟁력을 강화하려는 취지로 상법을 개정하였고 이 밖에 중요한 개정내용으로는 ① 주식매수선택권(제340조의 2 이하), ② 주주총회의 의장의 선임과 총회질서유지권(제366조의2), ③ 서면에 의한 의결권의 행사(제368조의3), ④ 이사회의 화상회의방식의 허용(제391조 제2항), ⑤ 이사회의 의사록의 기재내용의 변경(제391조의3 제1항), 사채권자의 열람권의 배제(제396조 제2항) 및 주주의 열람청구의 거절과 법원의 허가를 얻은 열람권(제391조의3 제3항), ⑥ 이사회내 위원회(제393조의2), ⑦ 감사위원회위원이 회사와 소의 당사자인 경우의 회사대표자의 선임(제394조의2), ⑧ 회사분할합병에 대한 간이합병(제527조의2) 및 소규모합병(제527조의3)에 관한 규정의 준용(제530조의2 제2항) 등의, 여러 유관기관 및 업계 등의 요청에 의한 제도가 포함되어 있다. 개정이라고는 하지만 이 가운데 조문내용의 개정은 ⑤ 이사회의 의사록 ⑧ 간이·소규모분할합병에 관한 규정뿐이며, 그 밖의 모두가 신설제도이다. 이어 2001년에는 지배구조의 개혁에 대한 마무리적 성격의 개정으로서 주된 내용은 기업경영의 투명성을 제고하고 국제경쟁력을 강화하기 위하여 주주총회의 결의사항을 확대하고 이사회 제도를 개선하며 신주인수권을 강화하는 등 기업의 지배구조를 개선하며, 지주회사설립을 위한 주식의 포괄적 교환·이전제도를 도입하여 기업의 구조조정을 지원하려는 것으로 요약될 수 있다.

Ⅱ. 株式會社 支配構造의 問題點과 原因

우리 나라의 주식회사 지배구조 관련 법규범은 1997년 경제 위기 이후 시행된 수 차례의 개정으로 많이 정비되었다. 즉 소유와 경영의 분리를 통해 주주의 이기심으로부터 회사재산을 지키고 이사회라는 회의체를 통해 경영에 관한 최선의 의사를 결정하게 하는 한편, 이사들이 상호 감시하게 하고 감사 또는 감사위원회라는 기구를 통해 경영자의 독선을 통제함으로써 경영의 건전성을 확보한다는 것이다. 그러나 기업의 경제 현실을 보면 이는 법의 이상에 그치고 이러한 법의 취지가 현실에까지 적용되지 못하고 있으며 지배주주의 경영간섭 및 경영자의 독선이 매우 심한 실정이다. 이는 여러 가지 이유가 있겠으나 수십년간 걸쳐온 기업 지배의 관행과 제도의 미비 그리고 이사회의 기능부재 등에서 찾을 수 있겠다. 아래에서는 지배구조의 문제점과 그 원인을 지배주주의 지분율을 바탕으로 하여 논하기로 한다.

1. 株式會社 支配構造의 問題點

우리 나라 주식회사의 지배구조의 실태는 상법상의 제도와는 많은 차이가 있다. 우리 나라의 대기업과 재벌기업은 기업의 소유와 경영이 분리되지 못한 채 기업의 소유자인 대주주나 실질적인 경영자인 이른바 회장이 최고경영자로서 막강한 경영권을 행사하여 왔다. 최근에 와서 재벌기업의 구조개선과 관련해서 이러한 기업의 실질적 지배주주인 오너(owner)들이 그룹의 중심회사의 상법상 대표이사로 취임하여 상법의 틀 속으로 들어오고 있으나 여전히 계열회사를 지휘하고 있다. 또 이들은 상법상의 경영감독기관인 이사회를 도리어

지휘하고 통제하여 기업경영을 독점하여 왔다. 그리고 이들의 기업경영에 대해
서는 정부가 통제와 감시기능을 담당하여 왔다. 이러한 실태는 재벌의 지배구
조 내지 구조조정을 정부가 적극적으로 나서고 있거나 재벌 스스로 그 의지를
표명하고 있음에도 불구하고 여러 가지 수단이나 이유 또는 구조조정의 지연
으로 아직도 만족할 만한 결과를 내지 못하고 있는 형편이다. 또 미국의 경우
와 달리 증권시장, 기업지배권시장, 경영자 노동시장 등 시장을 통한 외부통제
시스템이 발달하지 못하고 있고 아직도 많은 기업이 지배지분을 제외한 일부
만을 주식시장에서 매각하여 불완전한 공개소유구조를 가지고 있기 때문에 지
배주주인 오너경영자의 주식소유비중이 높아 막강한 경영권을 행사하고 있다.
결국 증권시장을 통한 외부통제시스템이 제대로 작동하지 못하고 있다는 것이
다.

　2000년 말의 30대 대기업 집단의 재무구조[37]를 살펴보면, 30대 기업집단 전
체 부채비율은 171.3%로서 전년대비 47.4% 감소하여 재무구조가 크게 개선된
것으로 나타났다. 그러나 이를 자세히 살펴보면, 4대 기업의 부채비율은 99년
146.3%에서 162.3%로 16% 증가[38]하였고 5~30대 기업의 경우, 429.6%에서
180.8%로 248.8%P 하락한 것을 알 수 있다. 우리 나라의 4대 재벌의 재무구
조는 일시적이라 할지라도 더욱 악화되어 가고 있는 것이다. 전체적으로 재무
구조가 개선된 원인으로 2001년 5~30대 집단의 부채비율이 전년대비 대폭 감
소된 데 기인한 것이다. 자본잠식상태였던 「(주)대우」, 「진로」 및 부채비율이
4,234%에 달하던 「아남」이 지정에서 제외됨에 따라 5~30대 기업집단의 부채
비율이 크게 하락하게 된 것이다. 전반적으로 기업의 자본총액보다 부채의 총
액이 높다는 것은 결코 바람직하다고는 할 수 없을 것이다.

---

37) 公正去來委員會, 「公正去來白書」, 2002. 7, p. 212 이하 참조.
38) 이는 「현대」가 經營 惡化로 인하여 負債比率이 329.3%로 크게 증가한 것이 결정
　　적인 原因이 된 것으로 보인다.

[표 1] 30대 企業集團의 負債比率39)

(단위 : 조원. %)

분 류	구 분	자산총액(a)	자본총액(b)	부채총액(c)	부채비율(c/b)
4 대	'99년말	237.7	96.5	141.2	146.3
	2000년말	209.4	79.8	129.5	162.3
	증 감	△28.3	△16.7	△11.7	16.0p
5～30대	'99년말	175.2	33.1	142.2	429.6
	2000년말	210.5	75.0	135.6	180.8
	증 감	35.3	41.9	△6.6	△248.8p
전 체	'99년말	412.9	129.6	283.4	218.7
	2000년말	419.9	154.8	265.1	171.3
	증 감	7.0	25.2	△18.3	△47.4p

주) 金融・保險業 營爲會社 除外

이어서 2001년의 기업집단의 소유구조에 대해 살펴보면, 30대 기업집단 내부지분율은 45.0%로 2000년보다 1.6%P 상승하여 동일인 지분율은 전년의 1.5%에서 3.3%로, 자기주식 보유비율은 전년의 2.3%에서 4.2%로 각각 1.8%p, 1.9%P 상승하였다. 30대 기업집단 상장회사의 평균 내부지분율은 31.7%, 비상장회사는 64.8% 수준이다40). 계열회사 지분율은 전년의 36.6%에서 35.2%로, 특수관계인 지분율은 전년의 3.0%에서 2.3%로 각각 1.4%P, 0.7%P 하락하였다.

---

39) 公正去來委員會, 앞의 자료 참조.
40) 2001년 들어 同一人 持分이 증가한 것은 同一人 持分이 높은 「포항제철」(57.8%)과 「현대백화점」(13.7%)이 신규 지정된 데 주로 기인하고 있다.

[표 2] 30대 企業集團 內部持分率 變動推移

(단위 : %)

구 분	'97. 4	'98. 4	'99. 4	2000. 4	2001. 4
동일인	3.7	3.1	2.0	1.5	3.3
특수관계인	4.8	4.8	3.4	3.0	2.3
계열회사	33.7	35.7	44.1	36.6	35.2
자기주식	0.8	0.9	1.0	2.3	4.2
합 계	43.0	44.5	50.5	43.4	45.0

　　기업공개비율은 자본금 기준으로는 61.3%로 2000년 60.6%보다 다소 상승한 반면, 회사수 기준으로는 22.1%로 2000년 25.6%보다 3.5% 감소하였다. 30대 기업집단 소속 624개 회사 중 3/4 이상이 비공개회사로서 동일인 및 동일인관련자 등 소수의 주주에 의해 운영됨에 따라 외부감시가 미흡한 것으로 평가된다.

　　2001년 30대 기업집단의 출자총액은 50.8조원으로 전년 대비 4.9조원 증가하였다. 출자총액증가율은 전년의 53.5%에서 10.7%로 감소되었으나, 순자산 대비 출자비율은 전년의 32.9%에서 35.6%로 증가하였다. 출자증가는 주로 계열사 유상증자 참여 및 정보통신분야 진출에 기인한 것으로 평가되나, 계열사 수 증가(80개) 및 영위 업종수 증가(0.4개) 등에 비추어볼 때 문어발식 확장경영의 재연이 우려된다고 할 것이다. 30대 기업집단의 한도초과 출자금액은 총 23.8조원으로 예외인정대상(10.7조원) 및 해소대상에서 제외되는 출자금액(2.1조원) 등 12.8조원을 제외하면 해소대상 출자금액은 11조원 수준이고 지주회사전환이나 계열제외로 내년 3월말까지 2.1조원의 출자해소가 예상되었다. 출자총액제한제도가 시행되었던 98년 이전의 경우 해소대상출자의 50% 정도가 순자산증가(당기순이익, 유상증자 등)로 해소되었다. 내부지분율은 45.0%로 지난 해(43.4%)에 비해 1.6%p가 증가하여 소유구조가 악화되는 모습을 보이고 있다. 특히 동일인 내부지분율이 1.5%에서 3.3%로 증가하였고 계열회사(자기주식 포함)는 38.9%에서 39.4%로 역시 증가하였다. 이를 해석하자면, 총

수 1인이 계열사간 순환출자를 이용하여 과다한 계열사 지배력을 행사하는 왜
곡된 소유구조가 여전히 개선되지 않고 있는 것으로 평가할 수 있다[41]. 결국
우리 나라 재벌그룹의 부채비율은 크게 감소되지 않고 있고 재벌의 선단식 경
영과 오너에 의한 전횡적 경영의 수단으로 이용되어 온 재벌그룹 계열사들의
상호출자와 기타의 내부지분율은 재벌의 구조조정과 지배구조의 개선이 진행
되고 있는 가운데도 그다지 개선되지 못했고 오히려 증가하고 있는 형편이
다[42].

　현재 우리 나라의 주식회사 이사회제도와 관련하여 대규모 기업집단의 지배
구조의 개선과 구조조정이 상당기간 진행되었음에도 불구하고 지배주주인 재벌
오너는 여전히 소액의 투자로서 계열사간의 상호출자에 의하여 계열사에 대하여
지배권과 경영권을 행사하고 있으며, 오너와 특수관계에 있는 감사에 의해서 밀
실감사가 행해지고 있다[43]. 따라서 우리 나라에서는 계열사간의 직·간접의 상
호출자의 고리를 끊어 오너에 의한 지배를 타파하는 것이 지배구조 개선에서 가
장 중요한 일일 것이다. 그리고 우리 나라에서는 정부가 기업경영에 대해서 통
제와 감시기능을 하고 있고, 미국과 달리 기관투자가나 증권시장을 통한 외부통
제시스템이 작동하지 못하고, 은행 등의 금융기관에 의한 효과적인 감시기능도
기대하기 곤란하다[44].

41) 이상은 公正去來委員會, 「2001년 대규모기업집단 주식소유현황(보도자료)」, 2001.
　　7, pp. 2~3 참조.
42) 韓國上場會社 協議會 주최, 심포지움 자료, "韓國型 社外理事制度의 定立", p. 11
　　이하 ; 강희갑, 앞의 논문(각주 1), p. 151 이하 ; 同, "우리 나라의 企業支配構造
　　의 立法論的 檢討", 「上場協」(韓國上場會社協議會, 1999. 春季號), p. 27 이하 ;
　　조선일보 1999년 4월 12일자, 6월 18일자, 6월 21일자, 6월 26일자, 7월 14일자, 7
　　월 20일자, 7월 24일자, 7월 26일자, 7월 28일자, 7월 29일자 등 참조.
43) 조선일보 1999년 3월 24일자, 경제면 참조.
44) 정광선 외, 「韓國型 社外理事制度에 관한 研究」(韓國上場會社 協議會, 1999. 4), p. 10
　　이하 참조.

2. 株式會社 支配構造의 問題點의 原因

(1) 理事會의 形骸化

이사회라는 회의체를 경영주체로 하는 취지는 중지를 모으자는 것과 상호 견제와 감시를 함으로써 소수경영자의 독선을 예방하자는 것이다. 다시 말해 개인이 아닌 조직의 운영원리로서 다수의 견해를 집약시켜 개인적 판단의 오판가능성을 보완하고 소수경영자 개인의 독선적 운영을 방지하려는데 그 목적이 있다. 그러나 회사의 일상업무는 상당부분 대표이사에게 위임되어 있는 상태라서 이사회의 결의 없이 대표이사의 독단으로 처리할 수 있는 영역이 광범한데다 보통 지배주주의 측근이 대표이사로 선임되는 것이 우리 나라의 기업 현실인 까닭에 이사회의 결의가 필요한 사안에 관해서도 대표이사의 의사는 통상 이사회의 선도적 의사(leading opinion)가 되어 이사회는 대표이사의 독단을 정당화시켜주는 구실을 하는데 그치는 것이 현실이다45).

대부분 회사는 이사를 상근이사와 비상근 이사로 나누고, 비상근 이사에는 사외이사와 사외이사가 아닌 비상근 이사로 나눈다. 특히 사외이사가 아닌 비상근 이사는 회사와 관련이 있는 자를 말하고, 보통 계열사의 집행임원을 겸하고 있으며 재벌의 오너도 이러한 이사가 되기도 한다. 상근이사가 아닌 비상근 이사와 상근이사(경영이사)를 사내이사라고 한다46). 우리 나라의 주식회사에 있어서 이사회는 대규모 상장회사인 경우에도 아직까지 지배주주나 오너가 회장, 대표이사, 비상근이사의 명칭으로 이사회의 구성원인 이사로 참여하여 회사의 중요정책을 결정하고 최고경영 및 내부통제업무를 수행하면서 경영권을

---

45) 더욱이 常勤理事들은 代表理事를 정점으로 하여 副社長, 專務, 常務라는 식으로 系線組織化되어 代表理事에 종속하는 현상을 보이므로 理事 상호간의 견제는 法的 구호에 그치고 있다.

46) 常勤理事란 代表理事 등 會社經營 業務執行 담당이사이며, 社外理事란 상무에 종사하지 않는 자로서 專門知識·經驗이 풍부하여 일정한 缺格要件에 해당하지 않는 자이다(有價證券 上場規定 제2조 12항, 제48조의5).

행사하고 있다. 따라서 이사회는 전문경영인인 이사로써 구성되지 못하고 이사회가 민주화되지도 못하여 영미법상의 이사회가 갖는 장점을 살리지 못하고 있다. 또 오너가 상무이사, 간부임원회의, 전략회의 등을 주재하여 자신의 뜻대로 경영정책을 결정하고 있다. 이런 상태에서는 이사회가 업무집행에 대한 의사결정기관으로서 기능할 수 없고, 그룹총수의 결정을 뒷받침 해주는 거수기에 불과하게 된 경우가 많다[47]. 이러한 현실은 소유와 경영의 분리라는 현대 주식회사의 원칙에도 어긋나는 것이며 실제로 회사 운영을 담당하는 이사회를 형해화하게 만드는 요인으로 작용하게 된다.

(2) 監査制度의 形骸化

현행 상법상의 감사제도와 관련하여 이사회내 위원회제도 중 감사위원회제도가 규정되기 전에 감사는 회계 및 업무의 감사를 임무로 하는 주식회사의 필요적 상설기관이다. 상법 제정시 의용상법과는 달리 이사회 제도의 도입으로 인하여 감사의 지위가 크게 약화되어 사실상 유명무실한 기관으로 전락하였기 때문에 회사들은 자유방임적인 무모한 경영에 의하여 도산하거나 부실화하는 현상이 속출하였다. 그리하여 1984년의 개정상법은 감사의 지위를 강화하여 감독의 실효를 거둘 수 있도록 각종의 장치를 마련하였다. 즉 감사에게 회계감사뿐만 아니라 업무감사권도 인정하고 이러한 감사를 효과적으로 수행할 수 있도록 임기의 연장과 더불어 각종의 권리와 의무에 관한 규정을 보완하였다. 1984년의 개정상법에 의하여 감사가 업무감사권도 갖게 된 것은 의용상법상의 감사의 지위로 복귀한 것이기도 하다. 상법상 감사제도에서 감사의 지위는 1995년의 개정상법에 의하여 더욱 강화되었다고 할 수 있다. 즉 감사의 임기가 2년에서 3년으로 연장되었으며(상법 제410조), 감사해임의 경우에는 감사에게 주주총회에서 해임에 관하여 의견을 진술할 수 있는 권리를 인정하였다(상법 제409조의 2). 또한 감사는 총회소집청구권을 갖게 되었으며(상법 제412조의

---

47) 강희갑, 앞의 논문(각주 32), p. 29.

3), 이사가 회사에 현저하게 손해를 미칠 염려가 있는 사실을 발견한 때에는 즉시 감사에게 보고토록 의무화함으로써(상법 제412조의 2)감사는 이사로부터 보고를 받을 수 있는 권한을 갖게 되었다. 그리고 모회사의 감사는 자회사에 대하여 조사권을 행사할 수 있게 되었다(상법 412조의 4).

1997년 개정된 증권거래법에서도 주권상장법인 또는 협회등록법인의 감사의 지위를 강화하였다. 감사의 선임에 있어서 의결권 있는 발행주식총수의 3%의 산정에 있어서 주주 본인뿐만 아니라 본인과 그 특수관계인 기타 본인 또는 그 특수관계인의 계산으로 주식을 보유하는 자, 본인 또는 그 특수관계인에게 의결권을 위임한 자가 소유하는 주식을 합계하도록 하여 그 초과부분에 관한 의결권의 행사를 금지함으로써 종래에 자회사나 계열회사 등으로 하여금 각기 3%의 범위 내에서 소유하는 주식에 대하여 의결권을 행사하여 감사의 선임에 있어서 대주주가 영향력을 미쳤던 것을 차단하였다(증권거래법 제191조의11 제1항).

감사의 해임의 경우도 선임과 같이 법정하고 있다(동법 제191조의 11). 또한 주권상장법인은 1인 이상의 상근감사를 두도록 하였다(동법 제191조의 12 1항). 감사의 결격사유를 법정한 것(동법 제191조의 12 3항)도 중요한 의미가 있다고 할 것이다. 종래에 감사도 임원이라고 하여 항상 그 선임과 보수의 결정을 이사와 일괄하여 처리함으로써 감사도 대주주의 영향권에서 벗어날 수 없었던 점 등을 감안하여 감사의 선임과 보수의 결정은 이사와 분리하여 별도로 의결토록 하였다(동법 제191조의 11 2항). 그리고 1998년에 유가증권상장규정을 개정하여 사외감사의 선임이 권고되었다(동규정 제48조의 6). 상장회사의 경영감시체제를 강화함으로써 경영의 투명성을 높이기 위하여 상근감사와 사외감사 이외에 이사회와 관련해서는 사외이사의 선임이 의무화되었다(동규정 제48조의 5).

이상과 같이 상법과 증권거래법이 감사의 독립성 보장 및 실효성을 확보하기 위하여 많은 규정을 두고 있으나 지배주주인 재벌기업 또는 대기업의 오너와 특수한 관계에 있거나 종래에 그 회사의 경영자나 사용인이었던 자를 상근

감사로 선임하는 경우에는 그 상근감사는 독립성을 상실하고 또한 전문지식이 없게 되어 감사업무를 제대로 수행할 수 없을 것이다. 상근감사가 없거나 또는 감사에 의한 감사가 유명무실한 경우에도, 주주총회에서 이를 문제삼거나 또는 주주가 감사의 임무해태를 이유로 손해배상을 청구하는 경우도 아직까지는 없다[48]. 그러므로 사외감사제도를 두는 것은 바람직한 것이지만 아직은 상장회사에 권고만 하는 것으로서 제도적 의미가 없다고 할 수 있다. 또한 사외감사를 두는 경우에도 퇴임한 종전의 경영자·사용자 등을 사외감사로 받아들인다면 독립성을 보장할 수 없게 될 것이다.

감사의 지위가 강화되고 임기가 연장되었다고 하더라도 이사의 지위가 여전히 우월하여 이사의 업무집행을 감시·감독한다는 것은 기대 할 수 없다[49]. 또한 감사의 선임에 있어서 감사의 독립성·자주성·전문성 등을 중시하여 성공적인 제도의 정착을 위해 노력한다기보다는 종래의 사용인·이사 등에서 승진·전보시키거나 대기시키는 자리로 활용되고 있으며, 정실·낙하산식 임명 등이 대부분을 차지하고 있기 때문이다[50].

감사는 이사회와 대표이사의 전횡을 견제하기 위하여 둔 독임제 기관으로서 상법에서는 매우 큰 권한을 부여하고 있다. 그러나 감사는 기본적으로 이사와 마찬가지로 주주총회에서 선임되므로 이사와 마찬가지로 대주주의 영향력 하에 놓이게 된다. 물론 대주주의 영향력을 배제하기 위하여 감사 선임시에 대주주의 의결권을 제한하는 방법을 쓰고 있지만, 대주주의 지분이 특수관계자간에 넓게 분산되어 있는 경우에는 이 역시 무용한 방법이며[51] 이 역시 결국에는 경영감독을 형해화 하게되며 더 나아가 주식회사의 지배구조를 부실하게 만드는 원인이 된다.

---

48) 정찬형 외,「株式會社 監査制度의 改善方案에 관한 硏究」(上場協 硏究報告書 95-4, 韓國上場會社協議會, 1995. 12), pp. 6~52, 236~237 등 참조.
49) 홍복기, "社外監査制度에 대하여",「商事法硏究」제13호(1994), pp. 170~171.
50) 맹주형, "上場會社 監査制度와 運營現況分析",「上場協」(1992, 추계호), pp. 140~141 ; 정문호, "株式會社 監査制度 運營現況分析",「上場協」(1987, 추계호), p. 157.
51) 證券去來法에서는 특수관계자간의 지분은 1인의 지분으로 보아 議決權을 제한하고 있다(동법 제191조의11).

Ⅲ. 商法上 經營監督構造

1. 經營監督構造의 槪觀

(1) 法規定上의 經營監督構造

1) 理事會

이사회는 대표이사를 포함한 이사의 직무집행을 감독할 권한을 가진다(상법 제393조 제2항). 이사회는 이사의 업무집행에 관한 의사결정기관임과 동시에 그 감독기관을 겸하고 있다. 이사회의 이사에 대한 감독권은 상하관계에서 행사되는 것이고 또 경영의 위법성 뿐만 아니라 경영효율성(타당성)에 대한 감사도 미친다. 이 점에서 경영의 위법성 감사라는 소극적 감독만을 행사하는 감사의 감사권과 구별된다.

우리 나라는 미국의 경우와 달리 주식회사의 실태면에서 이사회와 경영진, 감사, 종업원이 하나의 회사공동체로서 혼연일체가 되어 있고, 법제도상으로난 실태면으로나 이사회와 경영진이 분리되어 있지 않다. 또 재벌그룹에 있어서는 재벌총수가 지배주주 또는 오너가 그룹산하 기업의 경영을 전횡적으로 결정하고 재벌산하 계열회사의 중요 정책을 전단하여 그 이사회를 지휘하고 대표이사 등의 경영진을 사실상 임명하고 지휘하고 있다. 따라서 경영기능집단인 경영주체와 경영감독기관인 경영감독주체가 혼재되어 현실적으로는 분리되어 있지 않다. 이와 같은 상황에서 이사회는 감독기관으로서의 기능을 할 수 없는 것이다. 이와 같은 상황에서 이사회가 그 본연의 기능을 회복하고 바람직한 지배구조를 재편성하는 데는 경영의 효율성과 위법성에 대한 감독기능을 회복하고 강화하여 활성화시키는 것이 중요한 과제로 될 것이며 이에 따라 1998년 말의 상법 개정에서 지배주주를 포함한 업무집행 지시자에게 손해배상책임을 지운 것과 소수주주의 대표소송에 의한 책임추궁이 실현되었지만(상법 제401

조의2) 그것만으로는 부족하다 할 것이다.

2) 監事委員會·檢査人

상법상 주식회사의 경영감독구조는 사외이사 내지 이사회내 위원회제도가 도입됨으로써 매우 복잡해지게 되었다. 상법상 이사의 직무집행에 대한 경영감독기관으로는 원칙적으로 이사회가 있지만(상법 제393조 제2항), 이 외에도 이사의 직무의 집행을 감사하는 감사기관으로는 감사(상법 제412조 제1항) 또는 감사위원회(상법 제415조의 2)가 있다. 상법의 개정으로 정관의 규정에 의하여 감사에 갈음하는 감사위원회를 둘 수 있게 함으로써 회사가 종전의 감사제도와 감사위원회제도 가운데 어느 하나를 선택하도록 하였고 이사회의 경영감독권을 강화하고 지원하기 위하여 정관이 정하는 바에 따라 위원회를 설치할 수 있게 하였다(동법 제393조의 2 제1항). 상법은 사외이사에 관하여 아무런 규정을 두고 있지 않으나 다만 감사위원회의 위원은 감사위원회 활동의 독립성을 해칠 수 있는 자가 전체 이사 위원의 3분의 1을 넘을 수 없도록 제한하고 있다(상법 제415조의 2 제2항). 일정 규모 이상(직전 사업년도말의 자산총액이 70억원 이상)의 주식회사에서는 특별법에 의하여 인정된 임시의 회계감사기관으로서 회계법인 등의 외부감사인이 있다[52]. 또 주식회사의 설립절차나 회사의 업무 및 재산상태 등을 조사하기 위하여 상법상 법원 또는 주주총회에 의하여 선임되는 임시의 감사기관인 검사인이 있다(상법 제298조, 제310조, 제417조 제3항, 제467조 제1항).

3) 株主總會

상법상의 주주총회(상법 제382조 제1항, 제385조, 제449조, 제467조 제3항·제4항)도 경영감독기구의 하나로 볼 수 있다. 주주총회는 주식회사의 중요한

---

52) 株式會社의外部監事에관한法律, 1980. 12. 31 制定, 법 제3297호.

사항에 대하여 의사결정을 하는 회의체 형식의 기관으로서 최고 의사결정기관
이다. 이러한 주주총회는 당연히 주주들로 구성되며 주주는 자신의 보유주식 1
주당 1개의 의결권을 가지고 주주총회에서의 의결권행사를 통해 회사의 경영
에 참여하게 된다. 주주총회에는 매 결산기에 소집되는 정기 주주총회와 필요
에 따라 소집되는 임시 주주총회가 있으며 원칙적으로는 이사회에서 소집을
결정하지만 주식발행총수의 5%이상을 소유하고 있는 주주도 서면을 통해 주
주총회의 소집을 청구할 수가 있다. 특히 주주총회에서 결의할 수 있는 사항을
살펴보면 상법 또는 정관에 정해진 사항으로 한정되어 있고 구체적으로는 임
원, 감사의 선임과 해임, 재무제표의 승인, 정관변경, 영업양도, 주식배당, 합병,
감자, 해산 등이 있다. 이러한 중요정책의 결정에 있어 주주총회의 역할이 결
국에는 경영감독의 일환으로 작용하게 됨은 물론이다.

  4) 監事

  또한 상법은 주식회사의 경영감독 내지는 감사를 위한 독립된 필요·상설의
기관으로 감사를 두어 규정하고 있다(제490조 이하). 우리 상법에는 감사의 이
사에 대한 조언업무를 인정할 수 있는 법적 근거가 있다. 즉 상법 제391조의2
제1항에 의하면 감사는 이사회에 출석하여 자신의 의견을 진술할 수 있다. 이
과정에서 감사는 이사의 업무집행행위의 적법성과 타당성에 관하여 다른 판단
을 하는 경우 그에게 권고를 해줄 수 있으며 또한 이사의 대화상대방이 되어
줄 수도 있다. 나아가 감사는 이사회가 소집되지 않은 경우라도 이사에게 조언
행위를 할 수 있다. 이사는 감사의 견해표명에 대해 기속되는 것은 아니지만
감사의 조언을 신중히 고려하여 자신의 업무집행에 도움이 되는 자료로 이용
하여야 한다. 그럼으로써 감사·이사가 궁극적으로 추구해야 하는 회사의 발전
을 이룩할 수 있을 것이다. 감사는 업무에 대한 조사를 할 수는 있으나, 현행
상법상 위법·부당한 행위를 한 이사를 직접 해임하거나 회계를 수정할 수는
없으며 기타 감사의 결과를 회사의 업무나 경영정책에 직접 반영할 권한을 가

지지 못했다. 결국 감사의 감사결과는 주주총회의 의사결정을 통해서 실효성이 확보될 수 있다. 왜냐하면 주주총회는 언제든지 이사를 선임·해임할 수 있으며 회사경영과 관련한 정책적 결정을 하는 기능을 가지고 있기 때문이다. 감사의 총회소집청구권은 정관의 규정으로 배제 및 제한하지 못한다. 그러나 감사의 소집청구는 남용되어서는 아니 되며 감사의 업무와 관련하여 필요한 경우에만 인정된다고 할 것이다. 예를 들어 감사의 조사나 이사의 보고에 의해 이사의 위법·부당한 행위를 발견하여 이사회에 시정을 요구하거나 적절한 대책을 강구하도록 촉구하였는데도 불구하고 이사회가 이를 거부한 경우에는 감사는 회사의 이익을 위하여 주주총회의 소집을 청구할 수 있다.

감사는 이사가 주주총회에 제출한 의안 및 서류를 조사하여 법령 또는 정관에 위반하거나 현저하게 부당한 사항이 있는지의 여부에 관하여 주주총회에 그 의견을 진술하여야 한다(상법 제413조). 주주총회에 대한 의견진술을 통해서 감사는 이사에 대하여 영향력을 행사할 수 있다. 즉 주주총회에 제출될 의안은 보통 이사회에서 결정되므로 감사는 이사회에 출석하여 그 의안이 위법한 경우에는 이사회에 그 의안을 철회하도록 진술할 수 있는데(상법 제391조의2 1항), 그러한 진술에도 불구하고 위법한 의안이 주주총회에 제출된 경우에는 감사는 다시 주주총회에 그의 의견을 진술하여 위법한 의안이 결의되는 것을 막을 수 있을 것이다. 우리 상법은 의견진술의 방법에 관한 규정을 두고 있지 아니하다. 이와 관련하여 의견진술의 방법에 제한이 없는 것으로 해석되므로 감사는 서면으로 또는 구두로 의견을 진술할 수 있다. 그러나 주주의 질문이 있을 수 있기 때문에 부득이한 사정이 없다면 감사가 직접 총회에 참석하여 의견진술을 하는 것이 바람직하리라 본다.

상법상 감사는 회사설립무효의 소(상법 제328조)·주주총회결의취소의 소(상법 제376조)·자본감소무효의 소(상법 제445조)·합병무효의 소(상법 제529조)의 제기권을 행사할 수 있다. 이러한 소제기권을 감사에게 부여한 이유는 감사의 권한이 강화되어 업무감사권을 갖게 된데 따른 부속조치라고 본다. 감사의 업무감사의 결과에 따른 회사의 업무집행의 적정확보를 위하여 취할 수 있는 시정조치로서 이러한 제소권이 필요한 경우가 있기 때문이다. 그리고 감사는 이사가 법령 또는 정관에 위반한 행위를 하고 이로 인하여 회사에 회복할 수 없는 손해가 생길 염려가 있는 경우에는 회사를 위하여 이사에 대하여 그 행위를 유지할 것을 청구하는 소를 제기할 수 있다(상법 제402조). 이밖에도 직무수행에 관한 감시·감독 내지 감사의 기능은 검사인(상법 제298조 제4항, 제467조)[53]이 있다.

(2) 其他의 經營監督構造

1) 株主

법규상의 감독기관이 아닌 기타의 경영감독구조로 우선 논할 수 있는 것이 주주(상법 제366조, 제402조, 제403조, 제424조, 제448조 제2항, 제466조, 제467조)에 의한 경영감독이다. 주식회사에 투자를 실제로 담당하고 있는 주주도 주식회사의 경영감독구조에 있어서 매우 중요하다 할 것이다. 특히 주주에 의한 감독이 문제되고 있는데 소수지분만을 소유하고 있는 소수주주에 의한 감독이 주로 문제된다. 주주는 회사의 업무집행에 관하여 단지 주주총회에서 의결권을 행사함으로써 간접적으로 참여하게 될 뿐이며, 주주가 이사의 행위를 직접적으로 감독하는 것은 아니다. 그러나 회사나 그 대표기관이 책임을 질 이사와의 특수한 인간관계, 정실관계 등으로 인하여 사실상 그 책임을 추궁하기 어렵거나 이를 게을리 할 우려가 있을 때 이를 그대로 방치하면 회사에 막대한 손실을 끼치게 되고 이러한 손실은 결국 전체주주의 손실로 직결된다. 따라서 이를 방지하기 위하여 주주로 하여금 회사가 가지는 권리를 회사를 위하여 행사함으로써 회사의 이익을 확보할 수 있도록 하는 제2차적·사후구제적인 수단으로서 충분히 경영감독의 역할을 한다고 볼 것이다. 이와 관련되어 주로 거론되는 것이 주주대표소송이다. 이에 대하여는 개선방안부분에서 논하기로 한다.

---

53) 이균성, 「新體系 商法(Ⅱ) 會社法」, 고시계사, 1996, p. 283.

2) 機關投資家

다음으로는 기관투자가를 들 수 있다. 과거 기관투자자의 주된 기능은 금융 중개자로서의 역할수행이었지만, 급속한 금융환경의 변화로 인해 기업경영에 대한 감시자로서의 역할수행도 점차 중요하게 되었다. 이는 기관투자자들이 대 규모 지분을 보유하게 됨에 따라 투자대상기업의 경영진과 대주주를 감시할 능력을 갖게 되었기 때문이다. 기관투자자의 이러한 감시역할수행은 기업지배 구조의 개선을 위해 바람직하다. 연기금을 중심으로 하는 기관투자자가 발달한 미국에 비해 아직까지 우리 나라에서는 여러 가지 제도적·현실적 어려움으로 인해 기관투자자의 역할이 매우 취약하지만, 최근 기업지배구조에 대한 관심이 증가하면서 점진적인 변화가 일어나고 있다. 먼저, 기관투자자들은 운용재산의 투자수익을 극대화하기 위해 투자대상기업에 대한 감시역할을 강화하고 있다. 또한 소액주주를 대신하여 기업을 감시해 줄 대리인으로 기관투자자에 대한 사회적 기대도 점차 커지고 있다. 일반 소액주주는 기업을 감시하고 싶어도 정 보수집·분석에 드는 비용부담이 크고 보유주식수도 많지 않기 때문에 그 한 계가 있다. 반면, 기관투자자는 개별기업 주식의 보유비율이 높고 업무의 성격 상 투자기업에 관한 정보수집·분석능력이 있으므로 기업을 효율적으로 감시 할 수 있고 그 비용부담도 적다. 이에 따라 경영진이나 대주주의 독선적이고 방만한 기업경영으로부터 일반주주들을 보호하고 기업을 건실하게 유지하기 위해서는, 일반 소액주주들을 대신하여 기업의 경영을 감시해 줄 주체로서 기 관투자자가 적임이라는 인식이 확산되고 있는 것이다.

3) 社外理事

마지막으로 사외이사가 경영감독기구의 한 종류로 분류될 수 있다. 사외이사 는 사내이사만으로 이사회가 구성될 경우의 문제점 예컨대 경영감독의 부실· 내부거래 등의 단점을 보완하기 위하여 상법이 도입한 제도이다. 따라서 사외이사제도가 성공적으로 이러한 기능을 하기 위해서는 그 선임시부터 투명성과 공정성이 담보되어야 하며 그 운영도 경영진으로부터 확실히 독립되어 있어야 함을 전제로 한다. 일반적으로 사외이사의 기능에 관하여는 법률에 구체적으로 규정되어 있지 않지만, 대체적으로 일반적 기능과 감독적 기능으로 나누어 서술하는 것이 보통이다. 일반적인 사외이사의 기능에는 경영진에 대한 조언 및 자문의 기능, 견제적 기능 등이 있고 경영감독기구로서의 사외이사라는 측면에서의 감독적 기능으로는 경영진의 업무에 대한 감독, 회사의 사회적 책임에 대한 감독 등이 있다. 특히 경영진의 업무에 대한 감독은 성실성감독[54]과 효율성감독[55]을 포함한다. 이러한 사외이사의 감독적 기능에는 업무수행의 평가와 단점보완, 경영습관 또는 프로그램교체를 위한 압력, 그리고 필요하다면 경영진의 교체도 포함된다. 그러나 사외이사는 이러한 기능을 잘 수행하지 못하고 있다. 사외이사가 이러한 기능을 잘 수행하지 못하는 이유는 사외이사 이사회의 기능에 관심이 없고, 또한 현실적인 제약[56]이 있기 때문이다. 사외이사가 주식회사의 경영에 대한 감독기구로서 그 기대가 커지고 있으며 그런 만큼 이에 대한 개선의 여지도 많은 것이다.

---

54) 誠實性監督이라 함은 理事의 自己去來 및 會社財産의 流用과 같이 會社와의 사이에 이해의 衝突이 있을 경우, 이에 대하여 經營陣이 얼마나 성실하게 행동하는가에 대한 監督을 의미한다.

55) 效率性監督이라 함은 株主의 이익을 極大化하기 위한 經營陣의 노력을 監督하기 위한 것이다.

56) 회사측은 여러 이유로 社外理事에게 會社의 重要事項을 알려주지도 않고, 또 자료도 理事會 직전에 제공하는 등 사실상 社外理事를 견제하거나 소외시키는 사례가 적지 않다. 이와 반대로 社外理事들의 견제나 감시역할을 둔화시키기 위해 각종 특혜성 인센티브를 제공하거나 심지어 뇌물성 특혜를 제공하는 사례도 많다. 대주주 오너와 경영진을 감시해야 할 社外理事가 거액의 보수를 특혜형식으로 받았을 때 獨立的으로 經營監督을 할 수 없다. 上場會社 社外理事 총수(6백45개사 1천4백83명)의 13.48%가 회사 주식을 갖고 있다고 한다. 회사 주식을 갖고 있는 社外理事들은 대부분 10만주 미만(1백74명)을 보유하고 있지만 10만~20만주가 9명, 20만~30만주가 4명, 30만주 이상도 13명에 달한다(연합뉴스 2000년 9월 29일 자).

2. 經營監督機構로서의 理事會의 機能

이러한 복잡하고 다양한 형태의 주식회사 경영감독의 구조하에서 가장 핵심적이고 중요한 역할을 담당하고 있는 기관은 역시 주식회사의 이사회이다. 기업의 운영을 이사들이 전담하고 있는 우리 나라의 기업현실에서 이러한 이사들의 구성체라고 할 수 있는 이사회의 기능과 역할은 무엇보다 중요한 문제이며 특히 극히 폐쇄적이고 지연·혈연 중심이었던 주식회사의 이사회가 사외이사제도를 도입하면서 공개되고 열린 이사회로 가는 과도기적 단계에 서 있는 것이다. 이러한 이사회의 중요성과 역할변화에 중요성을 생각하여 본 서에서는 주식회사의 경영감독기구 가운데 이사회에 대하여, 특히 주식회사의 지배구조 가운데 이사회의 경영감독기관으로서의 역할 및 문제점 그리고 그 개선방안에 대하여만 범위를 한정하여 고찰하고자 한다.

(1) 理事會와 經營監督[57]

현재 세계 각국은 회사의 경영구조 내지 지배구조의 재검토를 서두르고 있으며 이사회 제도 역시 그 구성이나 기능 또는 권한에 있어서 세계적 기준을 형성하여 가고 있다. 우리 나라의 이사회도 이러한 기준에 적합하도록 법과 제도 및 관행을 개선하여 나가야 함은 물론이거니와 그러기 위한 전제로서 현재 우리 나라의 이사회 제도의 변화과정을 먼저 살펴야 할 것이다. 최근의 수 차례의 상법 개정으로 인하여 주식회사의 이사회의 구성에는 커다란 변화가 생기게 되었다. 기존의 경영감독기관으로는 감사가 유일하였으나 개정 후에는 기존의 감사와 더불어 이사회내에 감사위원회를 둘 수 있게 하여 이중의 감독기능을 갖게 되었다(그림[1], [2] 참조). 그리고 이러한 감사위원회의 선임과 해임에는 이사회의 역할이 중요하게 작용하며 이사회의 역할 여부에 따라 새로

---

57) 이하, 『社外理事 職務遂行規準解說』, 韓國上場會社協議會(韓國證券去來所, 2001. 7),
　　 pp. 2~5 참조.

도입한 상법상의 여러 제도들의 성패가 달려있다고 하여도 지나치지 않을 것
이다. 또한 이러한 이사회를 구성하고 있는 실질적인 운영주체인 이사들에 대
한 역할도 이 시점에서 재고되어야 할 것이다.

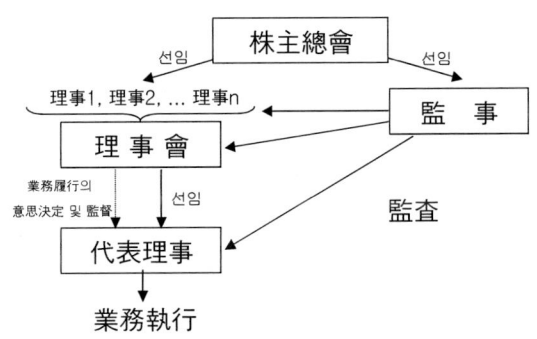

[그림 1] 旣存 理事會 制度

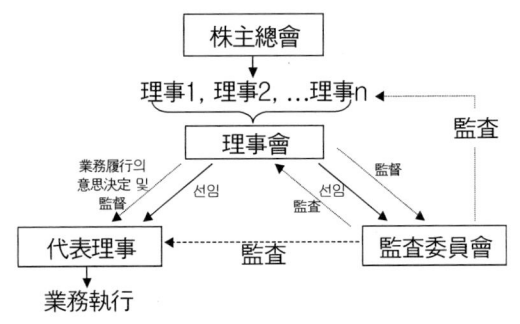

[그림 2] 現行 理事會 制度

1) 株式會社의 所有와 經營의 分離

바람직한 주식회사의 운영을 위한 주식회사의 기업지배구조는 소유와 경영
이 분리되어 있어야 할 것이다. 주식회사에서 소유와 경영이 분리되어야 하는
이유를 경영을 효율화하기 위해서라거나 경영을 전문화하기 위해서라고 설명

하기도 하지만 소유와 경영의 분리는 법이 요구하는 현상이고 또한 가장 합리적인 주식회사의 운영방법이 되므로 그 이유도 법 취지에서 이해하여야 할 것이다.

주식회사의 소유와 경영이 분리되어야 하는 이유는 주주가 유한책임을 진다는 데에 있다. 주식회사란 주주의 영리목적을 실현하기 위해 만든 법인이고 주주의 출자로 회사의 재산이 구성되므로 경제적인 의미에서는 주주가 주식회사의 소유자라고 할 수 있으며, 회사의 영리활동은 주주를 위한 것이라 해도 무방하다. 그럼에도 불구하고 주주는 회사의 채무에 관해 제한된 책임만을 진다. 회사의 채무가 얼마가 되든 주주는 자신이 출자한 재산 이상은 책임을 지지 않는 것이다. 이러한 유한책임제도로 말미암아 각종의 모험사업에 대한 과감한 투자가 이루어지고 이로 인해 사회경제가 발전되어 왔다. 그러나 회사채권자의 입장에서는 극히 불공평한 것일 수도 있다. 회사의 이익은 모두 주주에게 귀속되는데 이익과 표리의 관계에 있는 손실은 채권자에게 전가되는 것을 의미하기 때문이다. 그러므로 주식회사제도를 원만히 유지하기 위해서는 회사의 채권자를 보호하기 위한 법적 장치가 마련되어야 하고[58] 또한 사후적 보호장치보다는 사전적 보호의 의미에서 소유와 경영이 분리되어야만 하는 것이다.

2) 理事會와 經營監督

소유와 경영의 분리라는 원칙에 따라 회사의 업무집행은 주주가 아니라 이사회가 결정한다(상법 제393조). 즉 이사회가 경영의 주체가 되는 것이다. 주주는 단지 법과 정관에서 정한 소정의 중대 이해사항에 관해서만 의사결정을 할 뿐이고 회사의 업무에서는 배제된 채, 투자지분의 소유자로서 경영과실의 배분에 참여하는 것으로 만족해야 하는 것이다.

---

58) 債權者를 보호하기 위한 장치 중 가장 중요한 것이 所有와 經營의 分離이다. 즉 株主가 출연한 재산이지만 客觀的이고 中立的인 입장에 있는 제3자에게 그 관리를 맡겨 株主의 이기심으로부터 會社財産을 보존하고 건전하게 관리하도록 하는 것이다.

이사회는 다수의 이사로 구성한다. 이 같은 회의체기구를 경영주체로 한 이유는 고도의 전문적인 식견을 가진 경영인들 다수로부터 나온 의견을 최대한 수렴하여 최선의 경영의사를 창출하도록 하기 위한 것이 한 이유이고, 주주가 원격해 있는 상태에서 극소수의 경영자에게 회사재산의 관리를 전담시킬 경우 그 경영자의 권한남용과 독선이 예상되므로 상호 견제하도록 하기 위한 것이 또 다른 이유이다.

이사회는 회의체기구이므로 자신이 결정한 업무를 직접 집행하기가 곤란하다. 한편 회사의 업무란 대내적인 관리업무도 있지만 대외적인 거래도 있다. 회사가 영리활동을 함에 있어서는 대외적인 거래가 보다 중요한 의미를 갖는다. 회사는 법인체이므로 그 스스로 제3자와 거래할 수 있는 자연적인 능력을 갖지 못하므로 누구인가가 회사를 대표하여 거래를 하여야 한다. 이사회가 경영주체이므로 이사회가 회사를 대표하는 것이 마땅하겠으나, 이사회와 같은 회의체기구는 회사를 대표하는데 적합하지 않다. 그러므로 자연인인 대표이사를 선임하여 이사회가 결정한 업무를 집행하게 하고 회사를 대표하여 대외적인 거래에 임하게 한다.

상호감시의 기능을 기대하고 다수의 이사들을 선임하여 이사회를 구성하는 바이지만, 이들은 경영관리자라는 동질의 입장을 가진 자들이므로 상호의 통제가 실효적이지 못한 측면이 있다. 그러므로 우리 상법에서는 감사라는 독임제적 기구를 두어 경영감시에 임하게 하거나, 이사회내에 감시기능을 전담하는 감사위원회를 두어 경영을 감시하게 하고 있다.

3) 理事會 役割의 增大

주식회사에 있어서 현재의 이사회는 회사 운영의 중심적 지위를 차지하고 있다. 상법에서 정하고 있는 주주총회의 권한사항 외에 거의 모든 회사의 권한은 이사회가 가지고 있다[59]. 구체적으로는 주주총회소집(상법 제362조), 대표

---

59) 표준이사회규정 제11조 제1항, 제2항 참조.

이사선임(상법 제398조), 공동대표결정(상법 제398조), 지배인의 선임 및 해임 (상법 제393조 제1항), 지점의 설치·이전·폐지(상법 제393조 제1항), 이사의 경업·자기거래의 승인(상법 제397조, 제398조), 신주발행(상법 제416조), 재무제표·영업보고서 승인(상법 제447조, 제447조의2), 준비금의 자본전입(상법 제461조), 사채모집(상법 제469조), 중요자산의 처분·양도 및 재산의 차입(상법 제393조 제1항) 등이 현행 상법상 이사회가 가지고 있는 권한들이다. 이처럼 최근의 우리 나라 이사회는 많은 권한을 가지게 되어 그 운영의 적법성과 타당성이 매우 중요하게 되었으며 이에 따라 이를 감시·감독하는 기능 또한 주식회사의 업무중 가장 중요한 것 중에 하나로 새로이 정립되어야 한다. 주식회사의 중심적 기능을 담당하는 기관으로서는 이사회 외에도 주주총회가 있으나 이러한 주주총회가 일상 일어나는 회사 내·외부의 모든 일을 주관한다는 것은 현실적으로 어려운 일이고 자연스럽게 주식회사의 중심기관이 이사회로 이동할 수밖에 없는 것이다. 이와 아울러서 사외이사제도가 도입됨에 따라 이사회에 많은 변화가 요청되고 있고 이사회 스스로도 새로운 기업경영에 맞는 변신을 시도할 때가 된 것이다.

이사회의 구성면에서도 상법상 3인 이상의 이사를 요구하는 경우(상법 제415조의2 제2항)와 2/3 이상의 사외이사를 요구하는 경우(상법 제415조의2 제2항 단서, 증권거래법 제54조의6 제2항, 제191조의17 제2항)를 따로이 규정하여 이사회의 주식회사 내에서의 위상을 제고시키고 있다. 또한 일정규모 이상의 대규모 증권회사, 상장등록법인에게는 법정필요기관으로서 사외이사후보추천위원회를 설치하도록 하여[60] 사외이사 선임의 공정성을 기하도록 하고 있다. 결국 앞으로의 이사회 및 이사회제도는 이러한 사외이사의 활용 및 정착을 실현시키지 않고서는 성공적인 운영이 어렵게 되어가고 있다고 볼 수 있다.

---

60) 商法 제393조의2 제1항, 증권거래법 제54조의5 제2항, 제191조의16 제3항 등 참조.

(2) 經營監督의 中心機關으로서의 理事會

우리 나라 상법상의 경영감독기관에는 우리 나라에서도 1990년대 중반 이후 회사지배구조를 논의하기 시작하였고 특히 1997년 말의 외환위기가 계기가 되어 대규모 주식회사의 경영관리기구의 개선을 중심으로 이 문제를 본격적으로 논의하여 왔다. 특히 주식회사의 경영감독구조 및 기관에 많은 변화가 있었고 그 결과 미국주식회사의 사외이사 제도 및 이사회 내 위원회 그리고 사외이사를 중심 구성원으로 하는 감사위원회제도를 도입하여 이를 상법과 증권거래법에 규정하였고(상법 제 393조의 2, 제 415조의 2, 증권거래법 제 191조의 16, 제 191조의 17 등 참조) 감사위원회를 두는 경우에는 종전의 감사를 둘 수 없게 하였다(상법 제 415조의 2 제 1항 2문). 다만 상법은 소규모 폐쇄 회사를 염두에 두고 감사위원회제도는 회사가 정관의 규정 의하여 둘 수 있게 함으로써(동법 제 415조의 2 제 1항 1문) 회사가 종전의 감사제도와 감사위원회 제도 가운데 어느 하나를 선택하도록 하고 또 이사회는 정관이 정하는 바에 따라 위원회를 설치 할 수 있게 하였다 (동법 제 393조의 2 제 1항). 그러나 증권거래법은 상장주식회사에 사외이사의 선임을 강제하고 (동법 제 191조의 16 제 1항, 동법 시행령 제 84조의 23) 최근 사업 연도 말 현재의 자산총액이 2조원 이상인 상장주식회사에는 감사위원회의 설치를 강제하고 있다(동법 제 191조의 17 제 1항, 동법 시행령 제 84조의 24). 상법에 의하여 이사회 내 위원회를 설치하고 종전의 감사 대신에 감사위원회의 설치를 선택한 회사와 증권거래법에 의하여 사외이사의 선임과 감사위원회의 설치가 강제되는 대규모 상장회사의 경우에는 이사회와 이사회내의 감사위원회를 경영감독 및 감사기관으로 하고 감사기관으로서의 감사를 두지 않음으로서 종래 이사회가 업무집행을 결정하고 이사회와 감사가 중복하여 이중으로 경영감독 및 감사를 하는 이른바 이원적 경영관리구조에서 회사의 업무집행과 경영감독을 하나의 이사회(이사회내 감사위원회)에서 하는 미국식의 일원적 경영관리구조로 전환하는 것을 의미한다. 이는 종전의 주식회사의 경영관리구조에 대한 중대한 개혁이라 할 것이다.

第2節 理事會制度와 株式會社의 經營監督

I. 序言

주식회사의 경영감독구조는 앞서 살펴본 대로 단순하지 않다. 이사회를 비롯하여 대표이사・주주총회・소수주주・기관투자가・사외이사・감사인 등 다양한 경영감독기구가 존재해 있다. 이러한 기구들 중에 가장 중심적이고 실효성 있는 경영감독기구로서는 단연 이사회라 할 것이며 이사회에 의한 경영감독의 뿐만 아니라 이사회내 위원회・감사・감사위원회 및 사외이사도 모두 이사회와 관련 있는 경영감독기구로 볼 수 있다. 이하에서는 이러한 이사회와 및 관련 기관의 경영감독기관으로서의 위치와 기능 및 문제점을 지적해 보기로 한다.

II. 理事會에 의한 經營監督

1. 監督機關으로서의 理事會

이사회는 기본적으로 경영기관의 지위에서 중요한 자산의 처분 및 양도, 대규모 자산의 차입, 지배인의 선임 또는 해임과 지점의 설치・이전 또는 폐지 등 회사의 업무집행을 결의하고(상법 제393조 제1항) 경영감독기관의 지위에서 대표이사를 비롯한 이사의 직무집행을 감독한다(동법 제2항). 이사회의 업무집행에 관한 의사결정권에는 경영감독에 대한 의사결정권도 포함된다고 볼 수 있다. 이사회는 경영기관(업무집행기관)과 경영감독기관의 지위를 겸하고 있다. 그러나 현재의 주식회사에서 이사회는 경영감독기능에 보다 치중할 것을 요구하고 있다. 이는 상법상의 이사회의 이사직무집행 감독권은 이사회에 의한 사전적·내부적 경영감독을 목적으로 영미의 이사회제도를 받아들인 것이기 때문이다.

이사회의 감독 대상이 되는 것은 이사의 직무집행이다. 여기의 이사는 대표이사뿐만 아니라 대표이사로부터 대내적인 업무집행을 업무담당이사와 평이사도 포함한다. 이들이 집행한 것은 물론이고 업무집행에 대한 의사결정도 포함한다. 이사회의 직무집행의 감독은 이사회의 결의를 거쳐 이사회 명의로 대표이사 내지 업무집행이사의 위법·부당한 업무집행에 대하여 경고·주의환기·변경·중지 등의 조치를 취하는 방식으로 하는 것이 원칙이다. 그러나 개별 이사가 문제된 행위를 하는 이사에 대하여 시정하는 조치도 가능하다고 본다. 그리고 이사회의 직무집행감독권은 감사 및 감사위원회의 감사권(상법 제412조 제1항, 제415조의 2 제6항)과 함께 경영진을 감독하고 감사하는 양대 축이라고 할 수 있다. 그러므로 이사회의 감독권은 이사회의 고유권한이므로 다른 기관에 위임하지 못하고 감사위원회에도 위임하지 못한다고 해석된다.

2. 理事會內 委員會

이사회내 위원회제도는 이 위원회에 이사회의 의사결정권을 위임함으로써 이사회의 의사결정의 효율성과 객관성을 확보하는 한편 이사회의 경영감독기능을 지원·강화하는 기능을 한다. 즉 이사회 경영진의 업무집행에 대한 감독은 미국의 경우와 같이 경영진의 경영에 대한 소극적 감독(위법성 감독) 뿐만 아니라 경영진의 경영효율성에 대한 적극적 감독(타당성 감독)을 내용으로 하고 있다. 미국에서는 이사회내에 다수의 사외이사를 구성으로 하여 설치된 이사후보지명위원회와 보수위원회(보상위원회)가 인사권과 보수결정권을 행사함으로써 이사회의 경영효율성에 대한 감독을 보충지원하고 있다. 이에 대하여 감사위원회는 경영진의 경영에 대하여 위법성감사를 함으로써 이사회의 위법성 감독기능을 보충 지원하고 있는 것이다[61].

　상법은 이사회내 위원회에 대해서는 감사위원회만 규정할 뿐(제415조의 2 제1항) 미국의 실무관행에서 행해지고 있는 지명위원회, 보수위원회, 경영위원회(집행위원회) 등에 관하여는 규정하지 않고 회사의 자율에 맡기고 있다. 다만 증권거래법에서는 사외이사후보를 추천하는 사외이사후보추천위원회의 설치를 주권상장법인에 강제하고 있다(동법 제191조의 16 제3항, 제54조의 5 제2항, 제3항).

　2001년의 개정 상법은 이사회의 경영감독권이 실효성을 확보하기 위하여 이사가 3월에 1회 이상 업무집행상황을 이사회에 보고토록 하고(상법 제393조 제4항) 이사가 대표이사로 하여금 다른 이사 또는 피용자의 업무에 관하여 이사회에 보고하도록 요청할 수 있게 하였다(상법 제393조 제3항). 이는 이사의 정보개시청구권과 관련하여 매우 바람직한 것이다. 경영을 담당하는 대표이사, 업무담당이사, 임원은 직접 경영을 담당하므로 회사에 관련된 정보에 정통하여 그 정보를 지배하게 되나 주주나 평이사 또는 경영을 담당하지 않는 이사, 사외이사 등은 회사밖에 있으므로 회사에 관련된 정보에 어둡게 되어 이러한 불충분한 정보 때문에 주주나 이사회는 경영진의 행위를 완벽하게 감시ㆍ감독할 수 없다. 그러므로 이를 위하여는 주주와 이사에게 회사에 대한 정보개시청구권이 인정되어야 하는 것이다. 즉 이사회나 그 내부위원회의 구성원인 각 이사가 이사회나 각 위원회의 감독활동을 실행하는데 필요한 정보를 입수할 수 있도록 보장해야 한다. 2001년의 상법 개정으로 신설된 상법 제393조 제3항과 제4항은 주주의 정보권에 관한 상법의 규정(주주의 재무제표 등의 열람 및 교부청구권(제448조 제2항), 주주의 회계장부 열람청구권(제466조), 주주제안권(제363조의 2 등)과 같이 이사의 정보접근권을 구체화한 것이다. 그러나 미국의 ALI「원칙」§3.03은 이사가 회사에 대하여 모든 회사의 장부, 기록, 문서를 대상으로 하여 광범위한 정보개시청구권을 가진다고 규정하고 있고 이사의 정

---

61)　武井一浩, "米國型取役の實態と日本への導入上の問題(Ⅰ)", 「商事法務」No. 1505(1998. 10. 5), p. 81 ; 同, "米國型取役會の實態と日本への導入上の問題(Ⅱ)", 「商事法務」No. 1506(商事法務研究會, 1998. 10.25), pp. 32~33.

보개시청구권을 강제하기 위한 법원의 명령이 인정되어 있다. 위의 상법 제393조 제3항과 제4항의 규정은 이에 비하면 부족한 면이 있다 할 것이다.

III. 監事 및 監査委員會에 의한 經營監督

1. 監督과 監査의 關係

상법은 경영감독 시스템으로서 이사회의 감독기능과 독립적인 감사기관으로서의 감사 및 감사위원회라는 기관을 병존시키고 있다. 여기서 이사회의 직무권한으로 사용되고 있는 이사의 직무집행의「감독」과 감사 및 감사위원회의 직무권한으로 사용하고 있는 이사의 직무집행의「감사」라는 개념과의 관계에 대한 검토가 필요하다.

감사라는 개념은 감독과 조사의 기능을 포함하는 개념이라고 할 수 있고 이 경우 감독이란 그 대상이 되는 사항을 사전에 검토하여 위법・부당한 경우에는 그 시정을 요구하는 기능을 의미하며 이사회의 직무집행감독은 사전적 감독기능을 뜻한다. 이사회가 사전적 감독기능의 후속 조치로서 사후적 조치를 할 수 있으나 여기에 조사기능의 의미는 부여 될 수 없다고 본다. 이에 대하여 감사 및 감사위원회의 직무권한인 감사의 개념에는 조사기능도 포함되고 있다. 조사기능이란 사후감사를 의미한다. 사후감사로서의 조사기능이란 그 대상이 되는 사항을 사후에 검토하여 그에 대한 판단의 결과를 표명하는 것이다[62]. 이사회와 감사 및 감사위원회는 다 같이 감독기능을 수행하는 기관이므로 그 감독의 범위가 문제된다. 이사회의 직무집행감독권은 직무집행의 적법성뿐만 아니라 타당성에도 미친다고 해석된다.

---

62) 임중호, "株式會社의 監査制度의 變遷過程",「商事法硏究」제20권 제2호(韓國商事法學會, 2001), pp. 165~167.

2. 監事에 의한 經營監督

감사는 이사의 업무집행 및 회계를 감사할 권한을 갖는 회사의 필요상설 기
관이다. 상법은 감사의 독립성을 보장하고 감사의 실효성을 확보하기 위하여
많은 규정을 두고 있다(상법 제409조 제2항, 상법 제409조, 제411조 등 참조).
증권거래법은 상장법인의 경우 감사의 독립성을 보장하기 위하여 다시 상세한
규정을 두고 있으며(증권거래법 제191조의 11 제1항, 동법시행령 제84조의 18,
191조의 11 제1항 및 제2항), 또한 감사의 실효성을 보장하기 위하여 최근 사
업년도말 자산총액이 1천억원 이상인 상장법인의 경우에는 반드시 1인 이상의
상근감사를 두도록 규정하고 있다(1997년의 개정 증권거래법 제191조의 12 제
1항, 동법시행령 제84조의 19 제1항 참조). 그리고 감사의 실효성을 더욱 강화
하기 위하여 1998년에 유가증권상장규정을 개정하여 사외감사의 선임이 권고
되었다. 1997년과 1998년에 상장회사의 경영감시체제를 강화함으로써 경영의
투명성을 높이기 위하여 이사회와 관련해서는 사외이사의 선임이 의무화되고
감사와 관련해서는 상근감사와 사외감사제도가 각각 도입되게 되었다. 이리하
여 상장회사에 관한 한 앞에서 본 바와 같이 사외이사제도를 도입하여 이사회
제도를 강화함과 동시에 감사제도를 강화함으로써 우리의 독자적인 감독모델
을 갖추었다고 할 수 있다. 일본도 기본적으로는 우리 나라와 비슷하게 대회사
에 상근감사제도와 사외감사제도 그리고 감사회제도를 도입하였다(주식회사의
감사등에관한상법의특례에관한법률 제18조, 제18조의 4). 미국식의 사외이사와
감사위원회제도의 도입요구에 대하여 일본은 자기 나라에 감사라는 기관이 있
고 사외이사제도는 이사간에 불필요한 대립을 일으킨다는 등의 이유로 사외감
사와 감사회제도를 도입했다고 한다63).

이상과 같이 상법과 증권거래법이 감사의 독립성을 보장하고 그 실효성을
회복하기 위하여 많은 규정을 두고 있으나 지배주주인 재벌기업 또는 대기업

---

63) 유영일, "常勤監事와 社外監査制度의 導入意義와 運營 效率化 方案", 「上場協」제37
　　호(韓國上場會社協議會, 1998. 春季號), p. 45.

의 오너와 특수한 관계에 있거나 종래에 그 회사의 경영자나 사용인이었던 자를 상근감사로 선임하는 경우에는 그 상근감사는 독립성을 상실하여 감사업무를 제대로 수행할 수 없을 것이다. 이런 점에서 사외감사제도를 도입한 것은 감사의 실효성을 위한 것이라고 생각된다. 그러나 상장회사의 경우에 사외감사를 두는 것을「권고」하는데 지나지 않으므로 상장회사가 사외감사를 두지 않는 경우에는 이 제도의 의미가 없다. 또 사외감사를 두는 경우에도 퇴임한 종전의 경영자나 사용자를 사외감사로 선임하는 경우에는 업무집행 기관으로부터 독립적인 지위를 갖고 업무를 수행하는 사외감사 본래의 의미를 상실할 것이다. 또 앞에서 살펴 본 재벌그룹 또는 대기업의 현실적인 지배구조와 주식회사 전체의 감독구조의 틀 속에서 이루어지지 않으면 상근감사와 사외감사제도는 그 효과가 감퇴될 것이다. 결국 적극적 감사를 담당해야 할 이사회는 경영진인 지배주주의 독단에 의해 그 실효가 감퇴되고 법상 인정되는 소극적 감사를 담당하는 감사도 그러한 지배주주의 그늘에서 결코 벗어나지 못하고 있는 현실이 현재의 감사제도의 한계인 것이다.

3. 監査委員會에 의한 經營監督

상법상 감사위원회는 상법 제393조의 2의 규정에 의하여 이사회내에 설치되어 종전의 감사에 갈음하여 그 권한을 행사하고 의무를 부담하는 위원회이다. 감사위원회는 일원적 경영관리구조를 가지고 있는 미국의 제도를 본 받아 1999년 12월의 상법 개정시 도입한 것이다. 다만 미국의 감사위원회는 이사회의 경영감독기능을 보조·지원하고 회계감사를 주된 임무로 하는 이사회내의 위원회이지만, 상법상의 감사위원회는 이사회내의 위원회의 하나이나 회계감사를 포함하여 이사의 직무집행을 감사(업무감사)하는 종전의 감사의 기능을 그대로 대체하여 수행하는 강력한 지위를 가지고 있다. 이와 같이 감사위원회는 종래 감사가 갖는 권한을 그대로 갖는다(상법 제415조의 2 제6항). 이사의 직무집행권(상법 제412조 제1항), 영업보고요구권·재산상태조사권(상법 제412조

제2항), 주주총회소집청구권(상법 제412조의 3), 자회사조사권(상법 제412조의 4), 이사위법행위 유지청구권(상법 제402조), 이사와 회사와의 소송에서의 회사대표권(상법 제394조 제1항) 등이 그것이다. 감사위원회는 회의체이므로 이러한 권한의 행사는 대표위원이 감사위원회 명의로 행사하거나 위원회가 행사한다. 미국식의 감사위원회 도입에 대해서는 찬·반 의견이 대립되어 있다.

감사위원회 도입에 반대하는 견해의 근거로는 감사위원회와 종전의 감사와 비교할 때 3인 이상의 회의체로 구성되고 위원의 신분이 이사이므로 이사회에 참석하여 의결권을 행사할 권리가 있다는 점이 감사위원회의 장점이라고 할 수 있으나 이 정도의 장점만으로 과거 수십년간 뿌리를 내린 감사제도를 폐지하고 아직도 경험적 결과가 입증되지 아니한 상태에서 영미의 일원주의로 변신할 필연성이 있었느냐에 대하여 의문을 제기하고 차라리 독일식의 감사회나 일본의 대회사에 적용되는 복수감사(감사회제)제 및 상근감사제 쪽으로 개편하는 것이 올바른 방향이라는 것이다. 이 견해는 또 우리처럼 감사위원회에 대하여 감사에 갈음하는 막강한 지위를 법으로 부여하는 사례가 없다고 비판하면서 이 제도 중 어느 것을 채택할 것인가는 입법정책의 문제에 속하지만, 독일의 감사회제도로 개편하는 것이 가장 타당하다는 것이다. 즉 미국의 이사회제도를 도입하기 위하여는 업무집행기관에 대한 실효성 있는 감독기능을 수행할 수 있도록 하기 위하여 경영진인 임원과 독립하면서 회사의 업무에 대하여 전문적 지식과 경험이 풍부한 일정 수 이상의 독립적인 사외이사가 존재하는 것을 전제로 하는데 미국의 사외이사제도도 경영진을 얼마나 효과적으로 감독할 수 있는가에 대하여 많은 비판을 받고 있고 특히 우리 나라에서는 미국과 달리 특정 개인 내지 지배주주가 기업경영을 지배하고 있는 현실에서 사외이사제도를 도입한다고 하여도 경영진에 대한 실효성 있는 감독기능을 할 수 있을지를 의문으로 보고 또한 사외이사제도는 우리의 지금까지의 회사운영의 관행이 거의 전부 사내이사제도인 점과 맞지 않는다고 보는 것이다.

이 밖에도 감사위원회제도는 종래의 감사제도를 능가할 수 없다는 견해가 있는데 그 논거로는, 첫째, 감사는 주주총회에서 선임하나, 감사위원은 이사 중에서 이사회가 선정한다는 점에서 감사가 감사위원보다 법적 위상이 높다고 한다. 둘째, 감사는 주주총회에서 선임되므로 최소한 법상으로는 업무집행기관과의 관계에서 독립성을 가지나 감사위원은 피감사인인 이사회가 선임 및 해임하고 감독권을 가지므로 이론상 이사회에 대해 완전한 독립성을 가질 수 없다. 셋째, 감사는 업무집행기관에 대한 관계에서는 타인기관이므로 객관적인 입장에서 감사할 수 있으나, 감사위원회는 기본적으로는 이사회의 구성원으로서 이사회의 업무집행결정에 관여하는 바, 자기가 관여하여 결정한 업무의 집행행위를 감사하므로 감사할 사안에 관한 시각의 객관성에 한계가 있을 수밖에 없다는 등을 이유로 하고 있다. 이 입장은 기존의 감사제도를 개선 보완하자는 입장이다.

다음으로 경영의 공정성과 투명성을 확보해야 한다는 견해로, 미국식의 일원주의에 의한 감사위원회 제도이든 독일식의 이원주의에 의한 감사회제도이든 경영을 하는 자와 경영을 받는 자가 동일한 경우에는 효과적인 감독이 사실상 불가능하다. 이런 점에서 경영과 감독기관을 법적으로 분리하고 있는 독일의 이원주의가 조직적 투명성을 공고히 하는 제도이다. 그러나 미국의 일원주의로 나아가고자 한다면 경영과 감독이라는 2개의 기능을 동시에 수행하는 이사회에서부터 경영은 집행임원이 그에 대한 감독은 이사회에 부여하여 경영과 감독을 분리해야 업무의 공정성과 투명성이 확보될 것이라고 한다.

또한 감사위원회제도의 도입을 찬성하거나 감사위원회의 문제점을 지적하면서 정착시켜야 한다는 견해로서, 1963년 상법 제정시부터 1984년과 1995년의 상법 개정에 이르기까지 감사의 권한을 확대해 왔으나 감사가 제대로 기능을 발휘하지 못하고 형해화 되었으며, 이사회는 대표이사 등 회사의 업무집행기관에 대하여 적법성감사 뿐만 아니라 타당성감사도 할 수 있으나 감사는 주로 사후적인 적법성감사에 국한된다는 것이 다수설이므로 감사기능에 본질적인 한계가 있다. 그리고 감사는 업무집행기관에서 독립한 제3자적 기관에서 감사를 하는 점에서 자기감독적 기능에 그치는 이사회의 감독권보다 우월하다고 하나 사외독립이사가 이사회에 다수로 참여한다면 이러한 감사의 기능을 대체할 수 있다. 또 감사기관은 피감사기관인 경영진을 해임할 수 있어야 그 감사의 실효성을 거둘 수 있는데 감사는 이런 권한이 없으나 감사위원회의 구성원인 사외이사는 대표이사 등 최고경영자의 해임을 안건으로 이사회소집을 청구하여 의결권을 행사할 수 있다. 유사한 권한과 기능을 갖는 주식회사의 감사기관을 정비하여 감사기관의 역할과 책임관계를 분명하게 하는 것이 기업의 부담을 줄이고 기업을 효율적으로 운영하는 방안이다. 이와 같은 이유를 들어 감사위원회의 도입에 찬성하고 있다.

다음으로 기존의 감사제과 워낙 실효를 거두지 못하였기 때문에 하나의 새로운 돌파구로서 감사위원회제도의 도입을 긍정적으로 평가하고 다만 그 운용을 잘 해야 할 것이라는 견해가 있다. 그리고 첫째, 금융·경제의 글로벌화를 배경으로 기업간의 경쟁이 국제적으로 확대되고 있는 현실에서는 국내 고유의 감사모델을 강조하는 것은 설득력이 없다. 이 점에서 미국식의 감사위원회제도가 국제표준에 알맞고, 감사기구의 기능이 종래의 적법성감사에서 타당성감사로 무게중심이 옮겨지고 있는데 영미식의 감사위원회제도가 이점에서 종래의 감사제도보다 우수하며 셋째, 감사위원회제도는 외부감사인과의 연계에 있어서 종래의 감사에 비하여 우수하다는 것을 이유로 감사위원회의 도입을 찬성하는 견해도 있다. 이와 같이 미국식의 감사위원회의 도입에 찬성하는 견해는 대체로 그 운영이나 구성, 독립성, 권한, 사외이사의 정착 등의 문제점을 적시하고 보완할 것을 주장하고 있다. 이상의 여러 주장들 가운데 어느 것을 택할 것이냐는 단순히 법제도적, 이론적 논의로만 할 것은 아니고 우리 나라 기업의 현실과 법의식의 수준 등을 종합적으로 고찰·판단하여 결정하여야 할 문제이나 현재 우리 나라가 감사위원회제도를 도입한 이상 그 시행상의 개선점을 파악하여 하루빨리 정착시키는 것이 남은 과제일 것이다.

4. 監事 및 監査委員會의 監査權의 範圍

감사 및 감사위원회의 이사의 직무집행에 대한 감사권의 범위에 대해서는 논란이 있다. 다수설은 원칙적으로 위법성감사에 한하고 상법에 명문의 규정(제 413조, 제447조의 4 2항 5호 및 8호)이 있는 경우에는 타당성 감사에도 미친다고 보는 견해이다. 이 밖에 원칙적으로 위법성감사에 한하고 상법에 명문의 규정이 있는 경우뿐만 아니라 이사의 업무집행이 현저하게 타당성을 결한 경우에도 타당성감사에 미친다는 견해, 적법성감사뿐만 아니라 타당성감사에도 제한 없이 미친다는 견해 그리고 독특한 견해로서 감사의 감독권은 적법성 감독에 한하지만 감사의 조사권과 관련해서는 적법성감사뿐만 아니라 타당성 감사를 인정해야 한다는 등의 견해가 있다[64].

그런데 이사회는 회사의 업무집행을 결정하는 업무집행기관을 겸하고 있고 또 경영자인 대표이사는 반드시 이사일 것을 상법에서 요구하고 있으므로 집행과 감독이 분리되어 있지 않으며 또한 경영진과 감독기관인 이사회가 분리되어 있지 않다. 우리 나라 주식회사의 실태면에서도 이사회와 경영진, 감사, 종업원이 하나의 회사 공동체로서 혼연일체가 되어 있으며 특히 재벌그룹에 있어서는 종래 재벌총수나 지배주주 또는 오너가 그룹산하기업의 경영을 전횡적으로 결정하고 그룹산하 계열회사의 중요 정책을 전단하여 그 이사회를 지휘하고 대표이사 등의 경영진을 사실상 임명하고 지휘하여 왔다. 이와 같은 상황에서는 이사회는 경영감독기관으로서의 기능을 제대로 할 수 없는 것이다[65].

이러한 상황에서 이사회 본연의 감독기능을 회복하고 강화하기 위하여 1999년의 개정 상법은 이사회내 위원회제도와 독립이사인 사외중심의 감사위원회를 설치하여 종래의 감사제도에 갈음할 수 있도록 하고 2000년과 2001년의 개정 증권거래법은 사외이사의 선임과 감사위원회의 선임을 강제하는 규정을 두어 미국식의 사외이사와 이사회내 위원회제도 및 감사위원회에 의한 경영감독구조를 획기적으로 도입하였다. 감사위원회를 설치하는 회사의 경우에는 종래

---

64) 정찬형, 「商法講義(上)」, 제5판, 박영사, 2001, p. 871.
65) 강희갑, "韓國 株式會社法上 支配構造의 問題點과 改善方向", 「比較私法」제6권 2호 (韓國比較私法學會, 1999), p. 172.

이사회가 업무집행을 결정하고 이사회와 감사가 중복하여 이중으로 경영감독 및 감사를 하는 이원적 경영관리구조에서 회사의 업무집행과 경영감독을 하나의 이사회와 이사회내의 감사위원회에서 담당하는 미국식의 일원적 경영관리구조로 전환하는 것을 의미한다함은 앞서 밝힌 바이다.

IV. 證券去來法上 社外理事에 의한 經營監督

이사회의 운영상의 면을 살펴보건대 우리 나라가 사외이사제도를 도입함으로써 기존의 이사회제도와는 많은 변화가 생기게 되었다. 특히 사외이사의 독립성과 그 활동의 효율성이 많이 문제되고 있다. 그러한 문제점이나 개선점은 제4장의 이사회제도 개선방안에서 논하기로 하고 여기에서는 현행 사외이사제도의 법상의 규정과 사외이사의 선임 및 해임 그리고 자격 등 기본적 사항과 경영감독기능을 중심으로 살펴본다.

1. 經營監督機構로서의 社外理事의 役割66)

사외이사의 역할은 크게 두 가지로 나눌 수 있다. 하나는 경영진에 대한 감시자로서의 역할이며 다른 하나는 경영에 필요한 보완적 지식의 제공자로서의 역할이다67). 미국을 비롯한 많은 국가들에서 사외이사가 내부 경영자들 사이에 의견의 불일치가 있는 경우 중재인으로서의 역할을 수행하며 경영자들의 보수 결정, 최고 경영자의 후임 또는 대체 결정 등에 깊이 관여한다. 우리 나라의 경우 사외이사제는 경영진의 업무 집행에 대한 감독 지원기능을 강화하

---

66) 이기수, "社外理事制度의 强化를 둘러싼 爭點", 「商事法研究」(韓國商事法學會, 2001), pp. 72~73.
67) 이범찬, "社外理事制度", 「企業構造의 再編과 商事法(Ⅰ)」(박길준교수 화갑기념논문집, 1998), p. 587 ; 최완진, "社外理事制度에 관한 再檢討", 「商事法의 理念과 實際」(박영길교수 화갑기념논문집, 2000), p. 313.

기 위하여 도입하였다. 즉 서구와는 달리 경영감독기능에 그 도입 및 운영의 초점을 맞추고 있는 것이다.

사내이사와 사외이사로 이루어지는 이사회의 구성은 외부주주들이 당면한 위해의 정도에 따라 달라지게 되며 이에 따라 기업인수시장(M&A market)의 기능이 미비된 상황에서는 경영자들의 자의적 행동을 견제할 이사회의 책임이 보다 중요하게 되며 따라서 경영자들로부터 독립된 강력한 이사회의 존재가 절실해 지게 된다. 이와는 반대로 활발한 기업인수시장이 존재하거나 또는 경영자들의 감시비용이 낮은 경우에는 이사회는 경영의 의사결정 전문가들이 중심이 되어 구성되며 이에 따라 내부 경영자들이 가장 유력한 이사회 구성원이 된다.

우리 나라의 경우 기업인수시장이 활성화되지 못하고 있음에도 불구하고 사외이사제도의 활용이 그리 원활하게 이루어지지 못한 것은 여러 가지 원인이 있겠으나 우리 나라 상장기업들의 소유권이 대주주에게 집중되어 있는 비중이 높고 이들이 거의 절대적으로 경영지배권을 행사하고 있는 현실에서 대주주 경영자 스스로 사외이사제도를 추구할 유인을 갖지 못한 때문일 것이다. 그러나 대주주 경영자와 외부주주(즉 소액투자자)간의 이해 충돌 문제는 상존하기 때문에 투자자 보호를 위한 외부로부터의 견제·감시 활동의 필요성 문제되었다. 이에 따라 기업지배구조 개선책의 일환인 사외이사제도가 경영의 감시·감독에 그 초점을 맞추고 있는 것이다.

2. 證券去來法上의 規定

(1) 社外理事 選任

사외이사는 이사회의 회의를 활성화·효율화하며 이사회의 경영감독기능을 회복하고 강화하는데 필요한 제도로 인식하고 도입하였다. 이 사외이사의 감독역량의 강화를 위하여 이사회내 지구로서 각종 위원회를 조직한다. 예컨대 이

사후보지명위원회, 보수위원회, 감사위원회가 그것이다. 그럼에도 상법은 이사
회의 구성 및 이사회 내 위원회의 구성과 관련한 사외이사에 관하여는 직접적
인 규정을 두고 있지 않다. 다만 감사위원회는 3인 이상의 이사로 구성하며 감
사위원회의 자격제한요건에 해당하는 자를 규정하고 그 수를 위원의 3분의 1
을 넘을 수 없도록 하고 있다(상법 제415조의 2 제2항 1~7호 참조). 이 자격
제한 요건에 해당하는 자는 경영진과 최대주주로부터 독립성을 가지지 못하는
자로 이해한다면 감사위원회는 독립적인 사외이사가 그 위원의 3분의 2 이상
이어야 한다라고 해석할 수 있다. 그러나 증권거래법은 모든 상장주식회사와
일정규모 이상의 협회등록법인에 사외이사의 선임을 강제하고 있다. 이에 따르
면 주권상장법인 또는 벤처기업중 최근 사업연도말 현재의 자산총액이 1천억
원 이상인 협회등록법인은 사외이사를 이사 총수의 4분의 1 이상이 되도록 하
여야 한다(증권거래법 제191조의 16 제1항 본문, 동법 시행령 제84조의 23 제
1항)라고 하고 있다. 다만 최근사업연도말 현재의 자산총액이 2조원 이상인 주
권상장법인 및 협회등록법인과 증권회사의 사외이사는 3인 이상으로 하되 이
사 총수의 2분의 1 이상이 되도록 해야 한다(증권거래법 제191조의 16 제1항,
동법 시행령 제84조의 23, 제54조의 5 제1항, 동법 시행령 제37조의 6 제1항).
이 후자의 사외이사는 총 위원의 2분의 1 이상이 사외이사인 이사회내의 사외
이사 후보추천위원회에서 사외이사후보를 추천한다(동법 제191조의 16 제3항,
제54조의 2 제2항 및 3항). 은행법에서는 금융기관의 이사회는 사외이사를 두
도록 하고 그 사외이사의 수는 전체 이사수의 100분의 50이상이 되어야 한다
고 규정하고 있다(동법 제22조 제2항).

　사외이사도 이사이므로 상법상의 이사선임절차에 관한 규정(상법 제382조,
제362조, 제363조)에 따라야 한다. 그런데 이 사외이사의 선임을 실제로 재벌
총수, 대표이사 등의 CEO, 지배주주 등이 좌우할 경우에는 사외이사의 이사회
회의의 활성화 및 효율화 기능과 경영감독기능은 의미가 없다. 이리하여 증권
거래법은 사외이사 후보추천위원회를 두어 최근 사업연도말 현재의 자산총액
이 2조원 이상인 증권회사 및 주권상장법인과 협회등록법인의 경우 주주총회

에서 사외이사를 선임하고자 하는 때에는 사외이사 후보추천위원회의 추천을 받은 자 중에서 선임하여야 하고(증권거래법 제54조의 5 제3항, 제191조의 16 제3항), 이 경우 사외이사 후보추천위원회는 소수주주(6월전부터 계속해서 증권회사, 주권상장법인, 협회등록법인의 의결권 있는 발행주식 총수의 1000분의 10(최근 사업연도말 자본금이 1천억원 이상인 법인의 경우는 1000분의 15)을 보유한 주주(소수주주)가 추천한 사외이사 후보를 반드시 그 선임 주주총회에 추천하도록 하여 사외이사의 경영진으로부터의 독립성을 꾀하고 있다. 그리고 감사위원회 위원인 사외이사를 주주총회에서 선임하는 경우 주주의 의결권을 의결권 있는 발행주식 총수의 3%까지만 행사할 수 있도록 하고(증권거래법 제54조의 6 제6항, 제191조의 17 제2항), 주권상장법인 또는 협회등록법인인 증권회사와 최근 사업연도말 현재의 자산총액이 2조원 이상인 주권상장법인 또는 협회등록법인의 경우 감사위원회의 위원장은 사외이사가 맡도록 함으로써(증권거래법 제54조의 6 제2항, 제191조의 17 제2항) 사외이사의 경영감독 및 감사기능을 강화하고 있는 듯하다. 은행법은 은행장후보나 감사위원회 위원후보를 위한 후보추천위원회를 두고 있으나(동법 제24조), 사외이사를 추천하기 위한 별도의 사외이사 후보추천위원회를 두지 않고 주주대표와 이사회에서 추천하도록 규정하고 있다. 그리고 그 비율을 주주대표가 추천하는 사외이사후보의 수는 전체 사외이사의 100분의 70, 이사회가 추천하는 사외이사후보의 수는 100분의 30으로 한다(동법 제22조 제3항).

(2) 社外理事의 資格

상법은 사외이사의 자격에 대하여 아무런 규정을 두지 않고 있다. 그러나 증권거래법은 주권상장법인 또는 벤처기업중 최근 사업연도말 현재의 자산총액이 1천억원 이상인 협회등록법인 그리고 최근 사업연도말 현재의 자산총액이 2조원 이상인 증권회사는 사외이사의 자격을 제한하고 있다(증권거래법 제54조의 5 제4항, 제191조의 16 제3항). 이 규정은 당사자 개인의 사외이사로서의 적격성(무능력자 등), 당해 회사의 최대주주 및 이와 관계 있는 특수관계인으로서 회사에 대한 영향력이나 지배력 행사의 가능성, 당해 회사와 일정한 거래관계가 있거나 경쟁 또는 협력관계에 있는 다른 회사의 임직원, 사외이사로서의 직무를 충실하게 이행하기 곤란하거나 당해 회사의 경쟁에 영향을 미칠 수 있는 자는 사외이사가 될 수 없도록 하고 있다. 이는 사외이사의 경영진에 대한 독립성을 훼손할 수 있는 자를 사외이사에서 배제하고자 하는데 의미가 있다.

(3) 社外理事의 任期와 解任

사외이사 역시 이사이므로 이사의 임기와 이사의 해임에 관한 상법의 규정에 따른다(상법 제383조 제2항, 제3항, 제385조). 다만 증권거래법은 소수주주가 법원에 이사의 해임을 청구하는 경우에 그 지주비율의 요건을 상법의 규정(100분의 3)보다 대폭 완화하여 발행주식총수의 100,000분의 50(최근 사업연도말 자본금이 1,000억원 이상인 회사는 100,000분의 25)이상의 주식을 6개월간 계속 보유한 주주만으로 하여 이사 해임을 쉽게 하였다(동법 제191조의 13, 동 시행령 제84조의 20 제1항).

(4) 社外理事의 權限과 責任

사외이사도 이사이므로 상법상의 이사가 가지는 모든 권한을 가지는 것은 당연하다. 그런데 사외이사가 이사회에서 경영진의 행위를 판단하고 어떤 결정을 내리는 데는 그 사안에 대하여 충분한 정보를 가지고 있어야 한다. 이와 같은 정보접근권을 사외이사에게 부여하는 것은 감독기관인 이사회의 구성원으로서 감독기능의 효율성을 위해서도 필요하다. 이런 점에서 상법은 2001년 7월 24일자 개정을 통해서 이사가 회사정보를 이사회에 보고할 것을 요구할 수 있도록 하고(상법 제393조 제3항), 회사측에서 회사정보를 이사회에 보고하도록

(상법 제393조 제4항) 하고 있으나 앞에서 지적한 것처럼 이사가 자기에게 직접 회사정보를 제공할 것을 회사에 대하여 요구할 수 있는 것이 아니다. 따라서 이는 사외이사의 정보접근권이라는 측면에서 미흡하다. 기업지배구조모범규준은 이런 취지의 규정을 두고 있다. 사외이사도 이사인 이상 상법의 이사의 손해배상책임에 관한 규정이 적용된다(상법 제399조, 제401조).

第3節 經營監督機關으로서의 理事會의 問題點[68]

이사회제도의 경영감독기능의 과거를 돌이켜 보건대, 집행과 감독의 업무중복, 이사의 경영진에의 종속 등 많은 문제점을 안고 있었고 이런 이사회 제도의 실패를 거울삼아 새로운 이사회 제도의 역할을 기대하게 되는데 이러한 경향은 필연적으로 주식회사의 이사회를 집행과 감독으로 분리하려는 추세로 이어지고 회사의 경영에 대한 이사회의 감독권의 강화가 다양한 방법으로 모색되고 있다. 본격적인 개선방안에 대한 논의에 앞서 현재 우리 나라 이사회제도의 문제점을 파악하기 위해서는 먼저 이사회 운영의 실태를 파악하여 어떠한 점이 문제점으로 지적되는지를 살펴보아야 할 것이고 이와 함께 법제도적인 측면에서의 문제점을 아울러 살펴보는 것이 반드시 필요하다. 따라서 이하에서는 우리 나라 주식회사의 지배구조 전반에 관한 현황과 및 현행 이사회제도의 운영실태와 법제도 측면에서의 이사회의 문제점을 지적, 파악하여 앞으로 논의될 개선방안에 기초로 삼고자 한다.

---

68) 이하, 강희갑, 「株式會社의 經營監督·監査 및 監査委員會制度에 관한 硏究」, 上場協 硏究叢書(韓國上場會社協議會), 2002. 5, pp. 135~199 참조.

Ⅰ. 理事會 法制度上의 問題點

1. 業務執行機關에 의한 經營監督

상법상의 업무집행기관은 이사회와 대표이사로 분화되어 있는데 무엇보다 문제가 되는 것은 이사회가 업무집행에 대한 의사결정기관임과 동시에 경영감독기관이라는 점이다. 이는 경영감독의 대상자인 대표이사, 업무담당이사가 동시에 경영감독기관인 이사회의 구성원이 되어 있음을 뜻한다. 이러한 이사회의 구조는 이사회의 의사결정기능과 경영감독기능을 무의미하게 한다. 이리하여 상법은 1999년 12월말의 개정에서 회사가 정관으로 미국식의 이사회내 위원회를 설치할 수 있도록 하여 이사회의 권한사항 가운데 기본적인 것을 제외한 이사회의 권한 사항을 이 위원회에 위임할 수 있도록 하고(동법 제393조의 2 참조), 상장주식회사의 경우에는 2000년의 증권거래법 개정에서 미국식의 사외이사의 선임을 강제하고 있다(동법 제191조의 16 제1항, 동법 시행령 제84조의 23). 그리고 2001년의 증권거래법 개정에서 협회등록법인(코스닥 법인)의 경우에도 사외이사의 선임을 강제하고 있다(동법 제191조 16 및 제191조의 17).

이와 같이 상법은 이사회 내 위원회에 이사회의 업무집행결정권을 위임하여 이사회는 기본적 전략 사항만을 결정하고 또한 이사회를 사외이사 다수로 구성함으로써 이사회를 활성화, 효율화함과 동시에 이사회의 경영감독권을 강화하려고 한다. 그러나 이러한 노력에도 불구하고 상법상 이사회는 여전히 업무집행에 대한 의사결정기관임과 동시에 경영감독기관으로 되어있고 최고 경영자인 대표이사 및 경영진인 업무담당이사가 이사회의 구성원으로 되어 있다는 점에서 이사회의 업무집행에 대한 의사결정기능과 감독기능이 제대로 기능을 할 수 있을지 의문이다.

2. 理事會內 委員會의 形骸化

우리 상법이 감사에 갈음하여 감사위원회를 설치할 수 있게 새로이 위원회 제도를 도입하였다. 물론 이사회내 위원회에는 감사위원회만 있는 것은 아니나 우리 상법에서는 감사위원회의 비중을 가장 크게 두고 있는 듯하며 기업 실무 에서도 이러한 감사위원회의 설치 비중이 가장 크다. 기업에서 이러한 감사위 원회를 설치하는 것은 바람직한 현상이나 설치 여부만을 가지고 그 역할까지 다하리라고 생각할 수 없는 문제이다. 감사위원회의 구성원이 경영진이나 지배 주주의 영향력하에 선임될 경우 감사위원회의 활동은 이에 종속될 가능성이 매우 크며 이렇게 된다면 상법에서 경영감독 개혁의 일환으로 도입한 감사위 원회를 비롯한 각종 위원회제도는 시작부터 형해화될 가능성이 큰 것이다.

3. 社外理事制度의 運營 未熟

(1) 社外理事의 構成比率 現況

이사회 구성비율에 대한 실태조사를 한 자료[69][70]에 따르면, 이사가운데 경 영이사는 1명이 9개 사, 2명이 21개 사, 3명이 39개 사, 4명이 14개 사, 5명이 11개 사, 6명이 13개 사, 7명이 3개 사, 기타의 사내이사는 1명이 30개 사, 2 명이 10개 사, 3명이 8개 사, 4명이 2개 사, 5명과 7명이 각 1명이다. 응답 회 사 110개 사의 약 50%이상은 경영이사를 제외한 사내이사가 없음을 알 수 있 다. 사외이사는 1명이 34개 사, 2명이 51개 사, 3명이 13개 사, 4명이 3개 사, 5명이 6개 사, 6명, 7명, 9명이 각각 1개사이다. 따라서 1명 내지 2명의 사외이

---

69) *Ibid.*
70) 이 調査에서 經營理事는 登記理事가운데 代表理事를 비롯하여 會社의 경영을 담당 하는 理事로 했으며 기타의 社內理事는 登記理事 가운데 經營理事와 常務에 종사 하지 않는 者로서 社外理事 아닌 자로 했다. 그리고 社外理事는 社外理事로 選任되 고 登記된 者로 정했다.

72

사를 가지고 있는 상장회사가 응답 회사의 약 77.2%로서 압도적이다. 이는 아마도 증권거래법에서 규정하고 있는 상장주식회사의 의무사외이사 수의 최소기준($\frac{1}{4}$ 또는 $\frac{1}{2}$)에 따른 사외이사를 선임하고 있는 결과라고 생각된다. 그리고 응답상장회사가 110개 사의 이사 711명 가운데 사내이사는 472명으로서 약 66%에 이르고 사외이사는 239명으로서 약 34%에 그치고 있다. 또 사내이사 가운데 경영이사(업무담당이사)는 378명으로서 약 53%에 이른다. 이는 미국의 경우 사내이사가 약 37.8%, 사외이사가 62.2%에 이르고 있는 것과 비교하면 사외이사의 구성비율이 낮다는 것을 알 수 있다. 이는 이사회가 경영진으로부터 독립성을 확보해야 경영감독의 실효성을 거둘 수 있다는 측면에서는 이사회의 경영진에 대한 독립성의 문제에 관련된다.

(2) 社外理事 選任實態의 問題

이 사외이사의 도입과 선임강제에 대해서는 많은 의문이 제기되어 왔다. 우선 상법상 이사회는 회사의 업무집행에 대한 의사결정과 경영진의 업무집행을 감독하는 두 가지 기능을 하고 있는데 사외이사가 이 두 가지 기능을 제대로 수행할 수 있을지 의문이고 사외이사가 이사회의 의사결정의 활성화와 효율화 및 경영감독의 강화에 어느 정도의 기여를 할 수 있을지를 가늠하는 것은 어려운 문제라고 한다.

사외이사는 회사의 영업전반에 대하여 정통하지 못하고 따라서 이러한 사외이사로 구성된 이사회는 본래의 도입취지 즉 이사회의 활성화 및 효율화라는 취지와는 달리 사외이사로 구성된 이사회는 경영진의 의사결정을 추인 하지 못한다는 비판이 제기되고 있다. 미국에서도 대부분의 미국기업들은 CEO가 이사회 의장을 겸직하면서 사실상 이사회를 통제하고 있다고 한다. 또한 사외이사의 경영감독기능에 대해서도 그 사외이사의 실질적인 선임을 지배주주나 특정인인 재벌총수가 좌우할 경우에는 의미가 없을 것이다. 그러나 이에 대해서는 앞에서 본 바와 같이 증권거래법이 대형 주권상장법인 및 협회등록법인

과 대형 증권회사의 경우 사외이사 후보추천위원회는 6월 전부터 계속하여 그
의결권 있는 발행주식총수의 1%(최근 사업연도말 자본금이 1천억원인 법인의
경우는 0.5%)를 보유한 소수주주가 추천한 사외이사후보를 반드시 주주총회에
추천하도록 하고 감사위원회 위원인 사외이사를 주주총회에서 선임하는 경우
대주주의 의결권을 의결권 있는 발행주식총수의 3%로 제한함으로써 이사회의
경영감독기능을 실효화 하고 사외이사를 중심으로 하는 감사위원회의 기능을
제고할 수 있을 것처럼 보인다. 그러나 그렇게 추천된 사외이사 후보가 그 선
임 주주총회에서 반드시 선임되리라는 보장이 없다. 원래 이 규정은 집중투표
제를 의무화하지 않는 대안으로 마련된 것이다. 그리고 우리 나라 10대 재벌기
업의 총수는 불과 2%의 지분소유로써 전체 계열사를 지배[71]하고 있는 것에
비추어 보면 이 대주주의 의결권 3%제한은 이러한 재벌그룹기업의 경우는 별
다른 의미가 없을 것이다. 그러나 일각에서는 대주주의 의결권 3%제한은 대주
주의 권리남용을 규제할 수 있는 제도(예 : 내부자거래에 대한 공시 및 처벌
강화, 이사의 충실의무, 업무집행지시자의 책임규정 등)가 충분히 마련되어 있
으므로 지배주주를 과점주주나 기관투자가, 소액주주와 역차별하는 불합리한
규제라고 한다.

　또한 이사회의 경영효율성 감독을 보충 지원하는 이사후보추천위원회와 보
수위원회의 구성원인 사외이사의 선임에 있어서는 그나마 대주주의 의결권제
한규정이 없기 때문에 그 사외이사의 선임을 지배주주가 좌우할 수 있어 이사
회의 경영효율성에 대한 감독은 그 실효를 거두기 어려울 것이다. 그리고 사외
이사와 경영진인 이사간에 의견이 대립되는 경우에는 효율적인 이사회의 의사
결정을 기대할 수 없고 이는 업무감독에 대한 의사결정도 기대할 수 없는 것
이다.

　이사회의 독립성 강화를 위하여 사외이사의 이사회 구성비율을 직접 규제하
는 방식은 이사회에 대한 획일적인 규제로서 이는 기업의 경쟁력을 훼손시킬
염려가 있다. 외국의 경우도 이사회의 완벽한 독립성이 보장되는 경우는 거의

---

71) 한국일보, 2002년 12월 2일자 참조.

없으며 독립성이 경영성과 직결된다는 근거도 존재하지 않는다고 한다. 그리고 기업지배구조는 기업과 이해관계자들의 자발적인 선택에 일임하고 경쟁을 통해서 살아 남은 기업의 지배형태를 존중해야 한다고 한다. 따라서 경쟁력을 기준으로 이사회구조를 개선할 수 있도록 사외이사에 대한 과도한 규제는 재정비되어야만 하는 것이다. 이런 점에서 대형상장법인과 금융기관에 적용되고 있는 사외이사 비율(이사수의 1/2)규제를 최소 3인 이상으로 완화해야 하며 제도의 신설보다는 사외이사제도가 긍정적으로 기능할 수 있는 여건의 조성이 필요하다고 본다. 예컨대 전문경영자 시장을 활성화하고 지식기반을 개선하는 일 등이 필요할 것이다.

II. 理事會 運營 實態上의 問題點

1. 支配株主 · 經營陣에의 從屬

이사회가 업무집행(의사결정)기관으로서 제대로 기능하기 위해서는 우리 나라의 현실에서 재벌오너, 지배주주, 대표이사 등의 경영진으로부터 법적 · 제도적으로나 실태면에서도 독립성을 가지고 있어야 한다. 즉 이들로부터 독립되어 있지 못하다면 의사결정의 객관성을 기할 수 없을 것이다. 이런 의미에서 우선 이사회에 부의 되는 안건이 실제로 어떤 방법으로 작성되고 있는지를 조사한 자료를 보면 다음과 같다[72]. 이에 따르면 응답 상장회사 96(복수응답포함 98)개 사 가운데 ①경영위원회(집행위원회)등 이사회내 소위원회의 심의를 거쳐 작성하는 회사가 32개 사, ②지배주주 또는 오너의 지시에 의거하여 작성하는 회사가 18개 사, ③최고경영자의 지시에 의하여 작성하는 회사가 41개 사, ②와 ③ 및 ①과 ③이 각각 1개 사, ①②③모두 해당한다는 회사가 3개사이다. 지배주주나

---

72) 강희갑, 앞의 책 참조.

오너 및 최고경영자의 지시에 의하여 작성되는 회사가 64개 사로서 약 65.5%에 이르고 있다. 그리고 이 의안을 CEO가 정한다면 이사회에서 사외이사들이 변경할 수 있는 방법이 있는가에 대해서는 응답 상장회사 109개 가운데 없다고 한 회사가 55개 사, 있다고 답한 회사가 54개 사로서 각각 51.5%, 49.5%에 이르고 있다(무응답 1개사). 이러한 실태에 미루어보면 과거보다는 지배주주, 재벌오너, 최고경영자의 회사 내지 이사회지휘와 전횡관행이 완화되어 있고 독립 경영체제로 전환하려는 노력이 보이고 있다고 할 수 있다. 그러나 아직도 지배주주, 재벌오너, 최고경영자 등의 경영진이 이사회를 지배하고 그 결정을 주도하고 있다. 이는 이사회의 의사결정기능을 감퇴시키는 요인이 된다. 다음으로 이사회가 감독기능을 제대로 발휘하려면 구성원인 이사들이 회사의 정보를 사전에 제공받아 토의에 참가하도록 해야 한다. 이런 점에서 이사들에게 회의에 앞서 이사회의 안건에 대한 참고자료를 제공하고 있는가에 대하여는 압도적인 회사 즉 응답 회사 가운데 약 90.8%에 이르는 100개 사가 그렇다고 했고 약 9.2%인 9개 사만이 제공받지 못하고 있다고 했다. 이와 관련하여 참고자료를 제공하는 경우 이사회 개최 며칠 전에 제공하는가에 대하여는 자료제공 100개 사 가운데 당일이 1개 사, 2일전이 8개 사, 1~3일전이 3개 사, 3일전이 25개 사, 5일전이 13개 사, 3~7일전이 4개 사, 소집통지시가 25개 사, 7일전이 17개 사, 무 응답이 4개 사로서 3~7일전(소집통지서 포함)이 84개 사로서 전체 자료제공 회사 100개사 가운데 84%를 차지하고 있다. 이와 관련하여 이사회의에 앞서 주요 의안들에 관한 분석과 관련되는 정보들을 이사들에게 전달함으로써 이사들이 회의 준비를 충분히 할 수 있도록 돕고 있는가 라는 물음에 대해서는 조사응답회사 110개 사 가운데 그렇지 않다는 회사가 14개 사이고 그렇다는 회사가 92개 사(약 83.6%)로서 압도적이고 위와 거의 일치한다(무응답 4개사). 따라서 상장회사의 대부분은 이사들에게 충분한 회의 준비를 할 수 있도록 회사정보를 제공하고 있다고 평가하고 있고 그 준비기간은 3~7일로 보고 있다. 그러나 참고자료 및 주요의안의 분석검토를 위해서는 적어도 이사회 소집통지시 즉 회일의 일주간 전(상법 제390조 제2항)에는 회사 정보를 제공해야 할 것이다. 그리고 최고 경영자

(CEO)가 이사회의장을 겸하게 되면 이사회가 최고경영자에 의하여 지배될 가능성이 있다. 실제로 미국의 대기업은 CEO가 이사회 의장을 겸임하여 사실상 이사회를 통제하여 왔고 겸임비율이 1995년에는 76%에 이르고[73] 최고 경영자와 이사회 의장이 분리되어 있는 회사는 S&P상위 500개 사 가운데 약 15%에 지나지 않는다고 한다[74]. 이사회 의장의 분리는 리더십의 확보와 전략적 의사결정의 실행에 방해가 되고 기업가치의 극대화를 저해한다는 견해가 있다[75]. 그러나 위에서 본 바와 같이 지배주주, 재벌오너, 최고경영자가 여전히 이사회의 결정을 지배하고 있는 한국적인 현실에서는 겸임은 문제가 있다고 본다. 이 겸임 조사에서 조사응답 회사 110개 사 가운데 겸하고 있다는 회사가 96개 사로서 전체의 약 87.3%를 차지하여 겸하지 않고 있다는 회사 (10개 사, 약 9.1%, 무 응답 4개 사)에 비하여 압도적으로 많다.(표3) 따라서 우리 나라의 상장회사의 대부분은 최고경영자가 이사회의장을 겸임하고 있으며 이것이 위의 설문조사에서 보듯이 지배주주, 재벌오너, 최고경영자 등의 이사회 지배와 관련되고 있는 것이 아닌가 여겨진다. 그런데 이사회가 제대로 의사결정기능을 발휘하기 위해서는 이사회의가 활성화되어 토론이 활발히 이루어져야 한다. 이를 위해서는 앞에서 본 바와 같이 회사의 정보제공이 적기에 그리고 제대로 이사들에게 제공되어야 할 뿐만 아니라 이사와 경영진간에 충분한 의사소통이 이루어 져야한다. 이사회와 경영진은 대립적 관계가 아니라 궁극적으로는 회사 이익의 극대화를 위하여 협력하는 관계가 되어야 할 것이다. 이런 관계 속에서 이사회가 경영진을 효과적으로 감시 · 감독 할 수 있는 방안을 마련하는 것이 좋을 것이다. 이런 관점에서 경영진과 이사들간에 충분한 의사소통이 이루어지고 있는가에 대해서는 조사 응답회사 110개 사 가운데 99개 사가 그렇다는 응답을 하였고 6개사가 그렇지 않다는 응답을 했다.(무응답 5개 사) 이를 미루어보면 이사들과 경영진간의 의사소통에 있어서는 전혀 문제가 없다. 이는 매우 바람직한 것이다.

---

73) 大韓商工會議所 資料, 社外理事制度 改善方案에 대한 業界 意見, p. 13.
74) 武井一浩, 앞의 논문(Ⅱ), pp. 33~36.
75) 大韓商工會議所, 앞의 자료, p. 13 참조.

위에서 살펴 본 바와 같이 우리 나라는 미국의 경우와 달리 주식회사의 실태면에서 이사회와 경영진, 감사, 종업원이 하나의 회사공동체로서 혼연일체가 되어 있고, 법제도상으로나 실태면상으로나 이사회와 경영진이 분리되어 있지 않다. 또 재벌그룹에 있어서는 재벌총수나 지배주주 또는 오너가 그룹산하 기업의 경영을 전횡적으로 결정하고 재벌산하 계열회사의 중요 정책을 전단하여 그 이사회를 지휘하고 대표이사 등의 경영진을 사실상 임명하고 지휘하고 있다. 따라서 경영기능집단인 경영주체와 경영감독기관인 경영감독주체가 융합되어 현실적으로 분리되어 있지 않다. 이와 같은 상황에서는 이사회는 감독기관으로서의 기능을 할 수 없는 것이다.

최근에 재벌그룹의 구조조정의 일환으로 사외이사를 두어 이사회의 기능을 활성화하고 있는 상장기업들이 늘고 있고, 또 1998년 2월 20일 개정 유가증권 상장규정에 의해서 1998년 주주총회로부터 모든 상장회사는 이사수의 ¼이상을 사외이사로 선임하도록 하고 있다. 그러나 미국의 경험에 비추어 사외이사제도의 활성화는 이사회의 감독기능을 회복하는데 효과적인 기능을 할 수 있으리라고 기대하고 있지만, 앞에서 살펴 본 우리 나라의 재벌그룹 또는 대기업의 현실적인 지배구조가 개선되지 않는 한 사외이사제도의 효과도 감퇴될 것이다.

뿐만 아니라 이러한 지배주주인 재벌오너에 의한 독재적 경영관리구조에서는 소수주주의 이익이 크게 침해될 염려가 많다. 이런 점에서 우리 나라에서는 지배주주인 재벌오너와 소수주주간의 이해대립이 심각하게 나타나서, 미국과는 다른 측면에서의 대리인 문제가 발생한다. 일반적으로 대리인 문제란 예컨대 주주(본인)와 그 대리인이라고 할 수 있는 이사 사이와 같은 대리관계에서 발생하는 문제를 말한다[76]. 이는 주주인 본인과 대리인인 이사 사이의 이해충돌로 인하여 주주인 본인의 이익이 침해될 염려가 있는 것을 말한다. 그러므로 주주는 그 대리인인 이사 등의 경영진을 감독해야 하는데 이에 관련되는 비용을 대리인 비용이라고 한다. 이러한 대리인 비용을 감소시키는 것은 결국 재화

---

76) Roberta Romano, *Foundations of Corporate Law*, New York, Oxford, 1993, pp. 3~4.

의 가격을 떨어뜨리는 방법이며 이는 기업의 생존에 중요한 요소가 된다[77].

한국경제가 겪고 있는 경제위기는 취약한 경제구조를 바탕으로 형성된 거품에서 비롯되었는데 그러한 거품의 형성은 과잉투자를 억제할 금융제도나 기업지배구조가 갖추어지지 않은 상태에서 정부가 성급하게 관리기능을 포기하면서 시작되었으며 한국경제를 살리기 위한 구조조정의 핵심은 개별경제주체의 성과를 정확히 평가하고 이에 따라 적절한 보상과 제재를 가할 수 있는 감시기능을 재설계하는데 있다. 따라서 이러한 상황에서 이사회가 그 본연의 기능을 회복하고 바람직한 주식회사의 지배구조를 재편성하는데는 채권자와 주주에 의한 감시기능을 활성화시키는 문제도 중요한 과제 중 하나가 될 것이다.

앞에서 본 바와 같이 경영을 담당하는 대표이사, 업무담당이사나 임원은 직접 경영을 담당하므로 회사에 관련된 정보에 정통하여 그 정보를 지배하게 되나 주주나 평이사 또는 경영을 담당하지 않는 이사, 사외이사 등은 회사 밖에 있으므로 회사에 관련된 정보에 어둡게 되어 이러한 불충분한 정보 때문에 주주와 이사회는 경영진인 이사의 행위를 완벽하게 감시·감독할 수 없다. 이런 점에서 주주 또는 이사가 회사에 대하여 그 운영에 관련되는 일체의 정보를 청구할 수 있는 권리(주주 또는 이사의 정보권)가 광범위하게 인정되고 그리고 활성화되면, 경영진에 대하여 효과적 감시를 할 수 있고 이는 회사의 지배구조개선에 크게 도움을 줄 것이다. 미국에서는 이사의 회사에 대한 정보개시청구권이 인정되어 있는데(ALI「원칙」§3.93참조) 이를 참고할 필요가 있다. 우리 상법은 주주의 정보권에 관련된 제도를 몇 가지 규정하고 있으나[78] 회사의 업무에 관련된 중요한 정보를 주주와 이사의 청구에 따라서 이사회가 제공할 의무를 지도록 하는 규정은 아직 없다.

위와 같은 상황에서 이사회가 그 본연의 기능을 회복하고 바람직한 지배구조를 재편성하는 데는 경영의 효율성과 위법성에 대한 감독기능을 회복하고

---

77) *Ibid.*, pp. 8~12.
78) 주주의 재무재표 등의 열람 및 교부청구권(商法 제448조 제2항), 주주의 회계장부 열람청구권(商法 제466조), 주주제안권(商法 제363조의 2) 등이 있다.

강화하여 활성화시키는 것이 중요한 과제로 될 것이다. 99년 말의 상법 개정에서 지배주주를 포함해서 업무집행 지시자에게 손해배상책임을 지운 것과 소수주주의 대표소송에 의한 그 책임추궁이 실현되었지만(제401조의 2) 그것만으로는 현재의 지배구조를 개혁할 수 없을 것이다.

2. 非登記任員의 肥大化

상법상 주식회사의 업무집행기관은 이사회와 대표이사로 이원화되어 이사회는 업무집행에 대한 의사를 결정하고 대표이사는 이의 집행과 회사를 대표한다. 대표이사 아닌 이사는 원칙적으로 이사회의 구성원으로 이사회의 의사결정에 참여할 권한밖에 없으나 보통 회사는 이러한 이사회의 구성원인 이사에 대하여 앞에서 본 것처럼 회장, 사장, 부사장, 전무이사, 상무이사, 관리이사 등의 다양한 직함을 붙여 회사의 일정 업무를 담당시키고 있다. 그 업무에 따라서는 역시 앞에서 본 바와 같이 본부장, 경영기획실장, 연구 실장, 기획상무, 공장장 등의 사용인을 겸하고 있는 등기이사도 있다. 따라서 위의 업무담당이사 및 사용인 겸임 이사 등의 경영이사와 대표이사를 회사의 경영진이라고 할 수 있다. 그리고 상장회사의 경우에는 등기 이사 아닌 자에게 직명 앞에 여러 가지 명칭을 붙여 임원으로서의 업무를 담당시키고 있다. 일찍이 전경련회장단회의에서는 이러한 비등기임원을 집행임원이라고 하여 등기이사와 구분할 것을 권장하였다. 이리하여 상장회사들은 대체로 이에 따르고 있다. 2002년 4월 현재 비등기 임원 수의 실태를 보면 조사응답 상장회사 110개 사중 1명이 6개 사, 2~5명이 33개 사, 6~9명이 26개 사, 10~15명이 17개 사, 16~20명이 5개 사 , 21명~30명이 4개 사, 31명~50명이 3개 사, 51~70명이 1개 사, 71명~100명이 2개 사, 101~120명이 2개 사 421명인 회사도 1개 사가 있다. 비 등기 임원이 한 명도 없는 회사도 5개 사에 이른다.(무응답 5개사) 이와 같이 보면 우리 나라의 상장회사의 비 등기 임원 수는 5명~15명 사이에 가장 많이 분포되어 있음을 알 수 있다. 그리고 이와 관련하여 비 등기 임원의 직명으로는 매우 다양한 직명을 사용하고 있다. 회장, 사장, 부사장, 전무, 상무, 상무보, 이사, 이사대우, 이사보, 고문 등의 명칭을 사용하고 있고 전무이사, 상무이사, 등의 명칭을 사용하고 있는 회사도 있다. 그러나 등기이사와 구분할 필요가 있으므로 전무이사, 상무이사, 이사등의 명칭은 피하는 것이 좋을 것이다. 그리고 부장, 실장 등의 사용인을 겸하고 있는 비등기 임원이 있는 회사는 조사응답상장 회사 110개 사 가운데 23개사로서 약 21%에 이른다. 여기서 앞에서 본 바와 같이 사용인 겸임 등기이사가 있는 회사가 전체 응답 회사의 약 12%에 이르고 있는 것을 보면 상당수의 상장회사가 사용인 겸임 등기이사 내지 비 등기 임원을 두고 있는 것을 알 수 있다. 그리고 그 사용인 겸임 비 등기 임원의 명칭도 사용인 겸임 등기이사의 경우와 같이 매우 다양하다. 대체로 실장, 부장, 본부장, 지사장, 특수 사업부장, 총무부장, 연구소장, 공장장, 팀장, 해외사업부장, 및 해외사업 본부장, 팀장 등의 직함을 사용하고 있다. 이상과 같이 우리 나라에서는 경영이사, 사용인 겸임이사가 회사의 업무를 담당하고 또 많은 비등기임원과 사용인 겸임 비등기임원이 회사의 중요한 업무를 담당·집행하고 있다.

3. 監事의 機能 不在

상법상 감사는 주주총회, 이사회와 대등한 관계로 위치하고 업무감사권과 회계감사권을 갖는 필요·상설의 경영감독기관이다. 즉 감사는 이사의 직무집행을 감사할 권한을 갖는다(상법 제412조 제1항). 이것이 감사의 감사권이다. 상법은 감사의 실효성을 높이기 위하여 이사에 대한 영업보고요구권과 회사의 업무 및 재산상태조사권(동법 제412조 제2항), 이사회출석·의견진술권(동법 제391조의 2), 주주총회소집청구권(동법 제412조의 3), 자회사의 조사권(동법 제412조의 4), 감사해임시의 진술권(동법 제409조의 2), 이사의 위법행위 유지청구권(동법 제402조), 이사화 회사간의 소에서의 회사대표권(동법 제394조 제1항), 기타 각종의 소의 제기권 등의 개별권능을 감사에게 부여하고 있다.

그리고 감사의 임기를 3년으로 하여 감사의 독립성을 확보하고 있다(동법 제410조). 이와 같이 감사는 현재에도 상법상의 중추적인 경영감독기관으로 되어 있다. 우리 상법상의 감사제도는 본래 일본 상법상의 그것을 답습한 것이나, 기본적으로는 독일 주식법상의 이사회 경영·감사회 감독이라는 이원주의를 본 받은 것이다. 그러나 감사는 단독기관이고 이사의 임면권이 없으며 감사의 선임에 있어서 공동결정제도가 인정되지 아니한다는 점에서 본래의 독일의 감사회제도와 큰 차이가 있다.

현행 상법상의 감사의 지위는 1984년의 상법개정에서 회계감사뿐만 아니라 업무감사도 하게 함으로써 크게 강화되어 오늘에 이르고 있다. 1995년에는 감사의 대주주 또는 경영진으로부터의 독립성을 확보하기 위하여 몇 가지 개정을 하였다. 즉 이사의 임기를 2년에서 3년으로 연장하고(상법 제410조) 감사의 겸직 범위를 확대하였으며(상법 제411조) 모회사의 감사에게 자회사의 조사권을 부여하였다(상법 제412조의 4). 그리고 감사에게 주주총회에서의 해임에 관한 의견진술권을 부여하였다(상법 제409조의 2). 그러나 이러한 개선에도 불구하고 실제로는 이사의 업무집행에 대한 감사가 실효를 거두지 못하였고 회계감사도 실효를 거두지 못하였다. 이리하여 회계감사만이라도 실효를 거두기 위하여 '주식회사의외부감사에관한법률'에 의하여 일정규모 이사(70억원)의 주식회사는 감사에 의한 감사이외에 회계에 관한 전문지식을 가진 자에 의한 외부감사를 의무적으로(외부감사인에 의한 감사) 받게 하였다. 그러나 이러한 이중적 감사에도 불구하고 감사와 외부감사인의 관계가 모호하고 또 그 외부감사인의 감사기능, 외부감사인의 독립성 등에도 문제가 많아 효율적인 감사를 하지 못하고 오히려 기업 부담을 가중시켰다. 이에 따라 IMF의 권고와 IBRD와 같은 국제기관이나 외국 투자가들의 요청에 따라서 정부는 1999년에 상법을 개정하여 미국식의 사외이사를 바탕으로 하는 감사위원회제도를 회사가 자율적으로 선택하도록 하여 감사제도에 커다란 변혁을 가져오게 된 것이다. 특히 2000년의 증권거래법 개정에서 주권상장법인에서 사외이사의 도입이 강제되었고 일정규모이상의 주권상장법인에서는 감사위원회의 설치가 의무화되기에 이르렀다. 이에 따라 상법상 감사라는 기관은 그 위상이 애매하게 되었으며 이와 관련된 문제가 지적되고 있다.

第3章 經營監督機構로서의 理事會에 관한 外國의 立法例

第1節 美 國

미국의 이사회제도를 알아보기 위해 이하에서는 전통적인 미국의 회사지배구조 및 이사회제도를 각 주회사법과 미국 각 회사법의 준거법적 성격을 가지고 있는 모범사업회사법을 중심으로 살펴보고 이사회제도의 운영실태를 파악하여 그 문제점들을 알아보며 이어 최근의 미국 이사회제도의 동향을 역시 주회사법과 모범사업회사법을 중심으로 살펴본다. 그리고 현재 그 기능이 강화되고 있는 감사위원회에 대하여도 상세히 알아본다. 마지막으로 이사회 감독기능의 실패로 발생했다고 볼 수 있는 엔론사태 이후의 미국의 동향을 Sarbanes-Oxley Act of 2002를 중심으로 살펴본다.

Ⅰ. 槪 觀

1. 美國의 企業支配構造

미국에서 회사지배구조 즉 '코퍼레이트 거버넌스(Corporate Governance)'라는 말을 사용하여 회사지배의 문제를 논의하기 시작한 것은 1960년대부터라고 할 수 있다. 1960년대에는 다각적으로 복합적인 다수의 기업을 경영하는 이른바 다각화 경영이 유행하였고 이러한 다각화 경영을 하는 대규모 기업은 종업원을 전인격적으로 종속시키고 시민의 권리와 사회에 대하여 강력한 힘을 행사하게되어 결국 이러한 경영 형태는 실패하게 되고 이어 70년대에 등장한 것이 주주의 이익을 극대화함으로써 경영진의 경영 효율성을 제고하는 것을 지배구조의 근본으로 삼자는 주주주권운동이다. 이 개념은 주식회사의 지배구조의 내용을 주주총회의 활성화, 주주의 공익권의 강화로 재설정 하자는 것이었다. 그러나 이와 같은 주주총회에 의한 경영 효율성 감독은 충분한 기능을 발휘하지 못하게 되었고 이어서 80년대에는 적대적 기업매수(M&A)까지 활발하게 이루어지게 되었다. 1990년대의 미국의 회사지배구조론은 공적연금과 같은 활동적인 기관투자가에 의하여 경영진의 경영 효율성을 감시 감독할 수 있도록 함으로써 주주주권을 복권하는 데 그 초점이 모아져 있고 이것이 이사회 개혁의 핵심으로 되어 있다[79].

2. 一元的 經營管理構造(州會社法과 模範社業法上의 規定)

본래 미국법상 이사회는 회사의 업무집행에 대한 의사를 결정하는 의사결정기관과 업무집행을 감독하는 감독기관의 지위를 아울러 가지고 이 하나의 이사회에서 업무집행기능과 감독기능을 통합하여 운영하는 일원적 경영관리 구조를 가지고 있다. 이점에서 업무집행기능은 이사회가, 이에 대한 감독기능은 감사회가 담당하는 독일식의 이원적 구조와는 다르다.

미국의 각 주 회사법은 우리 나라의 경우와 같이 이사회의 권한을 일반적으로 규정하고 있다. 초기에는 1950년의 모범회사법과 같이 다수의 주 회사법은 "회사의 업무는 이사회에 의하여 집행(경영)되어야 한다."라고 규정하고 있었다(1950년의 MBCA 33조). 그러나 이 당시에도 공개 주식회사에 있어서는 이와 같은 법규정에 불구하고 기업경영과 업무집행은 업무집행임원이 처리하는 것이 실무관행이고 실태이었다. 여기서 법규정과 실태사이에 많은 괴리가 있게 되었다. 이를 극복하고 법규정과 실태를 접근시키기 위한 노력이 1960년대부터

---

79) 이상 市川兼三, "コーポレート・ガバナソス", 「民商法雜誌」第117卷 4~5(1998), pp. 529~530 ; 川村正幸, "コーポレート・ガバナソス論と會社法", 田中誠二先生追悼論文「企業の社會的役割と商事法」(經濟硏究會, 1995), pp. 113~114 ; 武井一浩, 앞의 논문(Ⅱ), pp. 33~36 참조.

몇 개의 주법에서 입법화되었다.

(1) 델라웨어 一般會社法

1967년의 델라웨어 일반회사법(Delaware General Corporation Law)이 '회사의 영업과 업무는 이사회 또는 그 지휘 하에 집행되어야 한다'라고 규정했고 이것이 오늘날 그대로 승계되고 있다(동법 141(a) 참조). 1984년의 개정모범회사법(RMBCA1984) 제8.01(b)는 '모든 회사의 권한은 이사회 또는 그 지휘 하에 행사되어야 하고 회사의 영업과 업무는 이사회의 지휘 하에 집행되어야 한다'고 규정했으나 1999년에는 이것을 개정하여 「회사의 영업과 업무는 이사회 또는 그 지휘 하에 집행되어야 한다」라고 규정했다. 이 규정은 회사의 업무는 「이사회에 의하여 집행되어야 한다」는 과거의 규정(1950년의 모범사업회사법 제33조 기타 다수의 주 회사법)에서 진일보하여 이사회가 업무집행을 하지 않고 이사회의 지휘에 의하여 임원이 업무를 집행할 수 있음을 인정한 것이다. 그리고 이사의 수는 정관이나 부속정관의 개정에 의하여 수시로 증감할 수 있도록 했다(1999년의 개정모범사업회사법 §8.01(b). 이는 회사가 유연한 이사회의 구성과 그에 상응하는 주주의 보호를 달성하기 위하여 이사회의 규모를 자유롭게 설계할 수 있도록 한 것이다[80]. 또한 종래에는 9명 이상의 이사가 있는 경우에만 정관의 규정으로 이사의 시차제임기를 둘 수 있고 이 경우에는 매년 각 연차 주주총회에서 이사의 1/2 또는 1/3을 선임하고 이사들은 2년 또는 3년 임기로 선임되므로 적어도 매년 연차 주주총회에서 3명의 이사들을 선임해야 했다(종전 모범사업회사법 §8.06 참조). 그러나 1999년의 모범사업회사법 개정에서는 「9명 이상의 이사가 있는 경우에만」이라는 제한을 삭제했다. 따라서 적어도 매년 연차 주주총회에서 3명의 이사들을 선임할 필요가 없게 되

---

80) The Committee on Corporate Laws, *Changes in the Model Business Corporation Act Pertaining to Directors and Officers*, The Business Lawyer, vol. 54, May 1999, p. 1237.

었다. 그리고 동년에 동법 §8.40(b)를 개정하여 이사회가 임원을 선출하도록 했다. 마지막으로 동년에 임원의 사임과 해임에 관한 모범사업회사법 §8.43을 개정하였다.

(2) 캘리포니아 會社法

캘리포니아 회사법(California Corporation Code)§300(a) 은 「회사의 영업과 업무 그리고 회사의 모든 권한은 이사회 또는 이사회의 지휘에 의하여 행사되어야 한다. 그리고 이사회는 회사의 일상적 영업활동의 경영을 관리회사(management company) 또는 다른 자에게 위임할 수 있다. 다만 이 경우 회사의 영업과 업무 그리고 회사의 모든 권한은 이사회의 궁극적 지휘에 의하여 행사되어야 한다」라고 규정하고 있다. 이와 같이 모범사업회사법과 델라웨어 주 회사법, 캘리포니아 주 회사법은 모두 업무집행을 이사회의 전권으로 규정하고 있었던 전통적인 방식에서 한 걸음 나아가 집행임원이 업무집행을 하고 이사회가 이를 감독할 수 있음을 인정하고 있다.

(3) 뉴욕주 會社法

뉴욕주 회사법(New York Corporation Law) §701은 「이사회 또는 그 지휘에 의하여 업무를 집행한다」는 표현을 하지 않고 「회사의 영업은 이사회의 지휘 하에 집행되어야 한다」라고 함으로써 임원의 업무집행기능과 이사회의 경영감독 기능의 분리를 시사하고 있다. 이리하여 오늘날 이사회는 스스로 업무집행을 하지 않으며 부속정관 또는 이사회 결의에 의하여 선임된 집행임원(officer) (예컨대 사장, 부사장, 회계 등) 에게 그 업무집행을 맡기고 있다. 이사회는 일반적으로 임원 등을 임면·감독하고 생산, 용역, 가격, 임금, 노사관계, 이익배당, 자금조달 등에 대한 정책을 결정하며, 정관변경, 회사합병과 같은 비상사태에 대한 정책을 결정하는 등 전략적 의사결정만을 하고 회사의 모든 업무를 감독한다[81].

　나아가 최근에는 이사회는 합병, 정관 변경과 같은 조직적 사항에 대해서만 결정하고 나머지는 정관의 자치에 맡기고 따라서 정관규정에 의하여 집행임원들로 구성된 경영위원회(집행위원회)에 맡겨진다. 이사회의 구성원인 이사의 수가 많고 다수의 사외이사로 구성되어 있는 대규모 공개회사의 경우는 업무집행권 뿐만 아니라 업무집행에 대한 의사결정권까지도 집행임원에게 이양하고 이사회 자신은 오직 그 집행임원의 업무집행을 감시, 감독하는 기능만을 하며 그 임원진의 의사결정을 추인하는 것이 관행으로 되어있다[82]. 이사회의 이러한 전략적 의사결정과 경영진에 대한 통활 내지 감독, 감시 기능의 수행과 관련해서 다양한 논의가 진행되고 있다. 이와 같이 이사회의 기능을 업무집행이 아니라 경영감독과 감시기능에 두고 또한 기업의 수월성 확보에 두게 됨에 따라 1998년의 개정모범사업회사법은 뒤에서 보는 바와 같이 이사회 구성원인 이사의 주의의무를 의사결정과 경영감독에 한정함으로써 이사회의 기능은 경영감독에 중점을 두고 있음을 표현하고 있다고 할 수 있으며 여기에서 미국의 일원적 관리구조가 서서히 이원적인 체제로 변모하고 있음을 알 수 있는 대목이다.

3. 美國 理事會制度의 實態

(1) 理事會의 最近 實態

　미국 각 주의 회사법은 이사회 제도를 채택하고 경영관리기구를 이사와 임원으로 분리하며 우리 법제에서와 같은 독립된 감사제도를 두지 않는 것이 특징이다. 즉, 미국의 이사회는 업무집행기능과 감독기능을 통합하여 운영하는 일원적 경영관리구조를 갖는다. 그러나 최근에는 이사회의 기능이 세분화되어

---

81) Rebert A. G. Monks and Nell Minow, *Corporate Governance*, 1995, p. 183.
82) 武井一浩, 앞의 논문(Ⅰ), pp. 77~78, 79, 81, 83.

업무집행에 대한 의사결정은 이사회내의 집행(경영)위원회가 맡고, 이사회는 정책결정 및 업무집행에 대한 감독기능만을 맡는 것으로 변화되어 가는 추세 이다[83]. 미국 회사에 있어서 이사회의 또 다른 특징은 사외이사가 중심이 된 다는 것이다. 사외이사를 경영자원에 포함시켜 제3자적 입장에서 업무집행을 감독하게 하고 업무집행을 평가하게 하는 것은 미국 기업의 지배구조에 있어 서 중요한 장점의 하나가 된다. 대부분의 사외이사는 다른 회사의 경영자, 변 호사, 상업은행, 보험회사 등 금융기관의 대표자로 구성된다. 이사회의 하부조 직으로서 집행위원회, 보수위원회, 감사위원회, 지명위원회 등 각종 위원회가 설치·운영되고 있으며 대부분이 사외이사로써 구성된다. 이사회는 스스로의 업무집행 내지 경영을 하지 않고 경영판단을 하는 의사결정기관으로서 경영진 의 업무집행을 지시·감독하는 것이다. 따라서 미국에서 회사의 업무를 집행하 는 자는 임원이며 그 직제에 관하여 법정되어 있지 않으나 최고집행임원이 경 영진의 책임자가 된다. 집행임원의 행위에 대하여 이사회도 연대책임을 지며, 그 권한은 부속정관 또는 이사회의 결의에 의한다[84].

(2) 理事會 運營의 最近 實態

1997년 말 현재의 실태를 조사한 결과를 보면, S&P 상위 500개 사의 이사 평균수는 약 11.7명이다. 그리고 10인에서 14인의 이사를 가지고 있는 회사는 상위500개 사 가운데 65%이다. 소규모 회사까지 포함한 상위1500개 사의 이 사 평균수는 10인 정도이다. 뉴욕증권거래소에 상장된 회사가 NASDAQ에 상 장된 회사보다도 이사 수가 많다고 한다. S&P 500개 사의 이사 총수 11,674 명 가운데 사내이사(회사와 고용관계에 있는 자)가 21.6%인 2534명이고 관련

---

83) 최준선, "美國과 英國의 支配構造와 그 動向", 韓國比較私法學會 學術大會 자료 「企業支配構造 改善의 法的 諸問題」, p. 44 ; Henn & Alexander, op. cit., pp. 562~564.

84) 皇田公明, "執行役員の法的地位と責任", 「商事法務」 No.1505 (1998. 10. 5~15), p. 49 이하.

이사(회사와 고용관계 이외의 이해관계가 있는 자. 예컨대 회사의 전 종업원, 고문변호사, 투자은행원, 경영진의 친족)가 16.7%, 사외이사(사내이사와 관련 이사가 아닌 자: 이런 사외이사를 독립이사라고 하는 수도 있다)가 62.2%로 구성되어 사외이사의 비율이 높다. 또 조사대상기업의 사내이사 2534명 가운데 약 56%가 CEO(최고경영자 : Chief Executive Officer) 또는 이사회 의장을 맡고 있고 32.8%는 CEO겸 이사회의장, 부사장이 12.1%, 재무 담당임원이 5.7%, 전무(Senior Vice President)가 4.5%, 자회사 임원이 5% 정도이다. 이 사들의 출석률은 매우 좋은 편이다[85]. 그리고 이사회는 빈번히 개최되는 편이 다. 대부분의 회사들은 1년에 6~7번 정도 이사회를 개최한다. 재무회사나 대 규모 회사의 이사회는 1년에 9번 정도 개최한다[86]. 이사회를 매월 개최하는 회사도 있고 4분기별로 개최하는 회사도 있다. 회의 시간은 약 3시간 정도라고 한다.

위에서 본 바와 같이 이사회의 과반수 이상은 사외이사로 구성되고 있다. 사외이사는 대부분 제조업, 서비스업, 금융업을 경영한 경력을 가지고 있는 자 이고 기타 교육직의 경력을 가진 자도 약 8~9%에 이른다. 적어도 한 사람의 외국인 사외이사가 있는 회사가 약 17% 정도에 이른다. 그리고 41%의 회사 가 적어도 한 사람의 여성 사외이사가 있다. 그런데 사외이사들이 반드시 '독 립적(independent)'이 아니라는 사실이다. 그리고 특히 대회사일수록 사외이사 를 모집하는 것이 어려운 편이라고 한다. 왜냐하면 대회사의 사외이사는 경영 판단 원칙과 이사책임 보험에 의하여 사외이사가 보호될 수 있다 하더라도 책 임에 노출되는 경우가 많고 더 많은 시간을 그 직무에 소비해야 되기 때문이 라고 한다. 그러나 사외이사의 선임에 있어서는 CEO의 영향력이 크지만 최근 에는 주주들의 추천, 전문가의 추천, 이사회의 추천, 지명위원회의 추천을 받아 선임하고 CEO의 영향력을 감소하려는 노력을 보이고 있다[87].

---

85) 강희갑, 앞의 논문(각주 42), p. 22 : 武井浩一, 앞의 논문(Ⅰ), p. 78 이하 참조.
86) Jonathan P. Charkham, *op. cit.*, p. 190.
87) *Ibid.*, p. 190.

그런데 대규모 공개회사의 이사회는 대부분 회사의 영업에 정통하지 못한 사외이사로 구성되어 있어 전문 경영진이 제출한 것을 상식적으로 검토하는데 그치고 경영진의 결정을 추인하고 있다. 여기서 이사회가 그 기능의 일부를 경영위원회에 위임할 수 있도록 하고 있다. 대규모 공개회사 가운데 약 50%, S&P 상위 500개 사 가운데 약 62%가 경영위원회를 설치하여 여기에 이사회의 결정권을 위임하고 있다. 경영위원회는 대부분 집행임원으로 구성되고 그 결정은 이사회의 추인을 받도록 하고 있다[88]. 미국법상 이사는 경영진 또는 전문가가 작성 제출한 정보를 신뢰하고 회사와 이해관계 없는 이사가 한 경영판단은 경영판단의 원칙에 의하여 면책될 수 있고 사외이사 중심의 이사회를 가지고 있는 미국에서는 정관의 규정에 의하여 이사의 주의의무위반으로 인한 손해배상책임을 면제할 수 있다. 총 주주의 동의가 있는 경우에 이사의 임무로 인한 손해배상책임이 면제되는 우리 상법과 다르다.

이처럼 미국에서는 사외이사에 대하여 여러 가지 비판이 있음에도 불구하고 우리 나라와 달리 사외이사로 이사회를 구성하면 이사의 책임이 경감될 수 있기 때문에 사외이사를 다수 영입하고 있다. 또 사외이사는 외부자로서 회사에 대한 결정을 전문적으로 처리하기 곤란하므로 업무집행 결정권을 경영위원회에 위임하고 이사회는 이를 추인함으로써 업무집행에 대한 의사결정기능을 현실화하고 도리어 강화하고 있다고 할 수 있다.

(3) 業務執行에 대한 監督 實態

주식회사의 경영관리구조의 개선에서 가장 중요한 것은 경영진의 경영 효율성에 대한 감사와 경영위법성에 대한 감사를 효과적으로 실현하는 일이다. 미국의 이사회 제도가 경영효율성 감시의 측면에서 우수하다는 논거로서 다음과 같은 것을 들고 있다.

첫째, 이사회는 업무집행을 임원에게 위임함으로써 경영효율성 감시 기능만

---

88) 강희갑, 앞의 논문, p. 22.

은 특성화 할 수 있다. 둘째, 이사회내에 사외이사로 구성되는 지명위원회
(nominating committee)와 보수위원회(compensation committee)를 설치하
여 인사권과 보수결정권을 이들이 결정함으로써 경영 효율성을 감독·감시할
수 있다.

　그러나 이론과 현실의 실태는 반드시 일치하는 것이 아니다. 사외이사가 다
수인 회사가 사내이사가 많은 회사보다 경영진의 교체실적이나 업적이 반드시
좋다는 결과가 보이지 않으며 경영진은 도리어 사외이사를 자신의 지위유지에
활용하는 경우가 있다고 한다. 그 이유로는 경영진이 자신에게 순응할 수 있는
자를 사외이사로 선임하고 또 최고경영자와 이사회 의장이 분리되어야 경영
효율성에 대한 감사를 효과적으로 할 수 있는데 최고 경영자와 이사회 의장이
분리되어 있는 회사는 S&P 상위 500개 사 가운데 약 15%정도에 지나지 않
기 때문이라고 한다.

　그리고 미국의 경우에는 이사회내에 지명위원회와 보수위원회를 두어 이사회
의 경영효율성 감시 기능을 보조 지원하고 있다. 지명위원회는 새로운 이사 후
보자를 추천하는 위원회이다. 대규모 공개회사 가운데 약 65%가 지명위원회를
설치하고 있다. 그 구성원 수는 평균 4.15명이고 이 가운데 사외이사의 점유율
은 약 75%이다. 보수위원회는 경영진의 보수를 책정하는 위원회이며 대규모
공개회사 가운데 약 98%이상이 이를 설치하고 있다. 그 구성원수는 평균 3~4
명이고 이 가운데 사외이사는 평균 90% 정도이다. 그러나 지명위원회와 보수
위원회의 감시·감독 보조 및 지원기능도 그다지 좋은 편은 아니라고 한다.

　이상과 같이 사외이사를 다수 가지고 있는 이사회와 그 내부 지명위원회와
보수위원회가 반드시 효과적인 경영효율성에 대한 감독을 할 수 있을지 의문
이지만, 사외이사에 의한 경영관리라는 측면에서 기업의 대외적 이미지를 높일
수 있고, 기업 경영의 투명성을 실현하고 주주의 이익을 도모할 수 있다는 점
에서 대규모 주식회사에 있어서는 사외이사 중심의 이사회, 지명위원회와 보수
위원회는 경영효율성에 대한 감시기능을 실현하기 위해서 여전히 필요한 것으
로 주장하고 있다. 이와 아울러 경영진의 경영의 적정성 및 위법행위를 감시하

고 감독하는데는 미국식의 이사회 제도가 효과적인 지를 살펴 볼 필요가 있다.
미국에서는 이사회 내 설치된 감사위원회가 경영진의 경영에 대한 적정성과
위법성을 감사함으로써 이사회의 경영감독기능을 보완하고 지원하고 있다. 실
질적인 외부회계감사는 주로 회사 내부의 회계감사와 이와 관련되는 업무감사
를 하는 기구이다. 또한 감사위원회의 기능은 결국 다수가 한자리에 모여 경영
감시에 대한 토론의 장으로 활용할 수 있다는 장점이 있다는 것이다. 미국의
거의 대부분의 공개기업은 감사위원회를 설치하고 있으며 S&P 500 개 사의
감사위원회의 구성원 가운데 약 85%가 사외이사로 되어 있다고 한다[89]. 사외
이사로서 감사위원회가 구성되고 있다는 점에서 독립된 전문적 외부회계 감사
인을 선임할 수 있고 그 외부회계감사인의 독립성을 심사함으로써 또 외부 회
계감사인에 의한 독립적 감사를 통해서 효과적으로 경영진의 경영을 감사 할
수 있다.

(4) 執行任員의 實態

실제로 회사의 업무를 집행하는 자를 집행임원이라고 하고 집행임원은 부속
정관 또는 이사회 결의로 선임되고 있는 것이 일반적이다. 집행임원의 직제는
일반화 할 수 없으나 상급집행임원이 경영진에 해당하고 이들의 우두머리가
CEO이다. 집행임원의 법적 성격은 사용인이 아니라 회사의 업무를 집행하는
회사의 대리인이다. 미국의 집행임원은 이사와 별개로 회사 및 주주에 대하여
경영상의 책임을 지고 이사와 동일하게 주의의무와 충실의무를 지며 주주대표
소송의 대상이 된다. 그리고 미국에서는 사외이사가 이사를 겸하지 않는 집행
임원이 다수이다[90].

이 집행임원 가운데 미국의 회사지배구조에 있어서 실제로 가장 중요한 역

---

89) 이상 강희갑, 위의 논문, pp. 23~24 ; 武井一浩, 앞의 논문(II), pp. 33~36 ; 同
　　(III) No. 1508(1998. 11. 15), pp. 16~19 ; 同 No.1509(1998. 11. 25), pp. 20~
　　22 참조.
90) 강희갑 위의 논문, p. 24 ; 武井一浩, 앞의 논문(I), p. 80.

할은 하는 자는 CEO라고 한다. CEO는 이사회의 의장을 맡는 경우가 많고 또 의사 일정과 이사들에 대한 정보의 흐름을 통제한다. 그러므로 경우에 따라서는 CEO가 이사회를 지배하고 이사회는 오히려 2차적인 역할을 한다는 것이다[91]. 결국, 미국의 회사는 공식직함이 무엇이든 최고 집행임원(chief executive)에 의하여 운영되고 있는 것이다.

II. 最近 動向

미국은 1990년대에 와서 위에서 보았던 주식회사내 이사회제도에 대한 실태와 문제점 때문에 각 주회사법의 개정이 빈번하게 논의되었다. 특히 1992년 5월에 성립된 미국법률협회(American Law Institute)의 「회사지배구조의 원칙」이후로 모범사업회사법(Model Business Corporation Act)과 뉴욕주의 뉴욕사업회사법(New York Business Corporation Law), 델라웨어 주의 일반 델라웨어 회사법(Delaware General Corporation Law), 캘리포니아 주의 캘리포니아 회사법(California Corporation Code) 등이 개정되었다. 이하에서는 1998년 이후에 개정된 모범사업회사법(Model Business Corporation Act)과 뉴욕주회사법 그리고 델라웨어 주 회사법의 내용 중 이사회관련 부분을 소개하고 그 동향을 파악하고자 한다. 아울러 그 개정동향을 간단히 요약하자면 업무의 집행과 그 감독기능을 엄격히 분리하려는 추세로 이어지고 있다는 것이다.

1. 模範社業會社法(MBCA)과 各 州會社法上의 規定

(1) 模範社業會社法(Model Business Corporation Act)[92]

---

91) Jonathan P. Charkam, *op. cit.*, pp. 183~184.
92) 이하는 모범사업회사법의 1998년 이후의 개정내용을 소개한 The Business Lawyer, vol. 53, May 1998, pp. 815~819, vol. 54, Nov. 1998, p. 209 et. seq.,

1998년에는 이사의 책임기준을 규정하고 있는 §8.31, 이사의 행위기준을 규정하고 있는 §8.30, 임원의 행위기준을 규정하고 있는 §8.42의 규정을 개정했다. §8.30에서 이사는 그 의무를 이행함에 있어서 선의로(in good faith) 그리고 회사의 최상의 이익에 합치된다고 합리적으로 믿는 방법으로 행동해야 하고 (§8.30(a)), 이사는 의사결정기능과 감독기능과 관련하여 동일한 지위에 있는 유사한 상황에서 합리적으로 적당하다고 믿는 주의로 그 의무를 이행해야 한다 (§8.30(b))라고 규정하고 있다. 이는 이사의 주의의무는 종래와 같이 동일한 지위에 있는 통상의 분별력 있는 자의 주의의무라는 불법행위상의 주의의무원칙에 의하여 개념하거나 강제해서는 안되고 회사와 이사를 위하여 발전된 원칙에 의하여 개념되고 강제되어야 한다는 주판례를 따른 것이다[93]. 이와 병행하여 §8.42(a)에서 임원은 그 직무를 수행함에 있어서 선의로 동일한 지위에 있는 자기 유사한 상황에서 합리적으로 행사할 수 있는 주의로써 그리고 임원이 회사의 최상이익에 합치된다고 합리적으로 믿는 방법으로 행동해야 한다 (§8.42(a)(1)(2)(3))라고 규정하고 있다. 그리고 이사의 책임기준을 정하고 있는 §8.31은 이사의 책임을 주장하는 자가 정관의 규정 등이 책임을 배제하지 않는다는 사실을 증명하지 않는 한 이사는 회사 또는 주주들에 대하여 책임을 지지 아니하며(§8.31(a)(1)) 그리고 이사의 행위는 선의로 한 행위가 아니라는 사실 또는 이사가 회사의 최상의 이익에 합치된다고 합리적으로 믿었다고 볼 수 없거나 또는 이사가 그 상황에서 적당하다고 합리적으로 믿을 수 있는 정도로 정보를 알지 못하고 내린 결정이나 이사의 가족적, 재정적, 사업적 관계로 인한 객관성 또는 독립성의 결여 또는 이사의 감독, 조사의무 위반 등이 있다는 사실을 증명하지 못하면 이사는 회사나 주주들에 대하여 책임을 지지 않는다고 규정

---

vol. 54, February 1999, pp. 685~756, vol. 54, May 1999, pp. 1229~1231, 1233~1260, vol. 55, Nov. 1999, pp. 405~406, vol. 55, May 2000, pp. 1227~1245, 1247~1253을 요약 정리한 것이다.

93) Charles R. T. O'Kelley / Robert B. Thompson, *Corporations and Other Business Associations*, Aspen Law & Business, New York, 1999, pp. 271~272.

하고 있다(§8.31(a)(2)(ⅰ)(ⅱ)(ⅲ)(ⅳ)(ⅴ)). 이 규정은 이사의 행위기준인 §8.30의 의미를 제한하는 기능을 한다. 즉 이사의 의무를 의사결정과 감독으로 한정하고 있다. 감독의 측면을 보면 모든 회사에서 이사회의 주된 경영책임은 회사의 경영진에게 지시를 하고 이들을 감독하는데 있다. 의사결정의 측면에서 보면 이사들은 거래나 행위를 승인할 것인지를 공동으로 검토한다. 이리하여 §8.31은 이사의 기본적인 감독책임에 관한 주의의무의 역할을 심사하고 의사결정에 있어서의 주의의무요건을 명백히 했으며, 면책조항을 소개하고 있다. 그리고 이사의 주의를 판단함에 있어서 그 내용의 역할을 고려하고 있고 주의의무와 회사임원의 위법행위를 방지할 이사회의 의무사이의 상호교차를 심사하고 있다. 이 이사의 책임기준과 병행하여 임원의 책임기준도 개정했다. 즉 §8.42(c)에서 임원은 「본조(전술한 §8.42(a)에 따라서 그 직무를 이행한 경우에는 회사와 주주들에게 책임을 지지 아니하며 본 조에 따르지 않는 임원이 책임을 지는 여부는 §8.31(이사의 책임기준)을 포함하여 적용법의 예에 따라 결정한다」라고 규정하고 있다.

이어 1999년에는 모범사업회사법 §8.01(b)를 개정하여 「회사의 영업과 업무는 이사회 또는 그 지휘하에 집행되어야 한다」라고 규정했다. 이 규정은 회사의 업무는 「이사회에 의하여 집행되어야 한다」는 과거의 규정(1950년의 모범사업회사법 §33 기타 다수의 주 회사법)에서 진일보하여 이사회가 업무집행을 하지 않고 이사회의 지휘에 의하여 임원이 업무를 집행할 수 있음을 수정하고 이사의 수는 정관이나 부속정관의 개정에 의하여 수시로 증감할 수 있도록 했다(1999년의 개정모범사업회사법 §8.01(b)). 이는 회사가 유연한 이사회의 구성과 그에 상응하는 주주의 보호를 달성하기 위하여 이사회의 규모를 자유롭게 설계할 수 있도록 한 것이다[94].

---

94) The Committee on Corporate Laws, "Changes in the Model Business Corporation Act Pertaining to Directors and Officers, The Business Lawyer, vol. 54, May 1999, p. 1237.

(2) 뉴욕 事業會社法(New York Business Corporation Law)95)

1998년 2월 22일에 뉴욕사업회사법(New York Corporation Law)이 대폭 개정되었다. 이번 개정은 그 회사법이 1961년에 제정된 이래 가장 크게 개정된 것으로 이사 및 이사회와 관련되어 개정된 사항만을 보면, 이사에 관한 규정이 간소화되고 이사의 업무집행에 관한 제약이 완화되었다. 이사의 법정원수는 3명에서 1명으로 완화되었고(구법 §702관련) 기본정관이나 업무규정에 의하여 이사들을 몇 개의 조[(Class) 2~4개조]로 나누는 경우 각 조의 이사의 최저수(3명 이상)도 폐지했다(구법 §704관련). 또한 경영위원회 기타의 위원회의 법정원수도 1명으로 완화했다(구법 §712관련). 회사의 주주수에 관계없이 사장 및 비서의 지위에도 동일인이 취임할 수 있다(구법 §715(d)관련). 회의용 전화에 의한 이사회나 위원회의 출석에 대해서는 기본정관 또는 부속정관에 다른 정함이 없으면 인정된다(구법 §708(c)관련). 이사회의 정족수 및 결의 요건을 변경하기 위하여 기본정관을 수정하기 위한 주주의 결의 요건에 대해서는 의결권을 가진 모든 사외주식의 의결권의 2/3에서 과반수로 경감하고 이사회의 정족수 및 의결에 관한 요건이 가중되어 있다는 것을 회사가 발행하는 모든 주권에 주석으로 기재할 것을 요구하는 규정(구법 §709(b)(c)관련)을 삭제했다. 회사의 이사에 대한 금전의 대부 및 채무보증은 종래 주주의 의결에 의한 승인이 있는 경우에만 가능했으나 이사회가 회사의 이익으로 된다는 것을 인정하고 특정한 대부나 보증 및 이것을 수권하는 일반적인 계획을 승인한 경우에도 인정된다(구법 §714관련). 회사채권자가 이사 및 임원의 명부청구권을 배제하고 그 명부에 이사와 임원의 주소를 기재해야 하는 것을 삭제했다(구법 §718관련). 또한 회사 합병 등의 요건을 완화하였다. 이상의 개정은 시행이후 신설되는 회사에만 적용되고 기존회사에 적용하기 위해서는 기본정관의 변경(이 경우 결의요건은 2/3기준)이 필요하다.

---

95) 海外情報, "ニューヨーク事業會社法の大改正, 「商事法務」No. 1493(日本商事法務研究會, 1998. 6. 15), pp. 72~73.

(3) 델라웨어 一般會社法(Delaware General Corporation Law)

델라웨어주 회사법은 진보적인 성향을 가지고 있으며, 또 미국 회사법의 전개에 있어 모범사업회사법과 더불어 중요한 모델이 되고 있는 것으로 평가된다. 이는 다른 주에 비해 대단히 많은 수의 공개회사가 델라웨어주법에 의거하여 설립되고 있으며, 또 회사와 관련된 분쟁을 해결하는데 적절한 법원조직과 유능한 법조인들을 가지고 있기 때문이다. 그리하여 개별 주회사법이 델라웨어주법처럼 관심의 대상이 되는 경우는 드물다[96]. 델라웨어(Delaware)주에서는 2000년 6월에 회사법을 개정하고 동년 7월 1일부터 시행했다. 이 개정가운데 특히 정보통신기술(IT) 관련개정이 중요하나 이사회관련만을 살펴보면 다음과 같다.

법령이나 설립인증서에 다른 규정이 있는 경우를 제외하고, 일반회사의 사업과 업무는 이사회에 의하여 혹은 이사회의 지시에 의거하여(managed by or under direction of a board of directors) 수행된다(141조 a 전단). 다만 설립인증서에 다른 규정이 있는 때에는 일반회사법이 이사회에 부여한 능력과 의무는 그 규정의 취지에 따라 설립인증서에 기재된 자에 의해 행사되거나 수행되어야 하므로(동항 후단), 경영권의 귀속과 행사에 대해서는 설립인증서에 의거한 자치를 허용함을 명문으로 밝히고 있다.

이사회는 1인 또는 수인으로 구성되며, 설립인증서나 정관에서 이사가 주주이어야 함을 밝히지 아니하는 한 이사는 주주가 아니어도 무방하며, 설립인증서에서 정하지 아니하는 경우 정관에서 이사의 수를 정할 수 있다. 이사의 임기는 후임이사가 선임될 때까지로 하며, 설립인증서나 정관에서 그 요건을 가중하지 않는 한 이사회의 의결정족수는 전체 이사의 과반수 이상으로 한다. 정관에 의한 이사회 의결정족수의 완화는 1인 이사회를 제외하고는 이사 전원의 3분의 1이하로 할 수 없다(제141조 b). 그리고 설립인증서나 정관의 규정에

---

96) Richard B. Smith, An Underview of the Principles of Corporate Governance, The Business Lawyer; Vol. 48, August 1993, p. 1229.

의거하여 임기를 달리하는 이사의 집단을 구분할 수 있음은 뉴욕주 회사법과 같다(제141조 d).

이사회는 전체 이사의 과반수 이상의 결의로 1인 또는 수인의 이사로 구성되는 하나 혹은 그 이상의 위원회를 지명할 수 있고, 이러한 위원회는 이사회의 결의나 정관에서 정한 바에 좇아 회사 경영에 관한 이사회의 모든 능력과 권한을 가지고 또 이를 행사할 수 있으며 회사의 사인(seal)을 모든 문서에 압날할 수 있다(제141조 c). 그러나 동항은 위원회의 권한이 미치지 아니하는 사항을 개별적으로 열거하고 있는 점이 다른 주법과 다른 바, 즉 설립인증서의 개정, 합병계약의 체결, 회사 전 재산 또는 중요재산의 양도나 처분을 주주총회에 권유하는 행위, 주주총회에 회사의 해산이나 해산철회를 권유하는 행위, 정관의 개정, 이익배당에 관한 결정 등이 그러하다(동항 1). 그리고 이사의 보수결정권에 관해서는 델라웨어 일반회사법은, 설립인증서나 정관에 다른 정함이 없는 한, 이를 이사회의 결정사항으로 하고 있다(제141조 h).

또한 회사의 임원에 대하여 살펴보면, 회사는 정관의 규정에 좇아서 혹은 정관에 반하지 않는 범위 내에서 이사회의 결의에 따르는 명칭과 직무를 가진 임원을 두어야 한다(제142조 a; 강제기구). 임원 중 1인은 주주총회와 이사회의 회의록을 작성할 의무를 가지고, 설립인증서나 정관에 다른 정함이 없는 한 동일인이 다수의 임원직을 겸할 수 있다. 그리고 임원의 선출과 임기는 정관이나 이사회 혹은 그 밖의 기구에서 정하는 바에 따르고, 임원을 선임하지 못하는 것은 회사의 해산사유가 아님은 물론이고 기타 회사운영에 영향을 주지 아니함이 명문으로 규정되어 있다(제142조 b. d). 그리고 사망이나 사임, 해임이나 기타의 사유로 인한 임원의 궐석은 정관이 정하는 바에 의하여 메우되, 그러한 정관규정이 존재하지 아니하는 경우에는 임원직은 이사회나 기타 경영기구(governing body)에 의해 대체되어야 한다(동조 e).

2. ALI「原則」上의 規定

미국의 법률협회(American Law Institute)는 이사회제도를 개선하여 독립된 사외이사가 주주의 대리인으로서 경영진을 효과적으로 감독하고 이를 통해서 주주의 이익을 보호하는 한편 주주의 장기적 이익에 중대한 불이익을 주지 않는 한 비주주집단(종업원, 원료 공급자, 소비자, 채권자, 지역주민)의 이익을 고려하는 방향으로 지배구조를 개선하는 「회사 지배 구조의 원칙(Principles of Corporate Governance)」을 1992년 5월 13일에 제정하였다. 이 「원칙」은 미국에서 그간에 논의되어 온 지배구조에 대한 논의를 반영한 것이라고 볼 수 있다. 이 ALI의 「원칙」(이하, 「원칙」)은 미국의 각 주회사법제정의 준거법적 성격을 갖는 것이기 때문에 미국의 회사제도 및 이사회제도를 이해하는데 매우 중요하며 따라서 본 서에서는 「원칙」가운데 「원칙」 3편과 3A편에서 규정하고 있는 이사회와 관련하여 일반적인 경영감독 및 감사와 관련되는 사항을 대상으로 자세히 보기로 한다.

(1) ALI 「원칙」제3편의 內容

제3편은 공개주식회사의 업무집행 방법과 그 경영감독 체계를 다루고 있다. 주요 상급집행임원과 기타 임원의 직무와 권한(function and powers of principal senior executives and other officers)(§3.01), 이사회의 직무와 권한(§3.02), 감사위원회의 설치의 문제(§3.05), 이사의 정보공시청구권(§3.03), 전문적 보조자를 이용할 권한(§3.04)을 규정하고 있다.

§3.01은 공개주식회사의 업무집행은 주요 상급집행임원, 기타의 임원, 종업원에 의하여 집행되어야 한다고 규정하여 이사회가 업무집행을 담당한다는 종래의 제정법상의 형태와 다른 형식을 채택하고 있음을 명백히 하고 있음에 주목할 필요가 있다. 또 §3.01은 §3.02와 함께 이사회의 주요 직무를 업무집행의 감독으로 하고 있음을 명확하게 정하고 있다. 이사회의 감독기능을 효과적으로

수행하기 위해서 §3.05는 그 내부위원회로서 감사위원회의 설치를 강제할 것을 제안하고 있다. §3.03과 §3.04는 이사회가 기능하는데 필요한 그 구성원의 권한을 정하고 있다.

① 「원칙」 제3편에 의한 새로운 構成과 執行任員과 理事會의 職務와 權限

이상과 같이 「원칙」 제3편은 회사의 실무 관행을 반영하여 공개 주식회사의 업무집행에 대해서는 이사회가 이를 담당하지 않고 직접적으로 상급집행임원이 직접 이를 담당하도록 하고 있다. 즉 §3.01은 「공개회사의 업무집행은 이사회에 의하여 지명된 주요 상급집행임원(principal senior executives)에 의해서 또는 그 임원에 의하여 업무집행권을 수여 받은 기타의 임원과 종업원에 의해서 §3.02에 기한 이사회의 직무와 권한에 따라서 집행을 하여야 한다.」라고 규정하여 공개 주식회사의 업무집행에 대해서는 이사회에 의하여 지명된 주요 상급집행임원이 집행 하든가 또는 그 상급집행임원의 감독 하에서 다른 임원 등이 집행할 수 있음을 정하고 있다. 따라서 「원칙」제3편에서는 공개주식회사의 업무집행을 직접 담당하는 자는 상급집행임원이고 이사회는 그 상급집행임원의 선임·해임권을 가지며 이 임원의 업무집행을 감시·감독하는 기관에 그친다는 사실을 명백히 하고 있는 것이다. 물론 이사회도 「원칙」 제3편의 구성에 있어서 필요한 경우에는 스스로 업무집행권을 가지고 이것을 행사하는 것이 인정되어 있으나(§ 3.02(b)(6)), 공개회사에 있어서는 이와 같은 경우가 매우 드물 것이라고 한다[97]. 이와 같이 「원칙」 §3.01은 회사의 오랜 실무관행을 반영하여 전통적인 주 회사법과 다른 규정을 둔 것이다[98].

이와 같이 이사회가 업무집행(업무집행의 결정 포함)을 담당하지 않고 상급집행임원의 업무집행에 대하여 감독기능을 담당하는 「원칙」의 회사 운영에 관

---

97) The American Law Institute, Proposed Final Draft(March 31, 1992)(이하 Final Draft로 약칭), p. 121.
98) Ibid, pp. 107~108 ; The American Law Institute, op. cit., pp. 82~83.

한 기본적인 구조(주식회사 기관의 권한 분배)는 전술한 바와 같이 종래의 전통적인 각주의 회사법의 규정과 다르고 또한 최근의 모범사업회사법이나 델라웨어, 캘리포니아, 뉴욕주 회사법과도 어느 정도 다른 형식을 취하고 있는 것이다. 이런 의미에서 「원칙」의 업무집행방법은 현대 회사법의 새로운 방향을 제시하고 있다고 할 수 있다. 종래의 미국의 주 회사법이 이사회라는 단일 기관에서 업무집행과 감독이라는 두 개의 기능을 하는 단일의 이사회제도에서 벗어나서 업무집행과 그 감독이 실질적으로 다른 두 개의 기관에 배분된다는 것을 뜻하며 이는 마치 업무집행은 이사회(Vorstand)에 그 감독은 감사회 (Aufsichrsrat)에 배분하는 독일 주식법과 유사하다는 평가가 있다[99].

② 業務執行을 담당하는 上級執行任員

「원칙」 제3편의 새로운 업무집행의 구조에서는 이사회가 지명한 상급집행임원이 회사의 업무집행을 직접 담당하여 업무집행의 의사결정과 그 실제의 집행을 담당하고 있다. 우선 주요 상급집행임원이 회사의 업무를 집행하는 바, 이 주요상급집행임원(principal senior executive officer)이란 임원 가운데 최고 집행임원(chief executive officer), 최고재무담당임원(chief financial officer), 최고법무담당임원(chief legal officer) 및 최고회계담당임원(chief accounting officer)을 말한다.(§1.30 §1.27(a)). 따라서 업무집행을 담당하는 주요 상급집행임원은 복수일 수도 있으므로 그 복수의 주요 상급집행임원으로 구성된 집단에게도 업무집행권을 부여할 수 있다[100].

이와 같이 공개회사의 업무집행은 우선 이사회가 임명한 주요상급집행임원이 담당하나 이 경우에 그 임원이 직접업무집행을 담당하지 않고 그 감독 하에서 다른 집행임원 또는 종업원이 업무를 집행하는 것도 인정한다(§3.01). 이 경우에는 그러한 집행임원이나 종업원은 이사회 또는 주요상급집행임원에 의

---

99) Melvin A. Eisenberg, Answers to Questions on Part III and III-A, 3(2).
100) ALI, Final Draft, p. 109.

하여 업무집행권을 수여 받아야 한다(§3.01).

③ 理事會의 職務와 權限

이사회의 직무와 권한에 대해서는 §3.02에서 규정하고 있다. 공개주식회사의 이사회가 수행해야 할 최소한의 직무로는 주요상급집행임원(§1.30)의 선임, 그 정기적 평가, 해임, 업무집행의 감독, 재무사항, 회사의 중요한 계획이나 행동에 대한 심사나 동의, 회사의 재무제표의 작성에 사용되는 적절한 감사원칙 및 회계원칙과 관행에 대한 주요한 변경 그리고 다른 적절한 선택에 관한 주요한 문제의 결정에 대한 심사나 이에 대한 동의, 법이나 회사의 정관, 이사회 및 주주의 결의 등의 회사의 내부기준(standard of corporation)에 의해서 이사회에 수여된 기타의 직무 등이 있다(3.02(a)(1)~(5)). 이와 같이 본다면, 이사회의 주된 직무는 결국 상급집행임원의 업무집행을 감시·감독하는 데 있고 이 감시·감독기능을 통하여 회사경영이 적절하게 행하여지는 것이다. 종래의 전통적인 회사법이 이사회의 직무로서 회사의 업무집행을 담당하고 이사회가 직접 회사의 업무를 집행하는 것으로 규정한 것과 비교하면 §3.02가 정한 이사회의 기본적 직무는 형식적으로 차이가 있는 것이다. 그러나 종래의 공개 주식회사의 실무에서는 위와 같은 전통적인 주 회사법아래에서도 회사의 업무집행은 상급집행임원에게 위임하고 이사회는 배후에서 이를 감독하는 것이 현실이었다. 이와 같이 이사회의 기능이 주 회사법의 규정에서 벗어나서 업무집행 자체가 아니라 업무집행의 감독에 있다는 견해가 판례나 학설에 의해 지지되어 왔다. 이것은 회사의 규모가 커지고 이사회의 구성원수가 많은 공개 주식회사에서는 회의체로서의 이사회에서 일상적인 업무를 늘 심의하고 의사결정을 하기가 곤란하고, 최근에는 공개 주식회사의 이사회가 다수의 사외이사로 구성됨에 따라 이사회가 실제로 업무를 집행하지 않을 뿐만 아니라 그 의사결정까지도 집행임원에게 위임되고 있기 때문이다. 이리하여 바람직한 이사회의 역할은 직접적인 업무집행이 아니라 상급집행임원에 의한 업무집행을 배후에서 감시하고 회사 경영전체를 감독하는 것으로 보게 되었고 이를 반영한 것이 §3.02의 규정이다[101].

§3.02는 이사회의 직무로서 감시·감독권을 중심으로 최소한의 역할을 규정함과 동시에 이 이외에도 이사회가 할 수 있는 광범위한 기능을 규정하고 이를 위하여 필요한 권한을 가질 수 있음을 인정하고 있다. 즉 이사회는 회사의 계획, 행동의 입안과 그 채택, 회계원칙 및 관행의 변경발안과 그 채택, 주요집행임원에 대한 조언 및 이들과의 협의, 위원회, 주요 집행임원, 기타 임원에 대한 지시와 이들의 행동의 심사, 주주에 대한 권고 등의 권한을 가지고 회사의 업무집행자체에 대한 권한도 가질 수 있다(§3.02(b)). 이것은 이사회의 기본적 직무가 업무집행에 가까운 기능도 할 수 있음을 인정하는 것이다. 요컨대 §3.02는 이사회와 집행임원과의 관계를 매우 유연하게 규정하여 회사가 업무집행기관의 구성과 권한의 분배를 정함에 있어 광범한 재량을 인정하고 있다[102].

④ 理事의 情報公示請求權

이사회가 효과적으로 업무집행에 대한 감독을 하기 위해서는 이사회의 구성원인 이사 가운데 일정비율이 경영자로부터 독립된 이사로 구성되어야 하고 이사회내에 내부위원회를 설치하여 이를 통하여 경영자에 대한 감독을 실행하는 것이 바람직하다. 뿐만 아니라 이사회나 그 내부위원회의 구성원인 각 이사가 이사회나 각 위원회의 감독활동을 실행하는데 필요한 정보를 입수할 수 있도록 보장해야 한다[103].

여기서 「원칙」 §3.03은 이사가 회사의 정보를 입수하는 수단으로서 회사에 대하여 회사의 장부, 기록, 기타의 문서를 열람·등사하고 기타 유형물을 점검할 권리를 인정하고 있다. 이러한 이사의 정보공시청구권은 회사에 대한 광범

---

101) *Ibid.*, pp. 113~114 ; ALI, Principles of Corporate Governance, pp. 87~88.
102) ALI, *Final Draft*, p. 115.
103) SEC, *op. cit*, p. 5 ; 前田重行, 「株式會社의 營業方法」(岩波講座 基本法學 7-企業, 1993), p. 106.

위한 공시 청구를 인정하고 모든 회사의 장부, 기록, 문서를 대상으로 하며, 회사뿐만 아니라 그 자회사도 청구의 대상에 포함시키고 있다(§3.03(a)). 또한 이사의 정보공시 청구권을 강제하기 위한 법원의 명령이 인정되어 있다.

⑤ 專門補助者를 사용할 理事의 權限

「원칙」§3.04는 이사에게 일정한 경우에 외부의 전문가를 그 보조자로 사용할 권리를 인정하고 있다. 이 역시 이사회의 직무인 업무집행에 대한 감독권을 효과적으로 보장하기 위한 것이다. 이사회를 구성하는 이사가 반드시 그 직무수행에 필요한 법률, 회계분야 등에 관한 전문적인 능력을 가지고 있다고 할 수 없을 것이다. 물론 이사회가 전문가를 간부임원으로 임명하는 방법이 있으나 이 경우 회사의 의사 결정기구를 복잡하게 하고 상급 집행임원과 이사회의 전문적 간부직원 사이의 책임의 분배에 쓸데없는 혼란을 생기게 할 염려가 있다. 특히 상급집행임원과 중요한 관계를 가지고 있지 않는 이사가 그 감독기능을 수행하는 경우에는 외부의 전문가를 사용할 필요가 있다. 이리하여 「원칙」§3.04는 상급집행임원과 중요한 관계를 가지고 있지 않는 이사는 필요한 경우 외부의 전문적 보조자를 이용할 수 있음을 정하고 있다[104].

(2) ALI 「원칙」제3A편의 內容

「원칙」제3A편의 규정은 회사에 대하여 실무관행으로서 채택하기를 권고하는 규정이다. 첫째 공개주식회사의 이사회의 구성을 다루고 있다. 앞에서 살펴본 제3편의 이사회의 규정을 보충하고 있다. 감사위원회에 관한 규정을 두고 여기서 소규모 공개회사에 감사위원회를 설치할 것을 권고하고 있다. 또한 감사위원회의 직무와 권한을 상세히 규정하고 있다. 마지막으로 감사위원회 이외의 이사회 내부위원회로서 지명위원회와 보수위원회를 실무관행으로 채택하기

---

104) ALI, Final Draft, pp. 132~133.

를 권고하는 규정을 두고 있다[105].

1) 理事會의 構成

「원칙」§3.02(이사회의 직무와 권한)가 이사회의 역할을 경영자에 대한 감독에 두고 그 내용을 구체적으로 정하고 있음은 앞에서 살펴본 바와 같다. 이러한 이사회의 감독기능을 효과적으로 하기 위해서는 이사회의 구조가 중요하다. 하나는 이사회의 인적 구성의 문제이고 다른 하나는 이사회의 내부위원회 제도이다[106]. 전자는 이사회가 감독의 대상인 경영자로부터 독립성을 확보할 수 있도록 그 인적 구성을 해야 하는 것이다. 예컨대 기동성 있게 전문적으로 계속적으로 실시하기 위한 것이며 구체적으로는 감사, 지명, 보수위원회를 이사회에 설치하는 것이다.

이사회는 회사 경영자인 상급집행임원의 영향을 받지 않고 독립해서 그 임원의 경영활동을 객관적으로 평가할 수 있어야 한다. 이리하여 §3A.01은 우선 대규모 공개주식회사에서는 이사회의 구성원의 과반수를 회사의 상급집행임원(§1.33)과 중요한 관계(§1.34)를 가지지 않는 이사로 할 것을 권고하고 있다. 다만 대규모 공개주식회사 가운데서도 회사의 의결권증권의 과반수가 단일의 개인, 단일의 동족 또는 단일의 지배집단에 의하여 소유된 회사에 대해서는 권고의 대상에서 제외한다(a). 또한 위의 대규모 공개주식회사 이외의 공개회사의 경우에는 적어도 3명은 회사의 상급집행임원과 중요한 관계를 가지지 않는 이사이어야 한다(b). 공개 주식회사에서는 「원칙」아래서도 이사회의 구성을 반드시 위와 같은 상급집행임원과 중요한 관계에 있지 않는 이사를 도입하여 이것을 이사회의 구성원의 일정비율로 할 것을 강제하는 것은 아니다[107].

이상과 같이 §3A.01은 공개주식회사의 이사회의 구성에 관하여 일정비율 또는

---

105) ALI, *Principles of Corporate Governance*, pp. 109~110.
106) Melvin Aron Eisenberg, Remarks on Part Ⅲ and Ⅲ-A, p. 10(42).
107) ALI, *op. cit.*, pp. 110~111.

일정수의 독립성을 가진 이사로 구성할 것을 규정하고 있으나, 회사임원으로부터 독립성을 가진 이사에 대해서는 종래 사외 이사 또는 외부 이사의 문제로 논의되었다. 이사의 독립성과 관련하여 이사가 상급집행임원과 중요한 관계를 가지고 있는 경우로는 ① 이사가 회사와 고용관계에 있거나 또는 바로 직전 2년 간에 그런 관계가 있는 경우 ② 이사가 회사의 현재의 임원 또는 바로 직전 2년 내에 상급집행임원으로 있었던 자의 직근 친족(immediate family)인 경우 ③이사가 회사와 바로 직전 2년의 어느 하나에 일정액 이상의 거래 관계를 직접 또는 간접으로 가지고 있는 경우 ④ 이사가 바로 직전 2년의 어느 하나에 회사와 일정액 이상의 거래를 가진 사업체의 중요한 경영자인 경우 ⑤ 이사가 바로 직전의 2년 간에 회사의 일반적 회사법 또는 증권거래법상의 문제에 관하여 주된 법률고문이었던 법률회사에 직업전문가의 자격으로 소속되어 있어나(affiliated in a professional capacity)또는 바로 직전의 2년 간에 당해 회사의 증권 발행 시에 간사 인수인으로 되었던 투자은행에 직업전문가의 자격으로 소속된 경우 또는 그 당시 그와 같은 관계에 있었던 경우이다[108].

2) 理事會內 委員會

「원칙」은 이사회가 그 감독의 직무를 효과적으로 수행하기 위하여 이사회에 어떤 내부위원회를 설치할 것을 권고한다. 「원칙」은 이사회의 감독기능을 확보하기 위하여 이사회 내부에서 위원회를 설치할 것을 권고하고 있는바, 이와 같은 위원회에는 감사위원회(audit committee), 지명위원회(nominating committee), 보수위원회(compensation committee) 등 3종의 위원회가 있다. 이 중에서 「원칙」 제3편이 주 회사법으로 입법화 할 것을 제안하고 있는 것은 감사위원회이며, 그 설치가 요구되는 회사형태는 대규모 공개주식회사에 한정된다(§3.05). 기타의 지명위원회와 보수위원회에 대해서는 제3A편에서 회사의 실무관행에 관한 권고로서 전자는 공개주식회사 일반에, 후자는 대규모 공개주

---

108) *Ibid.*, pp. 112~113.

식회사에 그 설치를 제안하고 있다(§3A.04 , §3A.05). 또한 소규모 공개주식
회사에 대해서는 감사위원회의 설치만을 회사실무의 관행으로 권고하고 있다
(§3A.02).

지명위원회는 이사후보자를 이사회에 추천하고 최고 집행임원 등에 의하여
추천된 이사후보자를 검토함으로써 이사회의 경영자에 대한 감독기능을 보충
하고 지원하는 기능을 한다. 회사의 실무관행으로서 의결권증권의 과반수가 단
일의 개인(§1.28 참조), 단일한 지배집단(§1.09)에 의하여 소유된 회사를 제외
한 모든 공개주식회사(§1.31)에 대하여 지명위원회의 설치를 권고한다
(§3A.04(a)전문). 지명위원회는 임원 또는 종업원을 겸하지 않는 이사만으로
구성되고 회사의 상급집행임원과 중요한 관계를 가지지 않는 자가 구성원의
과반수이어야 한다(§3A04(a)후문). 이것은 지명위원회가 회사경영진으로부터
영향을 받는 것을 회피하고 독립성을 확보하기 위한 것이다. 이것은 지명위원
회가 이사의 선택과 이사회의 구성에 대하여 책임을 지는 독립적인 지위를 가
지고 있음을 나타내는 것이다[109].

보수위원회는 대규모 공개주식회사에 대해서만 회사 실무관행상 채택하기를
권고한다(§3A.05). 이 위원회는 임원 또는 종업원을 겸하지 않는 이사만으로
구성하고 그 구성원의 과반수는 회사의 상급집행임원과 중요한 관계를 가지지
않는 자이어야 한다(§3A.05(a)). 이 위원회는 ① 상급집행임원의 연차급여,
상여금, 주식매수선택권, 직접·간접의 기타의 이익을 심사하고 그러한 것을
이사회에 제안하거나 결정하는 일(§3A.05(a)(1)), ② 임원의 새로운 보수계획
의 심사, 그 보수계획의 운용에 대한 정기적인 심사, 그 보수계획의 관리를 위
한 정책을 확립하고 정기적으로 심사하는 일, 임원의 직무수행과 합리적 관련
이 없는 보수나 이익을 공여하기로 하는 임원보수계획을 수정하는 일
(§3A.05(a)(2)), ③ 경영자의 임시수입에 관한 정책을 확립하고 그 정기심사
를 하는 일(§3A.05(a)(3))을 구체적인 직무로 한다. 미국의 현행법은 보수위
원회를 요구하지 않으나 회사 실무에서는 보수위원회가 널리 보급되어 있다고

---

109) *Ibid.*, pp. 121~125.

한다. 1990년의 Heidrick & Struggles 와 Korn & Ferry의 조사에 의하면, 전자에서는 조사 응답회사의 93%, 후자에서는 91%가 보수위원회를 설치하고 있었고, 그 평균적 구성은 4인의 외부이사와 2인의 내부이사로 되어 있었다. 「원칙」§3A.05는 이러한 회사의 실태를 반영한 것이다[110].

(3) ALI 「원칙」上의 監事委員會

ALI「원칙」은 이사회의 감독업무를 효과적으로 실행하기 위하여 이사회 내부에 여러 가지 위원회를 설치하도록 권고하고 있다. 대규모 공개주식회사의 경우에는 이사회를 구성하는 이사의 수가 많고, 이들이 다양한 경영문제에 대하여 전문지식을 충분히 가지고 있다고 할 수 없는 경우가 많을 것이다. 그러므로 이러한 상황에서는 이사회가 여러 가지 경영문제를 심도 있게 검토하여 회사의 경영을 효과적으로 감독할 수 있다고 보기는 어려울 것이다. 이사회가 그 감독업무를 효과적으로 하고 그 업무의 능률을 높이기 위해서는 이사회 내부에 각종의 위원회를 설치하고 이와 같은 위원회가 이사회에 제기된 여러 가지 문제를 1차적으로 검토하여 그 결과를 이사회에 보고하고 이사회가 최종적으로 판단하는 것이 바람직할 것이다. 이리하여 미국의 ALI「원칙」에 있어서는 이사회의 감독기능을 강화·지원하기 위하여 이사회 내부에 위원회를 설치할 것을 권고하고 있다. 이 위원회에는 감사위원회(audit dommittee), 보수위원회(compensation committee), 지명위원회(nomina- ting committee) 등의 위원회가 있다. 이 가운데 ALI「원칙」제3편은 감사위원회를 주 회사법에서 입법화 할 것을 제안하고 있고, 감사위원회의 설치가 요구되는 회사형태는 대규모 공개주식회사로 한정하고 있다(ALI「원칙」§3.05).

---

110) *Ibid.*, pp. 127~131 ; 美國의 株式會社의 經營 및 監督構造의 最近 動向에 대해서는 강희갑, 앞의 논문(각주 2), p. 127 이하 및 同, "主要 西歐國家의 會社法改正의 最近 動向"「比較私法」제8권 1호(韓國比較私法學會, 2001. 6), pp. 1142~1149 참조.

1) 監査委員會의 運營과 機能

대규모 공개주식회사에 설치가 요구되는 감사위원회의 기본적 기능은 이사회의 감독기능을 보충하고 지원하는 것이다. 이 목적을 달성하기 위하여 ALI 「원칙」§3.05는 "모든 대규모 공개주식회사(ALI 「원칙」§1.24)는 회사의 재무제표를 작성하는 과정, 그 내부통제 및 회사의 외부회계감사인의 독립성을 정기적으로 심사함으로써 이사회의 감독기능(ALI 「원칙」§3.02)을 보충하고 보조하기 위하여 감사위원회를 가져야 한다. 감사위원회는 적어도 3인의 구성원이 필요하고 이 구성원은 회사와 고용관계를 가지지 아니하고 과거 2년 내에도 회사와 고용관계가 없던 이사이어야 하며, 구성원의 과반수는 상급집행임원과 중요한 관계(ALI 「원칙」§1.34)를 가지고 있는 자이어서는 아니 된다"라고 규정하고 있다. ALI 「원칙」§3.05는 우선 감사위원회의 직무에 대하여 재무제표의 작성과정과 그 내부통제의 심사, 회사의 외부회계감사인의 독립성을 정기적으로 심사하고 회사의 외부감사인과 내부감사인간의 대화를 토론의 장(forum)으로 제공하는 것을 내용으로 하는 일반적인 직무를 규정하고 있다. 구체적인 감사위원회의 직무에 대하여는 ALI 「원칙」§3A.03이 회사의 실무관행상의 권고로 정하고 있다. 주 회사법상의 입법화에 의하여 설치가 강제되는 대규모 공개주식회사의 감사위원회의 직무에 대하여는 ALI 「원칙」§3A.03이 열거하고 있는 직무내용을 강제하는 것은 아니고 또한 구체적인 직무내용이 ALI 「원칙」§3A.03의 직무내용과 일치할 필요도 없다. 그러나 이 §3A.03의 직무내용은 ALI 「원칙」§3.05의 감사위원회의 구체적인 직무내용을 표시하는 지침이 된다고 할 수 있다. ALI 「원칙」§3.05가 규정하고 있는 감사위원회의 일반적인 직무를 이론상으로는 이사회 자신이 행하는 것도 가능하다. 그러나 실제로는 감사위원회를 설치하는 것이 정상적이다.

그 이유는 첫째, 재무제표의 작성과정, 내부통제, 외부감사인의 독립성에 대한 면밀한 심사와 상세한 토론, 둘째, 회사의 재무제표는 경영진의 업적과 관련되므로 이를 토의하는 토론의 장이 필요한데, 많은 이사로 구성된 이사회가 이런 기능을 수행하는 것은 곤란하기 때문이다. 그러므로 감사위원회제도를 채택하여 이에 맡기는 것이 보다 효과적이다. 또한 외부회계 감사인이 감사과정에서 경영진의 구속을 받지 아니하고 독립적·효과적으로 그 직무를 수행하기 위하여도 독립의 감사위원회는 중요한 역할을 한다. 예컨대 경영자로부터 독립한 감사위원회가 외부회계감사인의 선임, 해임 및 보수 등의 결정에 있어서 중요한 역할을 함으로써 외부회계감사인이 경영자로부터 독립하여 감사의 직무를 효과적으로 수행할 수 있도록 하는 것이다. 나아가 외부회계감사인과 경영자와 특별한 관계가 없는 이사(사외이사)가 대화를 일상적으로 행할 수 있어야 외부 회계감사인이 그 직무를 효과적으로 수행할 수 있으므로 이를 위하여 독립의 감사위원회가 양자 사이의 대화와 토론의 장을 마련할 수 있다. 이러한 토론의 장이 없으면 외부 회계감사인은 많은 문제가 제기되지 아니하는 한 이사회수준의 회의를 요구하지 아니할 것이다. 이에 비하여 토론의 장(대화의 장)을 제도화하면 외부 회계감사인으로 하여금 여러 가지 어려운 문제를 조기에 제기하게 하여 이를 논의할 수 있다.

이밖에도 독립의 감사위원회는 회사내부의 감사담당부서의 객관성을 강화할 수 있다. 예컨대 회사내부의 감사담당부서가 경영자에게 보고만 하고 이사회나 그 위원회와 일정한 접촉이 없는 경우에는 경영진의 저항에 직면하게 될 수 있고 따라서 경영진의 승인을 얻을 수 없게 될 수 있다. 감사위원회를 이용하는 것이 그러한 저항을 개선하는데 도움이 될 것이다. 그러므로 회사 내부의 감사담당부서가 감사위원회와 적절한 관계를 가지는 것이 내부의 감사담당부서의 지위를 강화하고 활성화하는데 도움을 줄 수 있다[111].

이상과 같이 감사위원회는 이사회의 경영자에 대한 감독을 효과적으로 하기 위하여 중요한 기능과 역할을 하는 바, 이를 위하여는 감사위원회의 구성원의 경영자로부터 독립성의 확보가 중요하다. 이런 뜻에서 감사위원회의 구성원을 경영자로서의 상급집행임원이나 사용인을 겸하는 이사로 하는 것은 타당하지 아니할 것이다. 이런 점에서 ALI 「원칙」§3.05는 경영자인 집행임원 또는 사용

---

111) 이상, ALI, *op. cit.*, pp. 104~106.

인인 이사가 감사위원회의 구성원이 되는 것을 금지하고 있다. 또한 감사위원회의 구성원의 자격에 대하여는 상급집행임원과 중요한 관계를 가진 이사를 제외하고 있다.

2) 監査委員會의 職務

감사위원회제도는 대규모 공개주식회사에 대하여는 그 설치를 강제할 수 있으나(ALI 「원칙」§3.05), 소규모 공개주식회사에 대하여는 회사 실무상의 관행으로서 그 설치를 권고하고 있다(ALI 「원칙」§3A.02) 소규모 공개주식회사에서는 대규모 공개주식회사에 비하여 공공성이 강하지 아니하고 경비부담을 경감시킨다는 관점에서 그 설치를 회사의 임의의 판단에 맡긴다는 것이다. ALI 「원칙」§3.05에서 규정하고 있는 감사위원회의 일반적인 직무를 보충하기 위하여 ALI 「원칙」§3A.03은 감사위원회의 구체적 직무를 열거하고 이것을 실무관행으로 할 것을 권고하고 있다. 이 규정의 내용은 다음과 같다. ALI 「원칙」§3A.03(a)항은 감사위원회는 회사의 외부회계감사인으로 채용되는 회계법인을 추천하여야 하고 그 회계법인의 해임제안을 심사하여야 한다라고 규정한다. 이는 외부회계감사인의 독립성을 제고하기 위한 것이다. 이(a)항은 다음의(b)항에 의하여 보충된다. ALI 「원칙」§3A.03(b)항은 감사위원회는 외부회계감사인의 보수, 계약기간, 독립성을 심사하여야 한다고 규정한다. 이 기능을 수행하기 위하여는 감사위원회는 외부회계감사인의 독립성에 영향을 줄 수 있는, 예컨대 외부회계감사인이 비감사업무(non~audit services)를 수행하는 정도를 충분히 검토하여야 한다. ALI 「원칙」§3A.03(c)항은 감사위원회는 상급내부감사임원의 임명과 교체를 심사하여야 한다라고 규정한다. 이규정은 내부통제의 객관성을 제고하기 위한 것이다. ALI 「원칙」§3A.03(d)항은 감사위원회는 외부회계감사인과 이사회 그리고 상급 내부감사 임원간의 의사소통경로로 활용되어야 한다. 이 기능은 외부회계감사인의 독립성과 회사내부감사인의 객관성을 강화한다고 한다. ALI 「원칙」§3A.03(e)항은 감사위원회는 외부회계감사인의 감사의 결과, 그 감사보고서, 관련서신, 외부회계감사인의 감사와 관련된 권고에 대한 경영진의 응답, 내부감사 부서의 중요한 보고서, 이 보고서에 대한 경영진의 응답을 심사하여야 한다고 규정한다. 감사위원회가 이 기능을 수행하는데는 외부회계감사인의 협력이 필요하다. 그리고 감사위원회는 중요한 문제를 외부회계감사인과 함께 심사하게 된다.

감사위원회는 감사계획의 목적, 감사절차, 감사팀의 배치, 감사의 범위, 내부회계감사인과 외부회계감사인간의 책임의 분리 등에 관하여 외부회계감사인의 범위와 계획을 검토하게 되는 것이다. ALI 「원칙」§3A.03(f)항은 감사위원회는 연도재무제표, 이 재무제표와 관련되는 외부회계감사인간의 중요한 쟁점을 심사하여야 한다고 규정한다. ALI 「원칙」§3A.03(g)항은 감사위원회는 외부회계감사인 및 내부회계감사임원과 협의하여 회사내부통제의 적절성을 검토하기 위하여 감사의 범위와 감사계획에서 제기되는 여러 가지 문제들을 처리할 수 있다. 감사위원회는 경영진의 배석 없이 상급감사임원과 주기적으로 만나야 한다. 또한 감사위원회는 내부감사임원으로 하여금 곤란한 문제를 조기에 제기하도록 하고 은둔상태의 민감한 문제들을 끄집어내도록 하는 것이 필요하다. ALI 「원칙」§3A.03(h)항은 감사위원회는 외부회계감사인, 중요상급임원에 의하여 제출되었을 때 재무제표의 준비과정에서 사용되는 감사 및 회계원칙과 실무관행에 관한 중요한 변경과 기타의 중요한 선택의 문제를 검토하여야 한다고 규정한다. 공인회계사는 전통적으로 일반적으로 승인된 회계원칙에 의하여 확정한 범위 내에서 회사가 재무제표의 과정에서 적용하는 회계원칙과 관행을 선택하도록 하고 있다.

이상과 같이 ALI 「원칙」§3A.03은 감사위원회의 직무를 구체적으로 상세하게 규정하고 이것을 ALI 「원칙」§3.05 및 ALI 「원칙」§3A.02에 의하여 설치된 감사위원회의 구체적인 직무로 채택할 것을 제안하고 있는 것이다. 또 ALI 「원칙」§3.05 나 ALI 「원칙」§3A.02에서 규정하고 있는 감사위원회의 직무에 관한 추상적·일반적 원칙과 ALI 「원칙」§3A.03에서 규정하는 구체적인 직무내용과의 관계는, 후자는 전자의 감사위원회의 직무에 관한 일반원칙을 보충하여 이것을 구체적·개별적인 감사위원회(audit committee)의 직무로 구성한 것이다[112].

3. SEC 改正規則上의 規定

SEC의 개정규정 중에서 이사회의 경영감독기능을 어떻게 강화하고 있는지에 대해 한정해서 살펴본다면 우선, 미국의 대규모 공개회사는 일반적으로 대부분이 사외이사인 9~12명 정도의 이사로 이사회를 구성하고 있다. 대규모 공개회사의 경영감독구조는 이사회, 사내회계감사인(internal auditor), 외부회계감사인(external auditor), 감사위원회(audit committee)로 구성되어 있다. 그러나 지난 수년간 감사위원회와 사외이사는 명목상의 지위를 차지하고 있었다. 따라서 감사위원회의 독립성 강화를 통하여 그 감독기능을 강화·효율화하고 경영진과 외부회계감사인, 내부회계감사인, 감사위원회간의 의사소통을 원활히 하여 감사위원회의 경영에 대한 감독·감시와 관련되는 정보를 공시하도록 함으로써 감사위원회로 하여금 실질적인 감독·감시기능을 다 할 수 있도록 할 필요가 있다. 이런 취지에서 블루리본(Blue Ribbon)위원회는 1992년 2월에 위와 같은 것을 내용으로 하는 '감사위원회의 효율성 제고에 관한 보고서 및 권고안'을 발표하였다. 그리고 SEC는 블루리본 위원회의 이러한 권고에 따라 각 게의 의견을 수렴한 뒤 1999년 12월 14일에 SEC규칙을 제정하고 감사위원회에 대한 새로운 규칙을 승인하였다[113].

---

112) *Ibid.*, pp. 116~120.
113) 블루리본위원회의 권고안과 개정 SEC규칙의 내용에 대하여는, 권종호, "監査制度의 改善과 監査委員會制度의 課題", 「商事法研究」제19권 3호(韓國商事法學會, 2001), pp. 103~107 ; Erich S. Lee, *Audit Committees and Outside Directors*, 앞의 책, p. 11. 참조.

(1) 監事委員會의 情報公示 强化

SEC개정규칙은 감사위원회에 관한 정보공시요건을 대폭 개정한 것이다. 따라서 공개주식회사는 2000년 12월 15일 이후의 주주총회에 제출한 위임장설명서에 ①회사의 재무제표와 독립의 외부회계감사인(independent auditors)에 관련된 사항에 대한 감사위원회의 보고서, ②감사위원회 내규, ③감사위원회 위원의 독립성을 공시하여야 한다. 이 밖에도 SEC개정규칙은 감사위원회에 대한 정보공시의 강화로 인하여 이사의 책임이 가중 될 수 있음에 따라 이로부터 이사를 보호하기 위한 안전항 조항(피난처 조항:safe harbors)을 두고 있다. 간략히 살펴보면, SEC는 부속명세표 14A(Schedule 14A)의 규칙의 S~K 및 S~B, Item 17(e)(3)의 새로운 Item 306을 신설하여 감사위원회는 위임장 설명서(proxy statement)에서 감사위원회가 활동한 사항을 공시하는 보고서를 첨부하여야 한다[114]. 회사는 감사위원회가 내규(Charter)에 의하여 규율되는지를 위임장 설명서에서 공시하여야 하고, 내규를 둔 경우에는 그 사본을 적어도 3년에 한번씩 위임장 설명서에 첨부하여야 한다(Schedule 14A Item 7(e)(3)).

뉴욕증권거래소(NYSE), 아메리칸증권거래소(AMEX)에 상장되거나 나스닥(NASDAQ)에 등록된 회사가 그 상장기준이나 등록기준에 따른 비독립감사위원회 위원을 가지고 있는 경우에는 그 독립성을 가지지 못하게 한 관계의 성질과 그 자를 감사위원회 위원인 이사로 선임하게 한 이사회의 결정 이유를 위임장 설명서에서 공시하여야 한다. 그러나 이 규칙은 소규모 회사에는 적용되지 아니한다. 이 밖에 뉴욕 증권거래소나 아메리칸증권거래소에 상장되거나 나스닥에 등록된 모든 회사는 소규모 회사를 포함하여 감사위원회 위원이 상

---

114) 그 주요 내용은, ⅰ) 감사위원회가 경영진과 감사(독립의 외부회계감사인의 감사)를 받은 재무제표(audited financial statement)에 관하여 심사하고 토론하였는지 여부, ⅱ) 감사위원회가 외부회계감사인과 SAS 61에 의하여 토론이 요구되는 사항을 토론하였는지 여부, ⅲ) 감사위원회가 ISB(Independence Standard Board) 기준 1호(No.1)에서 요구하는 바에 따라 외부 회계감사인으로부터 공시서면과 서신을 받았는지 여부 등이다.

장기준에서 정의한 바에 따른 독립성이 있는지 여부를 위임장 설명서에서 공시하여야 한다.

앞에서 본 바와 같이 개정된 SEC규칙은 2000년 12월 15일 이후에 개최되는 주주총회의 위임장 설명서에서 모든 공개회사는 감사위원회가 내규에 의하여 규율되는지 여부를 공시하여야 하고, 이 경우에는 그 내규의 사본을 적어도 3년에 한 번씩 위임장 설명서에 첨부되어야 한다고 규정하고 있다. 그러나, SEC 개정규칙은 회사가 반드시 감사위원회 내규를 제정할 것을 요구하지 아니하며, 제정할 경우 그 내규의 내용을 규정하지 아니하고 있다. 그러나 뉴욕증권거래소, 아메리칸증권거래소, 나스닥은 상장기준을 개정하였는데, 이 개정상장기준은 감사위원회 내규를 제정할 것을 요구하고 그 내규의 내용을 정하고 있다. 따라서 뉴욕증권거래소, 아메리칸증권거래소에 상장되거나 나스닥에 등록된 모든 회사는 2000년 7월 14일까지 공식서면으로 된 감사위원회 내규를 채택하여야 하며 이 내규에 대하여 이사회의 승인을 얻어야 한다. 나스닥에서 예시하고 있는 내규(charter)의 내용은 ⅰ) 감사위원회의 책임의 범위, ⅱ) 사외이사의 독립성에 대한 감사위원회의 책임과 외부회계 감사인의 이사회와 감사위원회에 대한 최종적인 책임을 포함하여 감사위원회의 책임을 실행하는 방법을 내규에 명시하도록 하고 있다.

SEC 개정규칙은 이번의 개정으로 감사위원회의 기능과 역할에 대한 정보의 공시가 강화됨에 따라 감사위원회 위원인 이사의 책임이 가중되는 결과가 되는 것을 방지하기 위하여 이른바 안전항 조항(safe harbors)을 두고 있다. 즉, 이 개정규칙에 의하여 요구되는 추가적 공지사항은 Regulation 14A(또는 14C)의 적용을 받은 '권유자료(soliciting material)'로 간주되지 아니한다.

(2) SEC 改正 外部會計監査人 獨立規則(Revised Auditor Independence Rule)[115]

---

[115] 이하, 강희갑, "美國의 株式會社의 監査委員會制度에 관한 最近動向과 그 示唆點", 「商事法研究」제20권 4호(韓國商事法學會), pp. 57~61 참조 ; William R. Mclucas & Paul R. Eckert, "The Securities and Exchange Commission's Revised Auditor Independence Rule", 56 The Business Lawyer, May, 2001, pp. 877~900.

이사회 내부의 위원회로서의 지위를 가지고 있는 감사위원회가 효과적으로 경영진의 경영업무를 감독하고 감사하기 위하여는 회사의 내부감사가 객관적으로 그리고 충분히 이루어져야 하고 이를 통하여 회사의 내부통제가 적절히 객관적으로 이루어져야 한다. 이를 위하여 감사위원회 위원인 사외이사(독립이사)와 내부감사인이 경영감시와 감독업무에 관하여 토론과 협의를 하고 의사소통을 하는 것이 중요할 것이다. 앞에서 살펴 본 미국의 ALI 「원칙」과 SEC의 감사위원회에 관한 개정규칙이 이런 취지를 명백히 하고 있다. 그러나 감사위원회의 감독업무의 실행에 있어서 무엇보다 중요한 것은 회계 전문가인 외부 회계감사인의 조력을 얻는 일이다. 감사위원회는 이러한 외부 회계감사인의 전문적인 감사를 통하여 그 감독기능을 보충하고 있다. 따라서 외부회계감사인의 감사 없이는 감사위원회는 그 감독기능을 충분히 수행할 수 없다. 이를 위하여 외부 회계감사인도 감사위원회 위원과 마찬가지로 경영진과 독립된 독립성을 가지고 감사업무를 수행하여야 한다. 앞에서 본 미국의 ALI[원칙]에서도 감사위원회는 외부 회계감사인과의 협력과 그 독립성을 정기적으로 심사하는 것을 중요한 직무로 하고 있고(ALI 「원칙」§3.05 §3A.03(e)) SEC 개정규칙에서도 외부회계감사인의 감사와 그 독립성을 중시하고 있다.

미국의 SEC는 2000년 7월 27일에 외부 회계감사인의 독립성을 규율하는 규칙을 실질적으로 변경하는 제안을 했고, 2000년 11월 15일에 SEC는 만장일치로 외부회계감사인의 독립성에 관한 규칙의 개정을 채택하였다. 무엇보다도 회계법인의 계약에 의한 비감사업부(non-audit service)가 증가되어 이것이 회계법인의 수입을 증가시켰다. 이러한 비감사업무가 증가됨에 따라 외부회계감사인의 독립성을 저해할 염려가 있게 되어 SEC는 외부회계감사인의 독립에 관한 규칙을 개정하게 된 것이다. 중요내용을 설명하면 다음과 같다.

우선, SEC는 전통적으로 외부회계감사인의 독립성을 포함하여 회계기준의 설정을 AICPA와 같은 민간단체에 맡겨왔으나 이번에 외부회계감사인의 독립성을 SEC가 외부회계감사인의 독립성 규칙으로 상세하게 규정하게 되었다. 개정규칙이 적용되는 외부회계감사인의 범위는 SEC 개정규칙 2~01(Rule 2~

01)에서 규정하고 있는데 이 규칙이 적용되는 회계사와 회계법인의 범위를 제한하고 있다. 회계사(accountant)는 공인회계사(certified public accountant)에 한정하였다. 회계법인(accounting firm)은 공공회계의 실무에 종사하는 모든 형태의 조직으로 한다. 여기에는 미국의 국외에 있는 것을 포함하며, 그 조직의 부서, 모회사, 자회사, 계열사(associated entities) 등을 포함한다. 외부회계감사인은 감사의뢰인(audit client) 뿐만 아니라 감사의뢰인의 계열사(affiliates)와도 독립하여야 한다.

외부회계감사인의 독립성에 관한 일반 원칙으로, 개정규칙 2~01(b)(Rule 2~01(b))는 외부회계감사인의 독립성에 관한 일반기준을 밝히고 있다. 이 개정규칙 2~01(b)는 다음과 같이 규정하고 있다. 즉, SEC는 회계사가 그 업무에 관련되는 모든 문제에 대하여 객관적이고 불편부당한 판단을 할 능력이 없거나 관련되는 사실에 대하여 지식을 갖춘 합리적인 투자자가 그 회계사가 그 업무에 관련되는 모든 문제에 관하여 객관적이고 불편부당한 판단을 할 능력이 없다고 결론을 내린 경우에는 그 회계사는 감사의뢰인으로부터 독립적이라고 승인하지 아니할 것이라고 한다. 이 개정 규칙은 "SEC는 사실상 독립적이 아닌 회계사는 독립적인 것으로 승인하지 아니한다."는 매우 추상적인 현행규정을 개정하여 회계사의 독립성 기준을 구체화하고 있다. 그리고 개정규칙 2~01의 주석에서는 회계사가 감사의뢰인으로부터 독립성을 가지는가를 결정하기 위한 네 가지 원칙을 설정하고 있다. 이 주석은 회계사의 독립성을 판단하는 요소로서 ① 회계사와 감사의뢰인 사이에 이해가 충돌되는지 여부, ② 그 회계사의 비감사업무종사 여부, ③ 결과적으로 감사의뢰인의 경영진 또는 피용자로서 회계활동을 하고있는지, ④ 회계사가 감사의뢰인을 옹호하는 지위에 있는지를 고려하여야 한다고 하고 있다.

또한 회계사와 감사의뢰인간의 재무관계를 규제하여, 개정규칙 2~01(c)(Rule 2~01(c))는 회계사와 그 감사의뢰인 간의 재무관계를 규제하는 종래의 규정을 개정하고 구체화하였다. 현행규정은 감사의뢰인과 관련하여 그 회계법인의 구성원인 모든 개인은 감사의뢰인에 대한 투자가 제한되었다. 회계사의 감사의뢰인에 대한 투자는 회계사의 독립성을 해치는 것이다. 이번의 개정으로 감사의뢰인에 대한 투자가 제한되는 자의 범위를 실질적으로 축소하였다. 즉, ① 감사종사팀 (audit engagement team), ② 회계감사에 대하여 직접책임을 지는 자 또는 감독하는 자, ③ 감사종사팀의 보수를 권고, 평가하는 자, ④ 감사를 질적으로 지배하는 자, ⑤ 감사의뢰인에게 10시간 이상의 비감사업무를 제공하여 온 회계법인의 파트너, 주주, 경영상의 피용자, ⑥ 주된 감시종사파트너가 감사와 관련한 업무를 하고 있는 회계법인 사무소의 파트너, 주주 ⑦이들의 직계가족 등은 감사의뢰인에 대한 투자를 할 수 없다. 개정 규칙에 따르면 투자할 수 없는 회계법인의 구성원의 범위는 좁아질 것이다. 개정규칙은 감사 및 업무종사기간 동안의 어느 시점에서 회계사가 감사의뢰인과 고용관계에 있었다면 그 회계사는 독립성이 없다고 규정하고 있다. 고용관계와 회계사의 독립성은 앞에서 본 개정규칙 2~01(b)에 의하여 일반적으로 판단될 수 있으나 개정규칙은 다른 조항에서 회계사의 독립성을 저해하는 절대 금지되는 몇 가지의 고용관계를 규정하고 있다. 즉, ① 회계사의 감사의뢰인에의 고용(개정규칙 2~01(c)(2)(i)), ② 회계사가족의 감사의뢰인에의 고용(개정규칙 2~01(c)(2)(ii)), ③ 회계법인의 활동에 영향을 미칠 수 있는 퇴임회계사의 감사의뢰인에의 고용 등이다.

4. 美國의 企業改革法116)

2002년에 6월에 들어와서 미국은 잇따른 상장회사의 분식회계 등의 회계부정에 따른 주가폭락과 대기업이 도산하게 되자 회계사들을 감시감독하기 위하여 기업회계 개혁법안을 마련하였다. 이 법안은 다분히 정치적 과정의 결과로 탄생한 산물이라는 의미도 있으나 이 법안으로 인하여 미국 회사의 지배구조에 커다란 변화를 줄 것은 확실하다117). 이 법안에 따르면 회계법인(회계회

---

116) 이에 대한 자세한 사항은, 太田·佐藤丈文, "米企業改革法とNYSE·NASDAQ新規則案の槪要[上]", 「商事法務」No. 1639, 2002. 9. 15 ; 同, "米企業改革法とNYSE·NASDAQ新規則案の槪要[中]",「商事法務」No. 1640, 2002. 9. 25 ; 同, "米企業改革法とNYSE·NASDAQ新規則案の槪要[下]", 「商事法務」No. 1641, 2002. 10. 5·15 참조.

사)을 감독할 독립적인 감독위원회를 신설하도록 하였다. 이 감독위원회는 회계규칙을 제정하고 회계사들을 상시적으로 감사하며 규칙 위반시 벌금을 부과하고 회계사들의 상장회사 회계 감사의 자격을 영구히 박탈하는 권한을 가진다. 종래에 공인회계사는 미국공인회계사협회의 자율적 규제나 증권거래위원회의 감시를 받았으나 그 역할이 미미하였기 때문에 이와 같이 개정한 것이다. 그리고 그간 회계법인들은 회계감사와 함께 비감사업무인 컨설팅을 하여 수익을 크게 올려 왔으나 앞으로는 이러한 컨설팅이 금지된다. 또한 회사의 최고경영자는 회사재무제표에 대하여 증권거래위원회의 인증을 받아야 한다. 이하에서는 2002년 제정된 미국의 기업개혁법(Sarvanes-Oxley Act of 2002[118] : 이하 SOA로 약칭)을 아래 표를 참고로 하여 보고 이에 따른 미국의 개혁동향[119]을 보도록 한다.

---

117) Curtis J. Milhaupt, *Sarbanes-Oxley as Implemented by the SEC : A Preliminary Evaluation of its Significance for U.S. and Foreign Firms*, 證券法學會 국제세미나(韓國證券法學會, 2003. 5. 28), pp. 1~2.

118) 이 법률의 정식명칭은 "An Act to protect investors by improving the accuracy and reliability of corporate disclosures made pursuant to the securities laws, and for other purposes"이다.

119) 企業改革法을 비롯한 美國에서의 改革法案에 대한 자세한 내용은 강희갑, "美國의 企業支配構造 및 會計監査에 관한 最近의 改革立法", 「商事法硏究」제21권 4호(商事法學會, 2003. 2), pp. 215~247을 참조.

[표 3] 엔론 파탄후의 主要 움직임

일자	主要 內容
2001. 12. 2	엔론 會社 정리절차 개시
2002. 3. 7	부시 대통령이 企業 强化 등을 목적으로 한「10항목의 플랜」발표
2002. 4. 24	공화당 주도에 의해 하원이 비교적 느슨한 규제 개혁 법안 가결
2002. 6. 20	대책을 요구하는 여론의 고조를 받아 SEC가 규제를 강하게 수정한 개혁안 발표
2002. 6. 25	월드콤에 의한 거액 분식 발각, 企業經營에 대한 불신감이 최고조에 달함
2002. 7. 15	민주당 주도에 의해 상원이 하원안보다 엄한 개혁 법안을 가결
2002. 7. 30	양원 협의, 대통령 서명을 거쳐 「企業 회계 개혁법」성립
2002. 11. 5	중간 선거의 결과 공화당 승리. 감사 법인 옹호파로서 비판에 노출되고 있던 SEC의 피트 위원장 사임 표명

(1) 美國의 회계부정 事態의 共通되는 問題

1) 會計制度의 問題

엔론이나 월드 컴 등에 있어서 회계부정 사건에 공통되는 문제 중 하나는 바로 회계제도이다. 미국은 세칙 주의라고 하여 매우 자세한 규칙을 제정하고 있고 그러한 회계기준은 현재 140여개 정도 있다. 한편 국제 회계 기준은 현재 40여 개 정도밖에 없다. 국제 회계 기준은 원칙을 매우 추상적으로 규정하고 있지만 미국의 회계 규칙은 특정 테마에 대해 매우 깊고 자세히 규정하고 있기 때문에 자세히 규정하면 할수록 그곳에 규정되어 있지 않은 사항에 대해 편법으로 회계 부정이 저질러질 가능성이 매우 높아지게 된다. 예를 들면 프로젝트 · 파이낸스를 할 때 3%의 자본이 들어가 있으면 연결결산으로부터 제외해도 상관없도록 하게 되면 그것을 역수로 취해버리는 것이다. 이에 덧붙여 또 하나의 문제점을 지적한다면 엔론이 사용한 자의적인 시가평가이다. 시가라고 하는 것은 어떤 의미로는 여러 가지 평가방법이 있으므로 그때 그때의 적당한 시가라고 하는 것을 선택해 기업 입장에서 사용할 수 있으므로 이에 대한 문제가 최근 증가하고 있다.

2) 會社支配構造의 問題

공통되는 두 번째 문제는 지배구조(Corporate Governance)[120]라고 할 수 있다. 앞서 밝힌바와 같이 월드 컴과 엔론도 전문적 경제잡지가 격찬하듯이 매우 훌륭한 경영 시스템을 가지고 있었다. 예를 들면, 엔론의 사외 이사중 한사람은 스탠포드 대학의 비지니스 스쿨의 학장이었다. 그러나 실제로는 사외 이사는 거의 기능하지 않았고 오히려 CEO에 권한이 집중되어 있었다. 이것은 일본의 대표이사 사장과도 거의 같아, 미국에서도 CEO가 이사회나 집행위원회 등 많은 곳에서 권한을 가지고 있는 것이다. 또 미국에서 급성장한 회사는 거의 예외 없이 M&A를 행하고 매수되는 회사의 자산은 시가로 평가되기 때문에 M&A를 반복하면 할수록 회계상의 조작 가능성은 커지게 되는 것이다. 일본은 지금까지 오랫동안 장부가액을 그대로 계승하는 방식을 사용하므로 그 제도가 좋은가 나쁜가는 별론으로 하고 회계상의 조작 가능성이 발생할 가능성은 적지만 미국은 M&A를 할 때마다 시가 평가를 하게 되고 여기에서 회계의 조작 가능성이 발생한다는 것이다. 그리고 어느 회사도 어널리스트에 대해서 적극적으로 정보를 제공하여 자사의 주가가 정확하다는 것을 단언하고 있지만 그 때문에 주가 지상주의에 빠져 본업이 경시되기 쉽다는 문제점도 있게 된다.

3) 證券分析家의 問題

공통된 문제 중 세 번째는 증권분석가의 사내 흡수화(inside)이다. 기업이 발행하는 증권을 분석하는 어널리스트를 셀 사이드·어널리스트라고 하고 운

---

120) Curtis J. Milhaupt, *op. cit.*, pp. 2~4.

용하는 펀드 매니저 옆의 어널리스트를 바이사이드·어널리스트라고 한다. 셀 사이드·어널리스트가 미국에서는 철저히 기업과 유착하고 있는 경우가 많다. 하나의 증권회사에서 셀 사이드의 어널리스트와 바이사이드의 어널리스트의 양쪽 모두가 존재하기 때문에 셀 사이드의 어널리스트가 엄격한 회계기준을 쓰면 해당 기업은 그 증권회사가 운용하고 있는 펀드에 대해서 우선적으로 주식을 돌려주지 않게 될지도 모른다는 것을 예견할 수 있다. 예를 들면 IPO라고 하는 벤처의 신규상장 주식에서 증권회사가 IPO주를 우선적으로 돌려주기 위해서는 셀 사이드, 즉 그 회사를 분석하는 어널리스트가 좋은 평을 내지 않으면 안되고 그 때문에 어널리스트의 이익 상반 문제라고 하는 문제가 발생되는 것이다.

4) 스톡옵션의 問題

마지막 문제는 스톡옵션이다. 주식은 일반적으로 순조롭게 주가가 상승하지만 주가가 높은 주식은 당연히 사기가 힘들기 마련이므로 경영진에 대해서 일정한 금액으로 주식을 사는 권리를 부여한다. 이것이 스톡옵션이다. 예를 들면 시장의 몇 분의 1로 주식을 사고 그것을 매각하면 그 차액이 본인의 소득이 되는 것이다. 그 경우 경영진은 주식은 가지고 있지 않아도 스톡옵션으로 주식을 사는 권리를 가지고 있으면 언제라도 주식을 살 수 있기 때문에 주가가 오른다고 하는 주주의 이해와 경영진의 이해가 일치하는 것이다. 문제는 그러한 이해의 일치 때문에 경영진과 주주 모두 오로지 주가가 오르는 것만을 추구하게 되는 것이다.

또한 회계 제도와 관련된 문제이지만, 스톡옵션을 기업이 아무리 경영진에게 주었더라도 이에 대한 회계상의 처리가 없다는 것이 더욱 문제가 된다. 국제 회계 기준은 이미 2003년도부터 스톡옵션을 비용으로서 계상하도록 정하고 있지만 미국에서는 아직도 이 문제에 대해서는 구체적으로 논의되고 있지 않다. 만약 미국 내의 모든 스톡옵션을 비용 계상하면 미국 기업의 당기 순이익이

7.5%내릴 것이라고 전망하고 있다.

(2) SOA의 特徵

1) 企業 經營陣에 대한 禁錮刑・罰金 등 罰則의 强化

SOA의 특징 중 하나는 기업 경영진에 대한 벌칙의 강화이다. 종래의 증권
사기 범죄가 금고 최고 5년부터 25년이 되어 있고 결산보고서의 허위기재나 감
사 서류의 보존 의무 위반도 5년부터 20년으로 되어 있다. 또 새롭게 할 수 있던
것으로서 서류 파기는 최고 20년, 우편・통신 사기가 최고 10년, 재무보고 인증
의무 위반이 최고 20년 또는 벌금 500만 달러로 규정되어 있고 게다가 부정 회
계에 관한 시효가 3년에서 5년으로 연장되었다.

2) 企業 經營陣에 대한 責任 强化

두 번째의 특징은 기업경영진에 대한 책임 강화이다. CEO, CFO에 대해 재
무 보고서의 내용이 진정이라고 하는 인증의무를 부여하고 있다. 지금까지는
재무 보고에 대해 공인회계사에 의한 감사가 있으면 족했지만 향후는 CEO 및
CFO가 스스로 선언하지 않으면 안 되면 안되게 강제하여 경영진의 책임을 강
화하는 것이다. 이에 위반하면 위에 언급한 것처럼 금고 20년 내지는 500 만
달러의 벌금을 부과하게 된다. 또 경영진에 대해서 내부거래와 관계되는 것에
대해 보고의무를 강화해 경영진이 유리한 조건으로 회사로부터 대부 및 기타
거래를 해서는 안되게 하였다.

3) 會計 事務所에 대한 監視 强化

또한 회계 사무소에 관해서 감시가 강화되었다. 아서·앤더슨이 엔론의 한 개 층을 통째로 세내어 한편으로 감사를 하면서 한편으로 컨설팅을 하고 엔론과 공모해 서류를 파기했다고 한 것은 앞서도 말한바와 같거니와, 이러한 사태의 방지를 위해 공개 회사회계 감시위원회라고 하는 것이 SEC(미 증권거래위원회)내에 설치되었다. 이것은 SEC에 의해 선임된 5명의 상근 위원 중 회계사 2명이 회계가 올바르게 행해지고 있는가를 감시하기 위한 위원회이다. 이 때문에 SEC 전체의 예산이 증액되어 이 위원회가 특별히 상장회사로부터 돈을 징수한다고 하는 점이 문제가 되고 있다.

SOA에서는 동일 고객에 대해서 감사와 컨설팅을 동시에 행하는 것이 금지되었다. 당초 미국 민주당 측으로부터 회계 사무소 내에 감사 부문과 컨설팅 부문 양쪽 모두 가지는 것 자체를 금지하는 안이 제출되었지만 회계 사무소로부터의 반발이 상당하였고 최종적으로 이를 금지하는 대신 동일 고객에 대해서 감사와 컨설팅을 동시에 할 수 없도록 하였다. 또한 같은 회계사가 동일 회사에 대해서 5년 넘게 감사업무를 할 수 없게 하였다.

(3) 證券市場 改革

뉴욕 증권거래소 및 NASDAQ에서의 상장 규칙이 2002년 7월 9일자로 개정되었다. 이것은 1933년의 증권법, 1934년의 증권거래법 이래 70년만에 있는 증권시장의 개혁이다. 이 개혁에서는 어널리스트의 중립성 확보 및 개인정보의 공시가 정해졌다. 특히 어널리스트가 스스로 거래를 행하고 있는 경우에 대하여는 이를 반드시 공개하여 가능한 한 중립성을 유지하도록 하는 것이 그 목적이다.

이와 더불어 뉴욕 증권거래소의 NASDAQ의 상장 규칙이 보다 엄격해졌다. 단지 사외에 있는 이사로서 사외이사 대신에 자회사와 아무런 관련도 가지지

않는 독립성을 가진 이사를 두게 하고 이들로서 이사회의 과반수를 구성하는
것이 강제되었다. 또 이사의 지명이나 보수의 결정을 행하는 지명 위원회나 보
수 위원회를 상장기업에 상설하도록 하는 것도 규정되었다. 다만 회계부정을
저지른 엔론도 이번 상설이 규정된 지명 위원회나 보수 위원회를 가지고 있었
다는 것이 문제였고 따라서 외적인 제도만을 강제로 규정하여도 이들이 기능
하지 않는다고 하는 문제는 여전히 남아 있다.

[표 4] 企業 會計 改革法의 主要 內容

분 야	세 부 內 容
1 企業의 감사기능 强化 · 회계 報告書의 정당성에 관한 經營陣의 責任 强化	· 감사 委員會의 기능 强化 · 디스크로저의 强化 · 企業 간부에 의한 자사주 매매의 제한 · 감사 법인에 대한 부당한 影響力의 행사를 금지
2 감사 법인의 규제 强化 · 회계기준 책정 과정의 재검토 · 감사 법인 監督機關의 신설	· 감사 대상 企業에의 감사 이외의 서비스 제공을 원칙 금지 · 감사 責任者가 일정한 기간을 넘어 동일 企業의 감사를 담당하는 것을 금지 · 회계기준을 책정하는 Financial Accounting Standards Board의 運營비 수입처를 擴大 · 다수결 주의 導入에 의한 회계기준 책정 작업의 신속화
3 외부 체크 기관의 기능 改善	· 증권분석가의 獨立性 强化 · 증권분석가와 대상 企業과의 이해관계 등의 개시 · SEC에 의한 격 첨부 會社에 관한 조사의 실시 · SEC의 예산 및 인원의 대폭 증강

第2節 獨 逸

독일에 있어서는 주주총회가 감사를 선임하고(독일주식법 제101조 제1항) 감사가 감사회를 조직한다(동법 제95조). 그리고 감사회가 개개의 이사를 선임한다. 이사는 1명 이상이고 300만 DM이상의 자본을 가진 회사는 원칙적으로 2명 이상이다 (동법 제76조 제2항). 이사회(vorstand)는 자기 책임 하에 회사를 경영할 의무가 있고 (동법 제76조 제1항), 복수의 이사가 존재하는 경우에는 공동대표, 공동업무집행이 원칙이다 (동법 제77조, 제78조). 이사회의 구성원인 이사는 감사회의 구성원 감사를 겸임할 수 없으므로 (동법 제105조 제1항) 집행과 감독이 완전히 분리 독립되어 있다. 따라서 독일은 집행과 감독이 완전히 분리된 이른바 이층제의 경영관리구조를 가지고 있다[121].

Ⅰ. 槪 觀

자본시장을 통한 외부지배구조가 발달하지 않은 독일에서는 회사법과 기타 관련법에서 정하고 있는 기업지배 관련 제도(내부지배구조)가 기업지배구조의 핵심을 이룬다. 대부분 독일의 대기업들은 주식회사의 형태를 갖추고 있다. 유한회사 형태로 운영되는 기업 중에도 대기업으로 분류될 수 있는 기업들도 상당수 있다. 주식회사와 유한회사는 각각 주식법과 유한회사법의 주로 적용을 받는다. 그러나 대규모 유한회사는 다음에 설명할 공동결정제도가 적용되는 경우 이사회 등 기업지배구조와 관련해서는 주식회사에 관한 규정이 준용된다. 다음에서는 독일 주식회사의 기업지배구조 및 이사회와 관련된 특성들을 살펴본다.

---

121) 권기범, 앞의 논문, p. 27 이하.

독일 주식회사의 이사회 제도는 경영이사회(Vorstand: management board)와 감독이사회(Aufsichtrat: supervisory board)로 구성되는 이원적 이사회(two-tier or dual board system)이다. 경영이사회는 경영업무를 독립적으로 집행하며, 외부에 대해 회사를 대표한다. 감독이사회는 경영진의 선임, 해임, 감독 및 자문 기능을 수행한다.

독일 기업의 이사회는 순수한 사내 이사로 구성되며 전적으로 회사 경영에만 전념한다. 이사회 임원수는 평균 4~5명으로 비교적 규모가 작은 편이다. 이원제 이사회 제도를 채택하고 있는 북유럽의 다른 국가들의 경우 이사회 구성원의 수는 평균 6~7명이며, 이사회와 감사회 공히 사내이사(감사)와 사외이사(감사)가 혼재되어 있다. 이 때, 사내 이사와 사외 이사의 비율은 반반으로 나타났으며, 정부의 지분율이 비교적 높은 편인 프랑스와 벨기에 기업의 이사회에서 사내 이사와 사외 이사의 구성비는 평균 1 : 2로 조사되었다.

단원제를 원칙으로 하는 미국에서도 일정 범위 이상의 사외이사를 확보하는 것이 상장 요건으로 되어 있어, 미국 대기업에 있어 사외 이사제는 의무적이다. 독일 기업 이사의 경력은 약 40% 정도가 내부승진자로, 외부인사가 이사로 초빙되는 경우가 더 많았다. 이때, 주로 신문공고(46%)가 이용되며, 주주가 지명하는 경우(26%), 그리고 감사회의 추천(2%)에 의해서 선임되기도 한다.

독일법상 주식회사에 있어서 경영은 이사회가 그리고 이에 대한 감독은 감사회가 전담하는 소위 이원주의가 법적으로 확립된 것은 앞서 본 바와 같이 1870년의 상법 개정시부터이다. 이러한 이원주의는 일단 감독기관의 구성이 제도적으로든 인적 구성으로든 경영기관인 이사회로부터 독립되어 있기 때문에, 그 권한과 책임 역시 경영기관의 그것과 준별되어 투명하게 존재한다[122]. 따라서 기능적인 측면에서 볼 때 이사회와 감사회가 경영과 감독이라는 별개의 임무로 전문화·특성화됨으로써 회사 전체의 경영 효율을 높일 수 있다는 장

---

122) Christian J. MeierSchatz, *Corporate Governance and Legal Rules:A Transnational Look at Concepts and Problems of Internal Management Control*, 13 J. Corp. L. 431, p. 464.

점을 갖고 있다[123]. 반면에 감사회 구성원의 시간과 정보의 부족, 감사회 의장의 사실상의 권한 강화, 대주주가 있는 경우에 필연적으로 발생하는 감사회 구성원의 주주총회에 대한 눈치보기 등은 과거 독일의 운용 경험에서 지적된 감사회제도의 단점들에 속한다[124].

이와는 반대로 회사의 경영과 감독이 이사회라는 동일한 기관에 전속되어 있는 이사회 일원주의는 사외이사들의 풍부한 전문지식과 경험의 활용·독립성과 중립성의 확보 등의 장점을 갖고 있지만, 시간과 정보의 부족으로 인한 경영감독의 부실화·최고경영자(CEO)에의 권한집중으로 인한 견제와 균형의 왜곡·대주주의 눈치보기 등의 나름대로의 약점을 여전히 갖고 있다고 한다[125]. 아래에서는 현행 독일의 이사회·감사회 이원주의 시스템 하에서의 경영감독 구조를 간략히 보기로 한다.

1. 經營監督機關으로서의 理事會

독일 주식법은 이사회·감사회의 이원주의적 경영감독체계를 택하고 있어 별도로 이사회 내부에서의 경영감독의 필요성은 다른 나라보다 크지 않다. 주식회사의 경영에 관하여 주식법이 공동대표와 공동업무집행을 원칙적인 형태로 규정하고 있는 것도 이사회 스스로에 의한 감독을 어렵게 하는 요인 중의 하나이다. 이런 연유로 기업실무상 겸임이사는 많이 볼 수 있지만 미국식의 엄밀한 의미에서의 사외이사(outside director)는 찾아보기 힘들다. 실제로 공개회사의 경우 이사는 당해 회사의 말단 직원부터 시작하여 10 ～ 20년 가까이 근무한 후 이사회 구성원으로 선임되는 사례가 대부분이라 한다[126].

그러나 이사회에 의한 자체적인 경영감독이 전혀 배제되는 것은 아니다.

---

123) *Ibid.*
124) *Ibid.*, pp. 464~466.
125) *Ibid.*, pp. 467~471.
126) Martin Frühauf, Geschäftsführung in der Unternehmenspraxis, ZGR 1998/Heft 3, S. 409.

"이사회는 자기책임 하에 회사를 경영할 의무가 있다"고 명시하고 있는 주식법 제76조 제1항의 해석상 당연히 이사회는 회사를 위태롭게 할 수 있는 요인들을 사전에 탐지하여 이에 대한 적절한 예방대책을 강구할 의무를 진다고 보는 것이 일반적이다[127]. 이에 의하면 예컨대 일정한 분야의 업무집행을 위임받은 개별 이사일지라도 다른 이사의 업무집행분야에 관하여 감독할 의무를 여전히 지게 된다[128]. 실제로 경영기관인 이사회 자체에 의한 이러한 내부적 경영통제는 독일의 기업실무에 있어서도 이미 오래 전부터 보편화된 현상이라 한다[129]. 최근의 콘트라법(KonTraG) 개정 입법이유서는 한걸음 더 나아가 이사회 스스로에 의한 이러한 내부적 수정 내지 감독(Interne Revision, Controlling) 이 독일 주식법상의 다양한 경영감독체계 중 "가장 결정적인 것"이라고 밝히고 있는바[130], 주식법 제91조 제2항에 "이사회는 회사의 존속을 위협하는 상황들을 미리 알 수 있도록 하는 적절한 조치들, 특히 감시시스템(Überwachungssystem)을 강구하여야 한다"고 명문화되었다. 적절한 내부적 감시시스템을 강구하지 아니하는 때에는 이사회 구성원은 주식법 제93조 제2항에 의한 손해배상책임을 지는 수가 있게 된다. 이사회의 이러한 내부적 경영감독 역시 감사회의 감사 대상이 된다[131].

그러나 독일의 이원주의 경영감독체계에 관하여 기업실무상 드러난 문제점은 이사회와 감사회간의 힘의 균형이 무너져 각기 기관이기주의에 빠지게 되는 것이라고 한다[132]. 이런 경우에는 회사 전체의 이익을 위한 의사결정보다는 자신의 이익이나 자기가 속한 기관의 관할권 유지가 더 중요한 요소로 작용하여 필연적으로 회사에 손해를 끼치게 된다고 한다.

---

127) P.Hommelhoff/D.Mattheus, Corporate Governance nach dem KonTraG, AG 1998/6, S. 251.
128) Thomas Raiser, Recht der Kapitalgesellschaften, 2.Aufl., S. 93, Rn. 23.
129) P.Hommelhoff/D.Mattheus, ibid.
130) Begründung zum Gesetzesentwurf der Bundesregierung, BT-Drucksache 13/9712, S. 11.
131) P.Hommelhoff/D.Mattheus, ibid.
132) Martin Frühauf, a. a. o., S. 410.

2. 經營監督機關으로서의 監査會

(1) 監査會의 法的地位

감사회는 1870년의 상법 개정에 의하여 처음 도입되어 1937년의 주식법 제정에 의하여 "순수한 경영감독기관"으로 된 주식회사의 필수기관이다. 그 주된 임무는 이사의 임면·이사회의 경영감독·이사와 회사간의 법률관계에 있어서 회사대표인데, 역시 가장 중요한 것은 경영에 대한 감독이다.

그러나 감사회도 정관 또는 감사회가 규정하는 때에는 예외적으로 업무집행에 관하여 동의권을 갖는다(주식법 제111조 제4항 제2문). 이 때 감사회는 동의를 거절할 수도 있으므로(주식법 제111조 제4항 제3문 내지 제5문), 실질적으로 보면 경영에 관하여도 상당한 관여권이 인정되는 셈이다[133].

(2) 監査會의 任務

그러나 감사회의 임무 중 가장 중요한 것은 역시 이사회의 업무집행에 대한 감독이다. 감독의 대상은 업무집행으로서(주식법 제111조 제1항), 그 적법성(Rechtsmäßigkeit) 뿐만 아니라 합목적성(Zweckmäßigkeit), 경제성(Wirtschatflichkeit) 등을 감사한다[134]. 이미 집행된 업무에 한정되는 것이 아니고 현재 계획 중인 장래의 경영계획도 포함된다[135]. 후자의 경우에는 말하자면 감사회가 이사회의 경영에 대하여 일종의 자문역할까지 하게 되는 셈이다. 그밖에 업무의 내부적 조정이라든지 직원의 임면 등도 감사의 대상이 됨은 물론이고[136], 주식법 제91조 제2항에 의거하여 이사회가 수립하는 자율적·

---

133) Thomas Raiser, Gesellschaftsrecht, 2.Aufl., S. 80.
134) Barbara Grunewald, Gesellschaftsrecht, 2.Aufl., 1996, S. 255, Rn. 66.
135) Hans-Joachim Mertens, in:Kölner Kommentar zum Aktiengesetz, Band 2, 2. Lief., 1996, Vorb. §95, Rn. 1; Thomas Raiser, Recht der Kapitalgesellschaften, 2.Aufl., S. 117, Rn. 2.

내부적인 경영감시시스템 역시 마찬가지이다[137]. 콘체른에 있어서 지배기업의 감사회는 콘체른재무제표를 감사할 권한을 가질 뿐만 아니라(주식법 제171조 제1항), 콘체른 종속회사가 지배기업 이사회의 지시에 따라야 하는 경우에는 그 종속회사의 업무집행에 대하여까지 감독권을 행사한다[138].

업무집행에 대한 감사의 정도는 회사의 경제적 상황에 따라 달라진다. 위기상황에서는 평상시보다 강력하게 업무집행을 감독하게 되지만, 통상적인 경우에는 수반적 감독(begleitende Überwachung)만을 하면 족하다[139]. 그러나 어느 경우든 감사회의 감독이 예비업무집행(Reservegeschäftsfü- hrung)이 되어서는 아니 된다[140].

업무집행에 대한 감사회의 감독권한은 집단적으로 행사되어야 한다[141]. 즉, 개별 감사회 구성원 명의가 아니라 감사회 자신의 명의로 감독권한을 행사하여야 한다. 이 점에서 이사회의 업무집행 및 회사대표방식과 다르다. 연방대법원도 감사회의 개별 구성원 명의의 소권을 인정하지 않고 있다[142]. 따라서 개별 구성원 내지 하부 위원회에 위임하는 것은 원칙적으로 허용되지 아니한다[143].

(3) 理事會의 監査會에 대한 報告義務

법은 감사회로 하여금 소정의 감독역할을 원활히 수행하도록 하기 위하여 이사회에게 보고의무를 지우고 있다(주식법 제90조). 이 보고의무의 범위는 상당히 방대하고 특히 미래의 장기·중기·단기에 걸친 경영전략이 포함되어 있는

---

136) Thomas Raiser, Recht der Kapitalgesellschaften, 2.Aufl., S. 117, Rn. 2.
137) P.Hommelhoff/D.Mattheus, a. a. o., SS. 252~253.
138) Thomas Raiser, Recht der Kapitalgesellschaften, 2.Aufl., S. 118, Rn. 4.
139) Ibid, 2.Aufl., S. 118, Rn. 3.
140) Barbara Grunewald, Gesellschaftsrecht, 2.Aufl., 1996, S. 255, Rn. 66.
141) K.Schmidt, Gesellschaftsrecht, 3.Aufl., S. 876.
142) Opel-Entscheidung, BGHZ 106, 54, NJW 1989, 979.
143) U.Hüffer, AktG, 3. Aufl., § 111, Rn. 9.

바, 1998년의 콘트라법(KonTraG) 개정에 의하여 그 범위가 더욱 확대되었다 (주식법 제90조). 이러한 방대한 보고의무를 이사회에 지우는 것은 기본적으로 이사회와 감사회 간의 권한 분장이 제대로 기능하도록 하기 위하여서인데[144], 특히 예방적 경영감독의 측면에서 볼 때 그 의미가 크다고 한다[145]. 감사회 스스로는 업무집행을 하는 기관이 아닌 만큼 효율적인 감독을 위하여는 업무 집행에 관한 사전 정보가 반드시 필요한데, 바로 이 역할을 이사회의 보고서가 하기 때문이다. 특별한 경우가 아닌 한 일반적으로는 이 보고서에 기재된 내용 이 감사회의 감사범위를 결정한다고 하여도 과언이 아니다[146]. 그밖에도 주식 법 제111조 제2항에 의하여 감사회는 회사의 장부나 문서 기타 재산상태에 대 한 열람 및 검사권(Einsichtsrecht)을 갖고[147], 이를 특정 감사회구성원이나 결산검사인 등의 전문가에게 위임할 수도 있다.

(4) 決算檢査人의 助力

감사회의 경영감독권은 회계전문가인 결산검사인(Abschlußprüfer)에 의하 여 뒷받침된다. 이 역시 1998년의 콘트라법 개정에 의하여 더욱 강화되었는데, 1931년의 비상입법에 의하여 독일법제에 결산검사인제도가 도입된 이래 이것 이 수행해 온 두 가지 기능, 즉 감사회 보조와 일반 공중에 대한 재무제표작성 의 공정성 확보 중 후자에 쏠렸던 무게 중심을 다시 전자로 돌린 것이 바로 그것이다(주식법 제111조 제2항, 제171조 제1항 제2문)[148]. 이에 의하여 감사 회의 전문성 부족이라는 종래의 결함이 상당히 보완되어 전체적으로 감사회의 경영감독기능이 개선될 것으로 예견되고 있다[149]. 논자에 따라서는 이처럼 결

---

144) K.Schmidt, Gesellschaftsrecht, 3.Aufl., S. 877.
145) Thomas Raiser, a. a. o., S. 117, Rn. 2.
146) P.Hommelhoff/D.Mattheus, a. a. o., SS. 253.
147) K.Schmidt, Gesellschaftsrecht, 3.Aufl., S. 829.
148) P.Hommelhoff/D.Mattheus, a. a. o., SS. 251~252.
149) Karl-Heinz Forster, Zum Zusammenspiel von Aufsichtsrat und Abschluß- prüfer nach dem KonTraG, AG 1999/5, S. 198 : P.Hommelhoff/D.Mattheus, a. a. o.,

산검사인에 의한 감사회 역할의 보조가 이사회 경영·감사회 감독이라는 독일식의 이원주의 지배구조가 통하기 위한 가장 중요한 전제조건이라고 보고 있기도 하다[150].

(5) 下部 委員會의 設置

감사회는 그 효율적인 경영감독을 위하여 산하에 필요한 위원회를 설치할 수 있다. 이는 감사회가 반년마다 1번 그리고 상장회사의 경우라도 겨우 반년에 두 번 열리면 되게 되어 있어 상시적인 경영감독에 문제가 있는 것을 보완하기 위하여 1998년의 콘트라법 개정에 의하여 명문화되었다(주식법 제107조 제3항 제1문, 제171조 제1항 제2문). 그리하여 영미에서 많이 볼 수 있는 "Audit Committee(Bilanzausschuß)" 등의 각종 위원회를 감사회 산하에 설치하여 활용할 수 있게 되었는바, 구체적으로 어떤 위원회를 어떻게 둘 것인가는 전적으로 감사회 업무규정에 위임되어 있다. 대기업의 경우에는 이미 실무상 Bilanzausschuß를 설치하여 활용하는 사례가 적지 않았다고 한다[151].

여하튼 위원회의 구성원들을 전문가들로 선임함으로써 전문화·내실화를 도모할 수 있게 되어 전체적으로 감사회의 경영감독업무의 질이 향상될 것으로 예견되고 있다[152]. 다만, 이러한 위원회가 감사회 자체를 대신하는 것은 아니고, 그 권한이 법적으로 상당히 제한되어 있다(주식법 제107조 제3항 제2문).

II. 最近 動向

독일 고유의 독자적인 회사지배구조에 관한 논의라고 할 수 있는 것은 일찍

S. 252.

150) P.Hommelhoff/D.Mattheus, *ibid*.

151) Hans-Joachim Mertens, *a. a. o.*, §107, Rn. 94

152) P.Hommelhoff/D.Mattheus, *a. a. o.*, SS. 254~255.

이 1970년대부터 활발히 논의되어 1980년의 기업법위원회 보고서로 마무리된 소위 기업조직법 논쟁이라 할 수 있으나, 이는 입법에 반영되지 못하고 실패하고 말았다. 그 후 1998년의 콘트라법(KonTraG)에 의한 주식법 개정에 이르러서야 비로소 전 세계적인 회사지배구조 논의와 맥을 같이하는 독일식의 논의가 시작되었다고 할 수 있다[153].

독일의 주식회사에 있어서 경영감독기구로서 경영감시기능을 제1차적으로 담당하는 것은 회사의 내부기관인 감사회(Aufsichtsrat)와 주주에 의한 감독(주주총회)이다. 1998년 기업의 통제와 투명성에 관한 법률(Gesetz zur Kontrolle and Tranzparenz im Unternehmensbereich)에 의한 주식법 개정은 감사회제도와 결산검사제도의 개선, 기업의 투명성 제고, 주주총회에 의한 경영통제의 강화, 1주 1의결권 원칙의 관철, 자금조달 제도의 보완, 금융기관의 영향력 제한을 주된 내용으로 하여 지배구조의 개선을 꾀하고 있다[154].

第3節 프랑스

프랑스에 있어서는 1966년의 상사회사법의 개정으로 주식회사의 경영감독을 강화하기 위하여 일층제 기구 소위 전통적 이사회를 가진 주식회사와 이층제 기구 즉 업무집행이사회와 업무감독이사회를 분리시킨 주식회사로 나누어져 있다[155]. 프랑스에서는 이층제의 실패와 일층제의 자기 감사의 모순 등이 지적됨에

---

153) P.Hommelhoff/D.Mattheus, a. a. o., S. 249 ff.
154) Theodor Baums, *Der Aufsichtsrat - Augaben und Reformfragen -*, ZIP 1995. S. 12: Klaus J. Hopt, *The German Two - Tier Board (Ausichtsrat) A German View on Corporate Governance*, K. J. Hopt / E. Wymeersch (ed.), *Comparative Corporate Governance*, 1997, p. 5 ; 유진희, "韓國商法의 未來(最近 獨逸 商法(總則, 會社法)改正을 바라보며)", 「한국법학 50년 ~ 과거·현재·미래(대한민국 건국 50주년 기념 제1회 韓國 法學者 大會 論文集)」 (Ⅲ), p. 889 이하 ; 권기범, 앞의 논문, p. 3 이하.
155) 원용수, "프랑스 株式會社의 支配構造에 관한 研究 -經營 및 監督構造를 中心으로

따라 최근에 미국법상의 회사지배구조를 소개하면서 'Corporate Governance'라는 표제를 붙여 지배구조에 대하여 활발히 논의하고 있다. 이 논의의 결과 경영자전국평의회(CNPF(Conseil National du Patronat Française))와 프랑스 민간기업단체(AFEP(Association Français des Entreprises Privées))가 공동으로 위원회를 설치하여 마련한 Viénot 보고서(1)가 1995년 7월에 공표되었고 1999년 7월에는 Viénot 보고서(2)가 공표되었다. 경영감독과 관련하여 프랑스의 주식회사운영에 있어 주주에 의한 감독은 성공하지 못한 것으로 평가되고 있으며 이러한원인을 주주들의 무관심과 무능으로 보고 있다[156]. 이하에서는 프랑스의 기본적인 이사회 구성의 형태와 프랑스 주식회사의 변화에 중요한 역할을 하고 있는 각종 보고서의 내용을 살펴보고자 한다.

I. 槪   觀

1. 基本的인 理事會 構造(一層的 構造)

앞서 언급한 일층제 형태의 이사회는 주식회사의 경영권이 이사회(conseil d'administration)와 대표이사(Président du conseil d' administration)에 분산되어 있다. 그리고 이사회 회장(사장 : Président)이 경영전반을 지휘한다(1966년의 프랑스 상사 회사법 제113조 제1항). 따라서 일층제는 미국의 경우와 같이 이사회는 회사의 경영권을 가지고 동시에 경영전반을 지휘하는 감독권을 가진다. 이사회는 회사의 명의로 행위할 광범위한 권한을 가지고 회사의 목적 범위 내에서 법률에 의하여 주주총회의 권한이 된 것을 제외하고 그 권한을 행사한다.(제98조 제1항). 이 밖에 이사회의 고유권한으로 구체적으로 들고 있는 것은 다음과 같다. 이사회는 대표이사를 지명 및 해임할 수 있고(1966년의 프랑스 상사회사법 제110조 제1항, 제3항) 이사회 회장을 보좌하는 집행원(directeur génerale)을

-", 「經營法律」제10집(韓國經營法律學會, 1999), p 260.
156) 원용수, 위의 논문, p. 275.

선임할 수 있으며 특정사항을 위하여 제3자에게 특별한 권한을 수여할 수 있는 (1967년의 프랑스 상사회사법 시행령 제90조 제1항) 등과 같이 회사의 기관의 일부를 선임하고 이들의 업무범위를 조정한다. 또한 이사회는 주주총회를 소집하고 의사일정을 정하고(1966년의 프랑스 상사회사법 제158조, 제160조), 년도 재무제표와 업무보고서를 주주총회에 제출하며(1966년의 프랑스상사회사법 제157조 제2항) 이사의 자기거래에 대하여 승인을 한다(1966년의 프랑스상사회사법 제101조). 그리고 이사회는 대표이사 또는 부대표이사의 보수를 결정한다(1966년의 프랑스상사회사법 제110조, 제115조). 대표이사는 이사회를 진행하고 회사의 전반적인 업무집행권(direction général de la société)을 갖는다[157].

2. 一層制下의 理事會 運營實態

(1) 理事會의 機能

이사회는 주식회사의 최고의 업무집행기관이며 감독기관이 되어야 한다는 것이 프랑스 다수설의 입장이다. 그러나 이사회는 대표이사의 권한을 견제하는 역할을 하지 못한다고 한다. 1994년에 Egon Zehnder Internatonal Executive Interim Management 연구소가 조사한 앙케이트에 의하면 이사회가 토론의 장소로서의 역할을 충분히 하지 못하는데 이러한 분위기는 대주주에 의하여 지배되는 이사회에서 더욱 심화된다. 또한 회사의 경영에 대한 이사의 정보권의 활용도 원활하게 되지 아니하고 있다고 한다. 이로 인하여 이사회는 단순한 회의실(simple chambres d'enregistrement)로 전락하였다. 이와 같은 현상은 프랑스 회사간 상호 이사 파견 내지 겸임의 성행으로 인한 것이 그 원인이 된다고 한다. 프랑스에서 가장 큰 상장회사 40개에 해당하는 소위 CAC 40의 회사에서 300석의 이사 직위를 단지 75인의 자연인이 차지하고 있다. 이와 같이 임원 겸직의 폐단이 크다.

---

157) 원용수, 위의 논문, pp. 260~263.

다음으로 이사회는 경영진에 대한 독립성이 부족한데서 이사회의 경영감독 기능이 훼손되고 있다고 한다. 회사법상으로는 주주총회가 이사회의 구성원인 이사를 선임·해임하게 되어 있으나 실제로는 대표이사가 이사를 선임·해임 하고 단지 이것을 주주총회에 동의를 구하는 방식으로 하고 있다. 따라서 이사회 구성원인 이사는 대표이사 등의 경영진에 자유롭지 못하다. Vuchot Ward Howell이 1995년에 한 조사에 의하면, 주식회사의 약 75%정도의 경우 대표이사가 이사를 선임하며, 70%이상의 이사가 대표이사의 그러한 위험한 결정에 대하여 저항하는 충분한 수단을 가지지 않는다고 한다.

(2) 社外理事의 必要性

프랑스에서는 일원적 이사회제도가 일반적이다. 그러나 이러한 제도에서는 실제로는 회사의 업무 집행권이 너무 대표이사에게 집중되어 있고 이사회의 독립성이 문제되기 때문에 이를 개선할 필요가 제기되었다. 이에 대한 조치로서 이사회에 사외이사의 참가를 주장하고 있다. 대표적인 것이 Vie'not 보고서이다. 이 보고서는「이사회에 독립이사를 참가시키는 것은 시장의 기대에 부응하고 이사회의 의결의 질을 향상시키며 회사 지배구조에 관한 전통적 원칙을 존중하는 것을 보증한다」라고 한다. 이와 같이 하나의 이사회에서 업무집행(의사결정)과 경영감독을 아울러 실행하는 일원적 경영관리구조에 있어서는 그 이사회의 경영감독권을 실효화 하기 위해서 독립이사(사외이사)의 이사회 참가가 필수적인 것이다[158].

3. 二層制 理事會

이 형태의 주식회사는 업무집행 이사회가 행하는 업무집행권과 업무감독 이사회가 행하는 경영감독권이 분리된 형태이다. 업무감독 이사회는 최하 3명 이

---

158) 원용수, 위의 논문, pp. 266~272.

상 최대 12명 이하로 구성된다(1966년의 프랑스 상사회사법 제129조). 그 구성
원은 창립총회나 주주총회에서 선임되고(동법 제134조), 반드시 주주이어야 한
다(제130조 이하).그러나 자연인에 한하지 않는다(제135조). 그 구성원은 주주
총회에서 언제라도 해임된다. 대표이사와 부대표이사는 업무감독 이사회를 소집
하고 이사회의 심의를 주재한다(제138조).

업무감독 이사회는 업무집행 이사회가 하는 업무집행을 영속적으로 감독한
다(동법 제128조 1항). 업무감독 이사회의 주된 경영감독의 범위는 업무집행에
관련한 경영권을 중심으로 한다. 업무감독 이사회는 이와 같은 경영권 감독을
위하여 언제나 적당하다고 인정되는 확인과 감독을 하며, 그 임무를 수행하기
위하여 유익하다고 판단되는 서류를 열람할 수 있다(1966년의 프랑스 상사회
사법 제128조 제3항). 이 감독권은 회계감사인에게 부여된 감독권과는 독립된
것이다. 업무감독 이사회는 회계감사인과 같이 회계의 규칙성에 관하여도 감독
하지만, 더 나아가 업무집행 이사회의 업무집행 행위가 적절한 지의 여부도 평
가한다. 업무집행 이사회는 적어도 3개월마다 1회 업무감독이사회에 보고서를
제출하여야 한다(1966년의 프랑스 상사회사법 제128조 제4항). 업무감독 이사
회는 개회가 된 날로부터 8일이 지나서 필요하다면 업무집행 이사회가 작성한
예견되는 상황을 담고 있는 서류와 이것을 분석한 보고서를 전달받아야 한다
(1966년의 프랑스 상사회사법 제340~2조). 또한 업무감독 이사회는 영업연도
종료 후 업무집행 이사회가 작성한 재무제표와 연결재무제표를 확인하고 검사
한다(1966년의 프랑스상사회사법 제128조 제5항). 업무집행 이사회는 영업연
도의 폐쇄 후 3개월 이내에 이 재무제표를 업무감독이사회에 제출하여야 한다.
그리고 업무감독 이사회는 매년 업무집행 이사회의 보고서에 관한 의견서를
제출해야 한다(1966년의 프랑스 상사회사법 제128조 제6항). 보증, 어음보증
및 담보의 제공은 금융업을 하는 회사를 제외하고는 반드시 업무감독 이사회
의 승인을 얻어야 하나, 기타 업무집행 이사회가 체결하는 계약에 대하여는 정
관으로 업무감독 이사회의 승인을 받도록 규정할 수 있다(동법 제128조 제2
항)[159].

4. 會計監査人 制度(commissaire aux comptes)[160]

프랑스의 회사지배구조와 관련하여 중요한 역할을 하는 기관에는 회계감사인, 1966년 7월 24일의 상사회사법(Loi n°66- 537 du 24 Juillet 1966 sur les sociétés commerciales)의 개정에 의하여 신설된 Société anonyme à directoire et conseil de surveillance의 업무감독이사회(Conseil de surveillance), 경영감정전문가(l'expert de gestion), 증권거래위원회(la Commission des opérations de bourse : C.O.B.), 기업운영위원회(comité d'entreprise) 및 결합기업운영위원회(comité de groupe)가 있다. 이러한 프랑스의 기본적인 주식회사 운영 시스템 가운데 주식회사의 경영감독을 담당하는 기관을 살펴본다면 중요한 것으로 회계감사인, 업무감독위원회, 기업운영위원회(Comité d'entreprise), 검사(Ministère public), 상사법원장 (Président du tribunal de commerce), 증권거래위원회(COB) 등을 들 수 있다. 프랑스에서는 이 가운데 주로 회계감사인과 업무감독이사회가 중요하므로 이에 대하여만 한정하여 살펴보기로 한다. 회계감사인의 프랑스 회사법상의 의의는 회사지배구조에 있어서 업무감독의 핵심적 기관이라는 점이다[161]. 이러한 회계감사인은 업무와 회계의 감사를 담당하는 주식회사의 필요적 상설기관인 바, 1966년의 프랑스 상사회사법 제218조 제1항에 의하면, 주식회사의 감독은 일인 또는 수인의 회계감사인에 의하여 이루어진다. 회계감사인은 각자가 독립하여 직무를 수행하고 권한을 행사하는 단독기관이라는 점에서 합의체 기관인 업무감독이사회와는 다르다. 또한 전통적으로 회계감사인은 주주의 수임인으로 간주되어 회사의 회계에 관해 누구보다도 더 잘 알고 있어서 스스로 의사를 표시하는 지위에 있게 되었고, 1966년의 프랑스 상사회사법과 1984년 3월 1일의 법[162]

---

159) 원용수, 위의 논문, pp. 266~281.
160) 원용수, "프랑스 株式會社의 支配構造에 관한 硏究", 「經營法律」제10집(韓國經營法律學會, 1999), pp. 15~20 참조.
161) Marini 보고서에서도 會計監査人의 獨立性을 증가시킬 것을 제안한 바 있다(동보고서 p. 98 참조).

에 의하여 주주와 제3자를 위하여 업무감독의 임무를 맡았다.

(1) 會計監査人의 權限

1) 情報權(droit à l'information)

회계감사인은 주주보다 더 광범위한 정보권을 인정받고 있다. 회계감사인은
모든 주주총회에 소집되어야 함은 물론이고 경과한 영업연도의 결산을 하는 이
사회의 회의에 소집되어야 한다(1966년 프랑스 상사회사법 제231조 및 1967년
프랑스 상사회사법 시행령 제192조 참조). 1966년의 상사회사법 제230조에 의하
면 회계감사인은 자기가 작성한 보고서를 주주총회에 제출하기 전에 확인하고
검증한 회계감사의 결과를 임원에게 숙지시켜야 한다고 규정되어 있다. 또한 회
계감사인은 대차대조표, 결산서류, 부속명세서 및 연결재무제표를 검토할 충분한
시간적 여유를 가져야 한다. 따라서 회사의 임원은 재무제표에 관하여 심의하는
주주총회의 소집 전 적어도 1개월 전까지 회사의 본점에서 회계감사인으로 하여
금 그 서류를 심사할 수 있게 해야 한다(1967년 프랑스 상사회사법 시행령 제
243조 제1항).

2) 調査權(droit de l'investigation)

프랑스 회사법상 회계감사인은 상당한 조사권을 인정받고 있다. 피감사회사
가 회계감사인에게 비밀이 없는 집(maison de verre)이 되어야 하고, 피감사
인회사와 이해관계가 있는 자연인이나 법인도 조사의 대상이 되어야 한다는
것은 당연하다. 그리고 자회사나 외관상 피감사회사와 관련이 없는 회사에서
조차도 사기적인 방법에 의하여 완벽한 계산서를 제시하는 경우도 있으므로

---

162) Loi n。 84-148 du 1er mars 1984 relative à la prévention et au règlement
amiable des difficultés des entreprises.

더욱 더 그렇다. 피감사인회사 이외의 자연인이나 법인인 제 3자를 조사하는 것은 어려움이 따른다.

1966년의 프랑스 상사회사법은 다음과 같이 세 가지의 범위로 나누어 조사 권을 규정하고 있다. 간단히 살펴보면 다음과 같다.

① 被監査會社 自身에 대한 調査權

회계감사인은 피감사회사에 대하여 매우 광범위한 조사권을 가지고 있다. 1966년의 프랑스 상사회사법 제 229조 제 1항은 회계감사인이 언제나 공동으로나 개별적으로 적당하다고 판단되는 검사와 감사를 하고, 임무수행에 유익하다고 생각되는 모든 서류, 특히 계산서, 장부 계산서류 및 의사록을 즉석에서 열람할 수 있다고 규정하고 있다. 이 규정은 회계감사인으로 하여금 회사의 재정적이며 법적인 회계상황을 계속적으로 감독하도록 요구하고 있다. 이런 회계 감사인의 역할은 수행하기가 매우 어려우므로 그는 회사의 경영을 구속할 수도 있다. 즉 회계감사인은 임원의 계산서류를 검증할 수 있도록 너무 친절하게 도울 수도 있고, 반대로 너무 생생하게 회계에 반대할 수 있다.

회계감사인에게 인정되는 조사권은 네 가지의 특성이 있다. 첫째, 이 조사권은 공공의 질서(ordre public)에 적합해야 한다. 또한 정관에 의하여 그러한 조사권을 제한할 수 없다. 왜냐하면 양심적이지 못한 다수주주는 소수주주 및 회사와 계약을 체결하는 자에게 이익이 되는 임무를 회계감사인이 수행하는 것을 방해할 생각이 들 수 있기 때문이다. 둘째, 조사권은 포괄적이다. 즉, 이러한 조사권은 회계감사인이 검증하는 것이 적절하다고 판단되는 모든 요소에 미친다. 위에서 언급한 바와 같이 1966년의 프랑스 상사회사법 제 229조는 회계감사인으로 하여금 즉석에서 그가 판단하기에 임무수행에 필요한 모든 서류를 전달받게 규정하고 있다. 이 서류에는 계약서, 상업장부 및 의사록 등이 포함되어 있으나, 여기에 열거한 것에만 한정되는 것은 아니다. 회계감사인은 자기의 임무수행에 유효하다고 판단되는 모든 서류의 전달을 요구할 수 있는 바,

특히 임원의 요구에 의하여 책임을 맡은 전문회계감사인(reviseurs)이 작성한 보고서와 상세한 회계분석장부까지 요구할 수 있다. 임원이 판단컨대 회계감사인의 임무수행에 무익한 서류를 회계감사인이 요구하더라도 그와 같은 서류전달을 단순히 거절하는 것은 바람직하지 않다. 왜냐하면 그것은 회계감사방해의 죄를 구성할 수 있다(1966년의 프랑스 상사회사법 제458조 참조).

셋째, 회계감사인의 조사권은 영속성을 띠고 있다. 이 권한은 영업연도 중 언제든지 행사되며, 임원이 회계를 결산할 때부터 주주총회가 승인할 때까지에만 행사되는 것은 아니다. 넷째, 회계감사인의 조사권은 회사의 올바른 운용을 방해하기 쉬운 상황에서 행사되어서는 안 된다. 1966년의 프랑스 상사회사법 제229조는 조사를 위한 열람청구권은 즉석에서 행사될 수 있다고 규정하고 있다. 왜냐하면 회사의 운영에 법적으로 꼭 필요하거나 실제로 없어서는 안될 서류가 회계감사인의 수중에 들어가 있어서 회사의 운영이 마비될 수도 있기 때문이다. 따라서 이 조사권에 복사할 권리가 내포되어 있다. 그리고 회사의 임원이 고의로 회계감사인의 이러한 임무를 방해하면 회계감사방해의 죄로 형사처벌을 받게 된다(1966년의 프랑스 상사회사법 제458조 참조).

② 같은 그룹에 속하는 會社에 대한 調査權

1966년의 프랑스 상사회사법 제229조 제3항에 의하면, 회계감사인은 동일한 그룹에 속하는 회사, 즉 모회사 또는 자회사에 대하여도 조사권을 가진다. 이 규정은 동일한 그룹에 속하는 회사라는 것을 구실 삼아 야기될 수 있는 사기적 행위를 방지하기 위해 상기 법에 신설되었다. 이 조사권은 두 가지의 측면에서 이해될 수 있다.

우선, 일반적인 경우로서 회사간에 한 회사가 다른 회사의 주식을 50%이상을 소유하고 있는 것과 같이 1966년의 프랑스 상사회사법 제354조가 정하는 지배회사와 종속회사의 관계가 있는 때에는 한 회사에 소속된 회계감사인은 두 회사 모두에 조사권을 행사할 수 있다. 그리고 회사들이 연결계산서를 사용하는 같은 그룹에 속하는 때에는 조사권은 그룹전체에 확대된다. 다음으로, 예외적인 회계감사인은 손자회사 회사 이외의 다른 기업 예컨대, 경제이익단체 (G.I.E.), 조합 등 에서도 조사할 수 있다. 이와 같이 조사권이 확대됨으로써 회사에 대한 유효한 통제가 보증된다.

③ 제3자에 대한 調査權

회계감사인은 피감사회사의 계산으로 임무를 수행한 제3자에 대하여 조사권은 행사할 수 있다(1966년의 프랑스 상사회사법 제229조 제1항). 이 규정은 주주의 이익을 보호할 필요성에서 영업비밀을 유지하는 것을 포기한 것이다. 그러나 이것에 관해서는 엄밀한 제한이 따른다. 우선, 제 3자는 피감사회사의 계산으로 임무를 수행해야 한다. 여기의 제 3자는 회사의 보조원이거나 수임인이어야 하지 회사와 어떠한 계약을 체결하는 제 3자는 아니다. 따라서 은행원, 증권거래원 및 회사의 공증인은 회계감사인의 조사대상이 되고, 회사의 고객이나 물품공급업자는 되지 아니한다. 이 문제에 관해서 이의를 제기하는 견해가 있으나, 프랑스의 국고(Trésor public)가 회사의 계산으로 업무를 수행하지 않기 때문에 회계감사인이 그러한 국고를 조사할 수는 없다. 둘째, 제 3자에 관한 정보가 회계감사인의 업무수행에 유용해야 한다. 1966년의 프랑스 상사회사법 제229조는 이에 관하여 침묵을 지키고 있으나, 통설의 입장이 그러하다. 그리고 회계감사인은 원칙적으로 질문만 할 수 없으며, 직접적으로 문서 열람은 요청할 수 없다. 이러한 정보 조사권은 법원의 결정에 의하여 허가를 얻지 아니하는 한 제 3자가 소지하는 서면, 계약서 기타의 문서 열람에까지 미치지 못한다(1966년의 프랑스 상사회사법 제229조 제5항). 따라서 많은 회계감사인은 은행에 대하여 회사의 회계장부에서 구할 수 있는 계산서류상의 대월액 총액을 확인해 달라고 요청하는 수가 빈번하게 있다. 그 이외에 회계감사인은 제 3자가 소지하는 문서를 열람하기 위해 상사법원장의 즉결심판에 의하여 허가를 받아야 한다(1967년의 프랑스 상사회사법 시행령 제190조). 마지막으로, 이해관계가 있는 제3자는 회계감사인이 하는 질문에 답변하는 것을 거부하기 위해 직업상의 비밀(secret professionnel)로 항변할 수 없다[163]. 이에 관한 규정은 법정되어 있지 않으나 필요하다고 할 수 있다. 왜냐하면 회사의 계산으로 활동하는 제3자는 일반적으로 직업상의 비밀을 지켜야 하는 은행가이거나 회계감사인이기 때문이다. 그럼에도 불구하고 1966년의 프랑스 상사회사법 제229조 제5항은 비밀이 절대적 특성을 갖는 법원의 보조자에 의한 경우에만 제한하고 있다. 여기에서 말하는 법원의 보조자는 변호사, 고등법원 소속의 법무사, 서기, 집달관, 파산관리이사, 위임청산인 및 사법감정인 등이다.

1966년의 프랑스 상사회사법은 그 당시까지 관련되는 판결이 상당히 있었음에도 불구하고 회계감사인의 검증작업에 응하려 하지 않는 제3자의 저항을 막기 위하여 특별한 제재 조치에 관한 규정을 두지 않았다. 이것은 분명히 입법상의 흠결이다. 그렇다고 해서 이에 관하여 1966년의 프랑스 상사회사법 제458조도 적용되지 아니한다. 왜냐하면 회계감사방해의 죄에 관한 조항인 이 규정은 피감사회사의 임원이나 피용인이 검증작업을 방해하는 때에 적용되기 때문이다.

(2) 業務監督理事會

업무감독이사회는 업무집행이사회에 의한 업무집행을 영속적으로 감독한다(1966년의 프랑스 상사회사법 제128조 제1항). 이것을 위하여 업무감독이사회는 언제나 적당하다고 인정되는 확인과 감독을 하며, 그 임무를 수행하기 위하여 유익하다고 판단되는 서류를 열람할 수 있다(1966년의 프랑스 상사회사법 제128조 제3항). 이와 같은 감독권은 회계감사인에게 부여된 감독권과는 독립되어 있다. 업무감독이사회는 회계감사인과 같이 회계의 규칙성에 관하여 감독

---

163) A. Couret, Le secret professionnel des commissaires aux comptes à l'épreuve des mesures d'infractions civiles, Bull. Joly 1996, p. 7. 이와 관련하여 Marini보고서는 회계감사인에게 감사위원회(comités d'audit)의 위원에 대한 비밀준수의무를 고양할 것을 권고한 바 있다(동보고서 p. 50 참조).

하지만, 더 나아가 업무집행이사회의 업무집행 행위가 시기 적절한 지의 여부
도 평가한다. 업무감독이사회는 그 임무수행에서 회계감사인이나 업무집행이사
회의 영역을 침범할 수 없고, 감독 자체도 경영에 개입하게 해서는 안된다.

업무집행이사회는 적어도 3개월마다 1회 업무감독이사회에 보고서를 제출하
여야 한다(1966년의 프랑스 상사회사법 제128조 제4항). 어떠한 법규정도 이
보고서의 내용에 담아야 할 내용을 규정하고 있지 않으나, 업무집행이사회가
업무감독이사회에게 가능하면 최대한으로 회사의 상황에 관한 정보를 제공해
야 한다.

업무감독이사회는 개회가 된 날로부터 8일이 지나서 필요하다면 업무집행이
사회가 작성한 예견되는 상황을 담고 있는 서류와 이것을 분석한 보고서를 전
달받아야 한다(1966년의 프랑스 상사회사법 제340-2조). 또한 업무감독이사회
는 영업연도 종료 후 업무집행이사회가 작성한 계산서류와 연결계산서류를 확
인하고 검사한다(1966년의 프랑스 상사회사법 제128조 제5항). 이 계산서류는
업무감독이사회에게 영업연도의 폐쇄 후 3개월 이내에 업무집행이사회에 의하
여 제출되어야 한다. 그리고 업무감독이사회는 매년 업무집행이사회의 보고서
에 관한 의견서를 제출해야 한다(1966년의 프랑스 상사회사법 제128조 제6항).

회사의 정관은 업무집행이사회가 체결하는 어떤 거래에 관하여 업무감독이
사회의 승인을 받도록 규정할 수 있다. 그러나 보증, 어음보증 및 담보의 제공
은 은행업 기타의 금융업을 영업으로 하는 회사를 제외하고는 반드시 업무감
독이사회의 승인을 얻어야 한다(1966년의 프랑스 상사회사법 제128조 제2항).

5. 會社支配構造上의 特徵[164]

프랑스의 회사지배구조론에서 여타의 회사지배구조와 다른 특이한 점은 국가
나 은행 및 대표이사(PDG : président directeur général)가 회사 운영에 있어

---

164) 이하, 원용수, "美國과 프랑스의 會社支配構造論의 比較考察", 「社會・敎育科學研
究」(淑明女子大學校 社會・敎育科學研究所, 2002), pp. 40~49 참조.

중심적인 역할을 한다는 점이다. 이러한 점에서 프랑스의 회사지배구조는 미국과 독일의 경우와 다르며 특히 국가에게 회사 운영의 중요한 역할을 맡긴다는 점에서 일본의 회사지배구조와 유사하다고 할 수 있다. 프랑스 회사지배구조상의 특징만을 몇 가지 정리해보면, 앞서 언급했듯이 프랑스는 1966년 7월 24일의 상사회사법 개정에 의하여 이사회 제도를 일원적 이사회제도와 이원적 이사회제도를 선택하게끔 했다. 이 가운데 이원적 이사회제도는 거의 선택되지 않는 실패한 제도로 평가받고 있다. 그러나 일원적 이사회제도에 대한 비판이 없는 것은 아니고 이러한 일원적 이사회제도가 회사지배구조의 개선의 대상이 되어야 한다는 견해가 지배적인 것이다. 그 이유를 프랑스 회사법상 회사의 업무집행회사의 업무집행권을 너무 대표이사에게 집중시키고 있기 때문이라고 보고 프랑스 대표이사가 거의 무한의 통제력을 가지고 있다고 한다[165]. 따라서 대부분의 프랑스 대규모의 주식회사에서는 대표이사가 사실상 이사회를 지배한다고 할 것이다. 또한 이러한 대표이사의 경영기구상의 폐단이 많다는 지적에 따라 미국법상의 독립이사제도의 도입을 신중히 검토해야 한다는 견해가 제시되었으며 이에 따라 Viénot(1)보고서와 (2)보고서는 독립이사의 필요성을 강조하고 있다. 실제 이러한 보고서의 발표 이후 회사 운영의 실무상에서 많은 변화가 있을 것임을 예고하는 몇 가지의 사례가 있었다[166].

다음으로 프랑스 회사법은 전문경영인을 회사에 영입하는 것을 보장하고 있는데 그것이 바로 부대표이사제도이다. 프랑스 회사법에서 부대표이사는 대표이사의 그림자 또는 오른팔(l'ombre ou le bars droit)로서 대표이사를 보좌하는 역할을 한다[167]. 즉 프랑스 상사회사법 제115조는 이사회는 대표이사의 제안으로 자연인에게 부대표이사로서 대표이사를 보좌하는 위임을 할 수 있다고

---

165) 원용수, 위의 논문, p. 41 참조.
166) Viénot(1)보고서가 나온 후 Parisbas 은행은 업무감독이사회(conseil de surveillance)에 소수주주협회(l'Association des actionnaires minorités)의 여회장인 Colette Neuville을 사외이사로 선임하였으며, Usinor Sacilor는 철학교수인 Alain Etchegoyen을 독립이사로 선임한 사실이 유명하다.
167) Maurice Cozian et Alain Viandier, Droit des sociétés, Litec, 1998, p. 252.

규정하고 있다. 이러한 부대표이사는 고유의 권한을 가지지는 않고 제3자에 대하여는 대표이사와 동일한 대표권을 가진다(프랑스 상사회사법 제117조 제2항). 이 때문에 대표이사와 부대표이사의 기능이 분리되어야 부대표이사제도가 활성화 될 수 있다는 견해가 오랫동안 제기되어 왔고 이에 따라 Viénot(2)보고서에서는 대표이사와 부대표이사의 기능 분리에 대하여 제안하고 있다. 1995년에 발간된 Viénot(1) 보고서는 대표이사와 부대표이사의 겸임 내지는 분리가 제대로 기능하고 있는지의 여부를 정기적으로 검사하는 것은 이사회의 몫이다.

프랑스 회사지배구조론의 핵심은 영·미 기관투자가들의 자본을 프랑스에 끌어들이면서 세계화 기업전략에 유리하게 하는 영·미 회사지배구조론을 검토하여 프랑스 회사법에 적절히 반영하는 것을 고려하는데 있다고 할 수 있다. 그리하여 영·미식의 이사감독제도의 신중한 도입이 Marini보고서와 Viénot보고서에 의하여 주장되었다. 그러나 이에 관한 프랑스 전문가들의 다수 의견은 프랑스 회사법 전체에 걸친 수정이 필요한 상황에서 그 도입이 신중하게 되어야 한다고 보는 입장이다. 그러나 프랑스 회사법은 미국법과 거의 유사한 입장이다[168].

Ⅱ. 最近 動向

1. 各種 報告書上의 改善 論議[169]

(1) 마리니(Marini) 報告書

이 보고서는 66년 법의 개정 필요성을 다음과 같이 설명하고 있다. 국제화의 요청에 응하고 아울러 경쟁력 있는 법제도 아래서 기업이 활동하기 위해서

---

168) 이상 원용수, 앞의 논문, p. 49.
169) 이에 대해서는 강희갑, 앞의 논문(각주 10), pp. 1156~1162 참조.

는 계약자유의 영역을 확보할 필요가 있다. 그리고 회사법은 금융권, 세법, 회계법, 노동법 등의 규율과 경합되는 결과 불일치와 모순, 법의 흠결 등이 발생한다. 또 66년 법은 몇 차례의 개정으로 그 자체 일관성을 상실했으며 매우 조문이 많고 복잡하고 과잉규제로 말미암아 그 실효성을 잃었다. 최근 미국, 영국에서는 회사 지배구조에 대한 논의가 매우 활발한데 프랑스의 상장회사 주식가운데 평균 30%가 해외투자가에 의해 보유되고 있다. 따라서 프랑스에서도 66년 법의 개정을 문제삼을 단계에 이르렀다고 한다. 이런 문제의식에서 이 보고서는 기업자유의 촉진, 양질의 회사운영, 기업내부의 권한과 책임의 균형촉진 등 세 가지 관점에서 제안하고 있다.

1) 企業 自由의 促進

이 보고서는 기업의 자유를 촉진하기 위해서 보다 중립적인 법과 유연한 법이 필요하다고 한다. 전자에 대해서는 다른 기업형태간에서 세법의 중립성 확보, 후자에 대해서는 회사 형태의 다양성 유지 강화, 규정의 간이화, 계약자유의 촉진이 필요하다고 한다.

첫째, 기업형태의 다양성의 유지와 강화에 대해서는 1인 간이 주식회사의 승인(이는 1999년 7월 12일의 법률에 의하여 실현됨), 유한회사와 주식회사의 최저 자본금의 인상, 상장회사와 비 상장회사간의 규제에 차이를 둘 것을 제안했다.

둘째, 규정의 간이화와 계약 자유의 촉진에 대해서는 유한회사의 사원총수 제한의 폐지, 유한회사, 사원의 지분양도요건의 완화를 제안했다. 그리고 주식회사 일반에 대해서는 2명의 발기인에 의한 주식회사의 설립의 인정, 비 상장 주식회사에 있어서는 일인회사 설립의 인정, 주주간의 계약에 대한 규정, 서면에 의한 주주총회결의의 인정, 주주총회의 정족수와 결의요건을 정관에 의하여 가중할 수 있도록 하는 등을 제안했다.

2) 健全한 會社運營

① 企業經營 方法의 改善

회사 기관의 운영방법의 개선과 유가증권의 현대화의 필요성을 들고 있다. 먼저 회사기관의 운영방법의 개선에 대해서는 다음과 같은 것을 들고 있다. 이는 비에노(Vie'not)보고서(1)의 내용과도 관련된다. 상장회사에 대하여 이층제 기구의 채택을 강제하거나 일층제 기구아래서 이사회 회장과 업무전반의 지휘자의 분리를 강제하거나 독립이사의 도입을 강제하는 것은 피해야 한다고 한다. 또 소수주주의 대표자를 이사회로 할 것을 법률로 강제하는 것도 곤란하다고 한다.

사용인 겸 이사의 수를 모든 이사의 1/3 이내로의 제한규정을(프랑스 상사회사법 제93조) 모든 이사의 1/2 이내로 완화해야 한다고 한다. 또 주식회사의 이사회 회장이 2개 회사를 초과해서 다른 회사의 이사회 회장을 겸임하는 것을 금지하고 있으나(동법 제111조 제1항), 대규모 회사의 이사회 회장에 대해서는 이외에 4개 회사의 이사를 겸임하는 것도 금지하도록 하고 있다. 그리고 현행법은 이사회가 일정한 문제를 검토하기 위하여 내부에 위원회를 둘 수 있다고 있으나(상사회사에 관한 1967년 3월23일자 칙령 제90조 제2항), 이외에 이사회가 내부에 특별위원회(이사지명위원회, 보수위원회, 감사위원회)를 설치하고 여기에 이사회의 권한 일부를 위양할 수 있도록 한다.

다음으로 유가증권법의 현대화에 대해서는 유가증권제도의 간이화와 통합, 유가증권 방행수권절차의 정비, 유가증권발행절차의 완화, 투자증서와 복합증권의 소지인의 보호, 자기주식취득제도의 개선 등을 들고 있다.

② 企業實體의 考慮

의결권과 주식의 양도에 관한 주주간 계약의 명확화, 소수주주의 주식매수청구권(금융시장 이사회 일반규칙 5의 6의 1조)과 지배주주의 주식 강제매수권 (동규칙 5의 7의 1조)를 폐쇄회사 주주에게도 인정하고 결합기업법의 정비도 필요하다고 한다.

③ 企業 內部의 權限과 責任의 均衡促進

내부감독의 개선과 회사 관련 형벌규정의 개혁이 필요하다고 한다. 먼저 내부감독의 개선에 대해서는 주주의 역할을 재평가하고 회계감사의 역할을 명확히 할 필요가 있다고 한다. 주주역할의 재평가에 대해서는 주주에 의한 주주권의 직접적인 행사를 촉진하고(주주에 의한 주주명단의 열람승인, 통상총회의 소집기간의 연장, 최고의결권제도(프랑스상사회사법 제177조)의 제한 등) 중간조직(주주단체 등)에게 책임을 지도록 할 것(주주단체가 행사할 수 있는 권리의 확대, 주주단체 결성요건의 완화)을 제안한다. 회계감사의 역할의 명확화에 대해서는 회계감사(일정한 감사능력을 인정받고 명부에 등록된 자 가운데 선임(프랑스 상사회사법 제219조)되고 회계감사이외의 상당한 범위의 업무감사와 직무권한을 가진다(동법 제228조, 제230조의 1, 제233조 등)의 직무의 명확화와 독립성을 높일 필요가 있다. 다음으로 회사에 관한 형벌규정의 개혁에 대해서는 형식적인 과실행위에 대한 형벌규정의 폐지, 일정한 위법행위에 대한 새로운 형벌 규정의 설치를 제안하고 있다.

(2) 비에노(Vie'not)報告書(1)

1995년 7월에 공표된 「상장회사의 이사회」라는 제목이 붙어 있는 비에노 보고서는 상장회사의 이사회의 직무권한, 구성, 운영에 대하여 다음과 같은 실무상의 권고를 하고 66년 법의 개정을 촉구하고 있다.

1) 理事會의 職務權限

이사회는 기업의 전략을 결정하고 그 전략의 범위 내에서 기업을 경영할 의무를 지는 「회사의 수임자」를 선임하며 회사의 경영을 감독하고 재무제표를 통해서 또는 매우 중요한 거래시에 주주와 시장에 대하여 제공되는 정보의 질에 주의를 다하여야 한다. 이와 같은 이사회의 직무의 목표는 회사의 이익을 도모하는데 있다. 그리고 이와 같은 직무의 수행을 위하여 이사회는 그 구성, 조직, 운영(이사회 회의 개최 회수, 시간, 각 이사가 입수한 정보가 이사회의 직무수행에 적합한가, 이사회내 위원회 설치와 독립이사 참가가 시의 적절한가 등)을 정기적으로 검토하고 이사회가 채택한 입장과 강구한 조치를 주주에게 알릴 의무를 진다.

이사회와 이사회 회장과의 관계에 대해서는 이 보고서는 회사기관이 잘 기능하기 위해서는 이사회 내부의 권한 분배에 있어서 이사회에 광범위한 재량을 인정하도록 한다. 기업전략을 세우고 이것을 제안하는 것은 회장의 권한이고 전략을 결정하고 전략상 중요한 거래를 검토하여 결정하는 것은 이사회의 권한으로 한다. 이사회 회장과 업무전반의 지휘자의 분리 문제에 대해서는 다음과 같이 보고 있다. 양자의 분리는 업무를 담당하는 이사가 이사회의 다수를 차지할 수 있는 상황에서는 의미가 있으나 프랑스에서는 이러한 상황이 없다. 또 프랑스법은 이층제 기구라는 선택을 인정하고 있으므로 업무집행과 그 감독의 엄격한 분리를 바라는 회사는 이층제 기구를 채택할 수 있다. 프랑스의 대부분의 상장회사가 일층제 기구를 채택하고 있다면 이는 양자의 엄격한 분리는 거의 모든 경우에 필요한 것이 아니고 또 훌륭한 경영과 효과적인 감독을 위한 필요조건이 아니라는 것을 뜻한다고 한다.

2) 理事會의 構成

이 보고서는 이사회의 구성에 대하여 그 구성 및 이사의 출신 모체를 어떤 형태를 할 것이며 주주전체를 대표하고 있다는 원칙을 재확인하도록 한다. 그리고 이사회는 이를 위하여 이사회의 구성과 그 내부위원회의 구성이 바람직한 것인가를 자문해보고 아울러 이사회가 독립성과 객관성을 가지고 그 직무를 수행하고 있음을 주주와 시장에 대하여 보증하기 위하여 적절한 조치를 강구할 의무를 지도록 한다. 독립이사에 대해서는 독립이사를 「회사 또는 그 그룹내의 회사와 직접·간접적인 이해관계를 가지지 않으며 이사회에 완전히 객관적으로 참가하고 있다고 볼 수 있는 이사」로 정의하고, 상장회사의 이사회에서는 최저 2명의 독립이사를 두는 것이 바람직하고 다만 이사회의 최적 구성에 대해서는 각 이사회가 개별적으로 판단하도록 한다. 소수주주와 같은 특정이익을 대표하는 이사를 두는 것에 대해서는 이 보고서는 부정적이며 오히려복수의 독립이사를 두는 쪽이 바람직하다고 한다. 주식의 상호보유와 겸임이사의 문제에 대해서는 장차 상호보유를 해소하는 것이 바람직하며 이사회의 최적 구성을 검토함에 있어서는 겸임이사의 수가 많게 됨에 지나지 않도록 특히주의하도록 한다. 그리고 이사와 회사수임자의 지명에 대해서는 각 이사회가그 내부에 이사 및 회사 수임자 지명위원회를 둘 것을 권고한다. 이를 두지 않는 경우는 그 직무를 보수위원회에 위임하도록 한다.

3) 理事會의 運營

이사회는 스스로 그 직무를 수행할 수 있기 위해서 강구한 조치를 주주에게설명하고 이사회의 조직과 운영이 그 직무에 적합한가를 정기적으로 검토할의무를 지도록 한다. 이사회내의 특별위원회에 대해서는 적어도 이사지명위원회, 감사위원회를 두고 정기주주총회 시에 그 위원회의 존재와 전 영업년도 중에서 개최한 회의의 회수를 주주에게 알리도록 권고한다. 마지막으로 이 보고서는 상장회사의 모든 이사가 부담해야 하는 의무를 열거하고 있다. Ⓐ 이사취임승낙 시에 이사로서의 의무의 내용을 잘 이해할 것 Ⓑ 그 회사의 주식을 보유할 것 Ⓒ 주주 전체의 대표자로서 회사의 이익을 위하여 행동할 것 Ⓓ 자기

가 이해관계를 가진 거래의 승인을 위한 이사회의 결의에 참가하지 않을 것
Ⓔ 필요한 시간과 주의를 그 직무에 쏟을 것 Ⓕ 이사회와 자신이 맡고 있는
위원회에 출석할 것 Ⓖ 이사회의 심의에 필요한 정보를 취득할 것(필요하면
회장에게 요구할 것) Ⓗ 직무수행시에 취득한 비공개정보에 대하여 전문가로
서의 수비의무(수비의무)를 부담할 것 Ⓘ 직무상 취득한 정보를 사용하여 자
사주식의 거래를 하지 않을 것 등이다.

(3) 비에노(Vie'not)報告書(2)

1999년 7월에 공표된 비에노 보고서(2)는 1995년 이후의 실무계의 움직임
을 고려하여 비에노 보고서(1)에서 이미 검토한 문제와 새로운 문제에 대하여
입법제안과 실무상의 권고를 하고 있다.

1) 理事會會長과 業務全般의 指揮者의 分離

이 보고서는 보고서(1)과 달리 양자를 분리할 것인지에 대한 판단을 이사회
에 위임하고 양자의 겸임을 강제하는 현행 규정(전술 프랑스상사회사법 제113
조 1항 참조)을 개정할 것을 제안하고 있다. 이사회가 양자의 분리를 선택한
경우에는 그 이유를 연차보고서로써 주주에게 공시하고 이사회 내규로써 회장
의 권한(회장에 갈음하여 업무전반을 지휘하는 집행임원의 권한 및 이사회의
권한과 회장의 권한과의 관계)을 명백히 할 것이라고 한다.

2) 上場會社 業務執行者의 報酬의 公示

이 보고서는 상장회사의 업무집행자가 받는 보수에 대한 정보를 공시하도록
했다. 연차보고서에 장을 두고 제1장에서 회사의 업무집행자의 보수의 결정방
침을 성명하고 제2장에서 업무집행자가 받는 모든 종류의 보수를 공시하며 제3

장에서 이사가 받는 이사회 출석 수당의 총액과 개별 금액을 표시하도록 했다.

3) 理事會와 理事會內 委員會의 運營

이 보고서는 이사회에 대하여 그 구성, 조직, 운영을 정기적으로 검토하고 이러한 정기적인 검토를 한다는 사실을 연차보고서를 통해서 주주에게 공시하도록 한다. 독립이사에 대하여는 이를 「당해 회사 또는 그 그룹회사와 그 자유로운 판단에 영향을 미칠 가능성이 있는 관계를 가지지 아니한 자」로 정의하고 연차보고서에서 독립이사를 명백히 할 것을 요구한다. 또 이사회와 이사회내 위원회가 그 개최 회수, 회의 시간에 대하여 검토하고 철저히 논의할 수 있고 또 회사가 직무를 완전히 수행할 수 있도록 충분하고 적절한 그리고 양질의 정보를 이사에게 적시에 제공하도록 하고 있다. 그리고 이사회내 위원회의 운영에 대해서는 이 위원회가 그 권한의 행사에 있어서 이사회 회장에게 통지하고 회사의 주된 업무 집행자와 연락을 하며 그 권한 내의 사항에 관하여 외부전문가에게 조사를 의뢰하는 것을 인정하도록 한다. 또한 이사회내의 감사위원회에 대하여 당해 회사와 그룹회사가 당해 회사의 감사인이 소속한 회계사무소에 대하여 지급한 감사보수와 상담보수액, 그 액이 그 사무소가 그 연도에 받은 보수총액에 차지하는 비율 그리고 당해 회사가 회계감사소속사무소에 상담직무를 의뢰한 사실을 매년 이사회에 보고할 것을 요구한다. 이 밖에 이사회내의 지명위원회에 대하여 회사대표자의 후임인사에 관한 계획을 세울 것을 요구하고 있다.

4) 上場會社의 株式買受選擇權 計劃의 公示

이 보고서는 상장회사가 주식매수선택권을 두는 경우에 그 연차보고서의 회사 자본구성 및 변동보고에 관한 부분에 주식매수선택권에 관한 장을 두어 모든 수익자에게 주식매수청구권 부여의 방침을 표시하도록 한다.

5) 理事

이 보고서는 이사의 임기를 4년(현행법은 6년 : 프랑스 상사회사법 제90조 제1항)을 초과하지 않는 범위에서 정관으로 정하도록 한다. 또 연차보고서에 각 이사의 연령, 그 중요한 직무, 그룹 외의 다른 상장회사의 겸임상황, 이사가 참가하는 이사회내 위원회를 표시하도록 하고 있다. 그리고 이사의 선임과 연임이 주주총회의 의제로 되는 경우에는 그 연차보고서와 주주총회의 소집 통지에 이사 후보자의 이력의 개요 및 보유하는 자사 주식의 수를 표시하도록 한다. 또한 업무담당이사가 그룹 외의 5개 이상의 상장 회사의 이사를 겸하는 것을 금지한다. 이 밖에 이 보고서는 연결 결산서류의 공표, 공개 매수기간 중에는 특별총회의 결의로 증자의 권한을 이사회에 수여하지 않을 것 등을 권고하고 있다.

2. 主要 商事會社法 改正

(1) 單純株式・合資會社(SAS)와 自由職業人會社(SEL)[170]

프랑스가 1990년대에 들어오면서 제정한 새로운 기업형태에는 단순주식・합자회사(la société par actions simplifiée : SAS)[171]와 자유직업인회사(la société d'exercice libéral : SEL)가 있다. 이는 프랑스 회사제도를 경쟁체제에 맞게 준비하기 위하여 제정된 회사형태로서 단순주식・합자회사는 1994년 1월 3일 개정회사법에 의하여 제정되었으며 자유직업인회사는 1990년 12월 31일의 법에 의하여 신설되었다. 아래에서는 이 두 회사제도 가운데 그 기본적인 특징과 경영감독기관에 대하여만 간략히 살펴보기로 한다.

---

170) 이하 내용은 원용수, "프랑스 會社法上 單純株式・合資會社(SAS)와 自由職業人會社(SEL)", 「經營法律」제7집(韓國經營法律學會, 1997), pp. 347~372를 참조하여 설명함.

171) '간이주식회사'라고도 번역한다.

1) 單純株式・合資會社(SAS)의 特徵과 經營監督機關

단순주식・합자회사의 특성을 다른 회사와 비교하여 살펴보면 우선, 이 회사는 주식회사 및 주식합자회사와 비슷한 유형의 회사로 그 자본은 적어도 150만 프랑이고 구성원은 2인 이상의 사원으로 구성된다. 둘째, 단순주식・합자회사의 자본은 그 지분의 인수시 전액의 납입이 있어야 하고 동회사의 지분의 공모가 인정되지 않는다. 셋째, 단순주식・합자회사의 구성원은 정관에서 업무집행기관과 최고의사를 결정하는 기관의 성격과 기능은 물론 집합적 결정(décisions collectives)이 내려지는 조건과 양식을 자유로이 결정한다. 회사를 대표하는 대표이사는 반드시 있어야 하며 중요사항의 결정은 모든 사원의 합의에 의하여 이루어진다. 넷째, 단순주식・합자회사는 사원의 계약상대방을 고려한다는 원칙(intuitus personae)에 의하여 강하게 특징지워지고, 이러한 특징을 유지하기 위하여 그 정관에 사원의 합의에 의하여 많은 조항이 삽입될 수 있다는 점 등이 특징이다[172].

단순주식・합자회사의 업무감독은 진행된 업무와 관련된 회계를 감사하기 위하여 소집된 사원총회의 개최 중에 사원에 의하여 이루어진다. 그러나 그 사원은 정관에 의하여 업무감독임원을 둘 수 있다. 따라서 단순주식・합자회사는 주식회사의 업무감독기관과 유사한 기관에 의하여 회계감사를 받고 또한 주식회사와 동일한 조건 하에 기업운영의 평가를 받을 수 있다. 그리고 단순주식・합자회사의 업무감독은 규칙적으로 외부감사에 의해 행하여 질 수 있다. 단순주식・합자회사는 그 사원의 합의에 의하여 선임된 1인 또는 수인의 회계감사인[173]에 의하여 업무와 회계의 감독을 받는다(상사회사법 제262-10조). 이러한 회계감사인의 선임요건, 특성, 보수 및 책임에 관한 것은 주식회사의 관련 규정과 동일하다(상사회사법 제218조 및 제262-1조 제2항). 또한 단순주식・

---

172) 원용수, 앞의 논문, p. 352.
173) 이에 관한 상세는 원용수, "프랑스 商事會社法上 會計監査人에 관한 小考", 손주찬교수 고희기념논문집, 삼성출판사, 1993, p. 369 이하 참조.

합자회사에서는 주식회사의 경우와 마찬가지로 자본의 10% 이상을 가진 1인 또는 수인의 사원은 회사의 업무수행에 관한 보고서를 작성하는 책임이 있는 1인 또는 수인의 평가인(Expert)의 선임을 법원에 요구할 수 있다(상사회사법 제262-1조 제2항)[174].

2) 自由職業人會社(SEL)의 特徵과 經營監督機關

이 회사제도는 의사·변호사·회계사·와 같은 전문자유직업에 종사하는 자가 자본을 모으고 망상조직을 형성하도록 하여 국제경쟁에 대처할 수 있도록 하는 제도인 것이다. 1992년 1월 1일부터 시행된 자유직업인회사는 법인격을 가지고 있으며, 법상 유한책임자유직업인회사(la sociéte d'exercice libéral à responsabilité limitée ; SELARL), 주식자유직업인회사(la société d'exercice libéral à forme anonyme ; SELAFA), 주식합자자유직업인회사 (la société d'exercice en commandite par actions ; SELCA), 자유직업인익명회사(la société en participation d'exercice libéral)의 네 가지로 나뉜다. 그리고 이 법의 시행을 위하여 다수의 시행령을 제정하였다.

이 자유기업인회사의 특징 중에서 중요한 몇 가지만을 간략히 소개하면 다음과 같다. 첫째, 자유직업인회사는 자본보유에 관한 규칙이 매우 엄격하다. 즉, 회사내부에서 업무활동을 하는 자유직업인은 그 회사의 자본과 의결권의 1/2이상을 보유하여야 한다. 또한 할당을 기다리는 자본의 부분은 회사의 목적에 적합한 직업상 업무활동을 하는 자연인이나 법인에 의해 보유될 수 있다. 둘째, 새로 입사한 사원에 대한 동의는 계약상대방을 고려한다는 원칙을 준수하는 것을 보장하기 위하여 엄격한 원칙을 준수해야 한다. 셋째, 자유직업인회사의 모든 임원은 회사 내부에서 업무활동을 하는 전문직업인이어야 한다. 이 원칙은 SELARL의 임원, SELAFA의 대표이사 및 부대표이사 그리고 SELCA의 모든 업무담당사원인 무한책임사원에게 적용된다. 그 밖에도

---

174) 원용수, 앞의 논문(각주 168), pp. 358~359.

SELAFA의 이사의 적어도 2/3에게도 적용된다[175]. 자유기업인회사는 그 신설 목표가 미래의 세계화 내지는 국제화시대에 경쟁력 있는 회사제도로서 무한한 발전을 지향하고 있으며 1995년 7월 1일 독일의 동업회사법과 보조를 맞추어 가면서 E.U 법차원으로 발전할 가능성이 있는 제도이다[176].

(2) 最近의 商事會社法 改正內容

종래 프랑스에는 대규모회사가 합작사업을 하는데 적합한 회사 형태가 존재하지 않았다. 여기서 1994년 1월 3일의 법률은 주식회사의 업무집행구성, 주주총회에 관한 규정의 적용을 받지 않고 정관의 자치가 광범하게 인정되는 단순주식·합자회사제도를 도입했다(제262조의 1 이하). 그리고 1999년 7월 12일의 법률에 의하여 개정되기 전에는 단순주식·합자회사의 사원은 자본금 150만 프랑 이상의 회사만이 될 수 있고 1인 회사는 인정되지 않았다. 그러나 1999년 7월 12일의 법률에 의한 개정으로 자연인 1인에 단순주식·합자회사를 설립할 수 있도록 했다. 1994년 2월 11일의 법률은 주식회사의 업무집행 이사회와 업무감독 이사회의 구성원 수의 상한을 완화하고(제89조 제1항, 제129조), 사용인 겸 이사 취임시에 사용인으로서의 근속여건을 폐지했다(제93조 제1항). 또 다른 회사로부터 주식회사로 조직 변경하는 경우에 조직 변경 검사인의 선임요건을 완화했다(제72조의 제1항).

1994년 7월 12일의 법률은 2년 이상 기명 등록된 주식을 보유한 주주에 대한 이익배당을 다른 주주에 비하여 최고 10% 까지 증액하도록 했다(제347조의 2). 그리고 1994년 8월 8일의 법률은 증자시에 특별총회가 발행할 수 있는 유가증권의 상한을 정하고 그 발행에 필요한 권한을 이사회에 수여하는 것을 승인하고(제180조 제3항), 상장회사에 대해서는 이사회가 이사회 회장에게 증자의 실행권한을 수여하는 것(제180조 제5항)을 승인했다. 또한 이 법률은 특

---

175) 원용수, 위의 논문, pp. 365~368.
176) 원용수, 위의 논문, p. 372 참조.

별총회의 1회 소집의 정족수를 1/2 에서 1/3 로 인하하고(제153조 제2항), 상장회사의 의결권의 5% 이상에 해당하는 2년 이상 기명 등록된 주식을 보유하는 복수의 주주에 대하여 주주단체를 결성하여 주주단체로써 일정한 주주권(주주총회소집청구권, 주주제안권, 업무감정인의 선임청구권, 이사에 대한 대표소송제기권)을 행사하는 것을 승인하고 있다(제172조의 1)[177].

第4節 日 本

최근 발생한 일련의 일본기업의 불상사는 궁극적으로 일본기업의 내부통제기능의 결함 또는 미비에 의해 발생한 문제로서, 기업의 경영위기와 직결되는 기업의 내부통제기능을 회복하는 것이 무엇보다도 시급한 과제로 제기되고 있다. 따라서 일본의 경우, 기업지배론에 대한 논의가 활발히 전개된 배경에는 다음과 같은 요인이 작용하고 있다고 할 수 있다. 즉, 최근 일본에서 활발히 전개되고 있는 기업지배론에 대한 논의의 배경에는 ⅰ) 최근에 발생한 기업불상사의 다발문제, ⅱ) 거품경제의 붕괴로 인한 경기침체와 주주의 희생 위에서 전개된 기업의 성장추구정책에 대한 반성, ⅲ) 경영자의 경영행동에 대한 정당한 감시를 위해서, 외부감사인의 도입과 주주대표소송제의 수속의 간소화를 위한 상법의 개정, ⅳ) 주로 미국계 기관투자가의 발언권의 강화 등의 요인이 복합적으로 작용하고 있다고 할 수 있다[178].

---

177) 강희갑, 앞의 논문, p. 1155.
178) 조병택, "日本企業의 所有·支配構造에 관한 調査硏究",「經濟硏究」제20권 제2호 (漢陽大, 1999. 11), p 45.

I. 槪　觀

1. 監査制度의 變遷[179]

일본에 있어서 상법개정의 특징 중 하나는 이사회제도에 관해서는 거의 개
정을 하지 않은 채 오로지 감사제도의 강화에만 초점을 두어 왔다는 점이다.
1950년, 1974년, 1981년 및 1993년에 걸쳐 총 4차례의 개정이 있었을 정도
로[180] 감사제도의 개정이 빈번하였다. 이러한 사정에 대하여 그 원인으로는
일본에서는 이사회제도가 사실상 성역화됨으로써 감사제도의 강화라는 형태로
만 논의가 이루어질 수 밖에 없었다는 점이 지적되고 있고[181] 또 빈번한 제도
개혁에 대해서는 실무에 악영향을 줄 뿐이라는 비판이 가해지고 있기도 하
다[182].

일본의 감사는 1950년 상법개정 전까지는 이사의 업무집행에 대한 업무감사
와 회계감사 모두에 권한을 갖고 있었다. 그러나 1950년 상법개정에서 이사회
제도가 도입된 것과 관련하여 크게 권한이 축소되고 종래 감사권한 중 업무감
사권은 이사회에 위양되고 감사는 단지 회계감사에 한해 권한을 갖는 것으로
되었다. 이러한 개정은 실제로 이사회에 의한 대표이사의 감독은 실효를 거두
지 못하고 오히려 감사의 권한을 약화시켜 결과적으로 대표이사의 권한만 강화
시키게 되었다. 그리하여 1974년 상법개정에서 감사의 권한을 다시 1950년 개
정 전의 상태로 환원하여 감사는 업무 및 회계 양쪽에 걸쳐 감사권을 가지는
것으로 하고 이와 관련하여 감사의 지위와 권한을 강화하는 다양한 조치가 취
해졌다. 그 조치들 중 중요한 것으로는 이사에 대한 영업보고청구권 및 회사업

---

179) 권종호, "日本의 監査制度 -개정사적 관점에서 본 1990년대 일본상법(1)-", 「人權
　　과 正義」Vol. 274, 1999. 6, pp. 104~105 참조.
180) 日本 監査制度의 變遷에 관하여는 元木伸, "監査役制度의 變遷", 「企業會計」제51권
　　1호, 1999, p. 92 참조.
181) 岩原紳作發言, 座談會, "經營環境의 變化와 企業의 取締役會改革", 「商事法務」제151
　　호, 1998, p. 29
182) 森本 滋, "日米構造問題協議와 會社法의 改正", 「商事法務」, 제1309호, 1993, p. 40.

무・재산조사권(상법 제274조 제2항), 주주총회제출의안 및 서류의 조사권과 주주총회에의 보고의무(상법 제275조), 임기의 연장(상법 제273조 제1항), 감사의 겸직금지규정(상법 제276조) 등이다. 이러한 개정과 아울러 '상법특례법'의 제정도 함께 행해지게 되어 이 법의 시행에 따라 감사제도에 대한 법규제는 자본규모를 기준으로 차별화가 이루어지게 되어 현재까지도 유지되고 있다[183].

이러다가 1981년에 일본내의 소위 '록히드사건'으로 인하여 다시 개정이 이루어지게 되는데 감사의 권한강화・회계감사인의 독립성 확보 및 회계감사인과 감사간의 업무연계의 강화를 목적으로 하였다. 이렇듯 1950년 개정을 제외하고는 기본적으로 감사의 권한강화, 회사규모를 기준으로 하는 감사기능의 차별화 및 이를 통한 감사의 효율성 제고에 초점을 맞추고 개정을 하였지만 여전히 감사제도의 형해・무기능화가 지적되었다.

2. 商法의 全面的 改正

일본에서는 1974년 이후 회사법의 전면개정 작업[184]을 단행하여, 기업의 국제경쟁력 강화・효율적 경영을 목적으로 하는 기업결합규제법의 정비에 중점을 두어 일련의 개정이 행해졌다[185]. 그 결과 전면개정시에 공표된 7개의 기본적 검토항목[186]에 관하여 일단의 성과를 얻었다는 점에서 고도정보사회에의

---

183) 즉, 株式會社를 大・中・小로 구분하여 大會社와 中會社의 경우 監査는 業務監査와 會計監査 양쪽에 권한을 갖지만 小會社의 경우에는 會計監査로 그 권한을 국한시키고 또한 大會社에 대해서는 會計監査에 관해 監事에 의한 監査와는 별도로 會計監査人에 의한 監査를 추가로 받도록 하였다.

184) 이 경위와 1981년, 1990년 및 1993년까지의 改正內容과 問題點・당시의 중요과제에 관한 상세한 논의 및 자료에 관해서는 酒卷俊雄=阪埜光男編, 「會社法全面改正의 動向과 課題」, 判例タイムズ 839호, p. 1〜224 참조.

185) 1997년에는 會社合倂節次의 簡素化, 合理化를 도모하고, 1999년에는 주식교환 및 주식이전에 의한 純粹支柱會社의 創設, 子會社情報 등의 開示強化에 관한 개정이 있었으며 2000년에는 會社分割制度를 신설하는 개정이 있었다.

186) 會社法全面改正의 基本的 검토항목으로서, 법무성민사국참사관실은 1975년 「會社法改正에 관한 問題點」에 있어서 기업의 사회적 책임, 주식제도 개선책, 주주총회제도 개선책, 이사・이사회 제도 개선책, 주식회사의 계산・공개, 기업결합・합

대응, 기업의 자금조달 수단의 개선 및 기업활동의 국제화에의 대응이라는 4가지 시점에서 재차 회사법제의 대폭적인 재검토를 행하게 되었다[187]. 이런 관점에서 2001년에는 의원입법을 포함하여 3번에 걸쳐 대규모의 회사법 개정을 실시하여 그 전부가 현재 시행되고 있으며, 회사법 실무에 커다란 영향을 주고 있다. 또한 2002년 5월에는 이 일련의 개정 중에서 가장 중요시되는 대회사의 경영관리기구의 선택을 인정하는 개정이 있었으며, 2003년 4월 시행되었다. 그것은 상법특례법상의 대회사의 경영관리기구의 선택을 인정하는 것 이외에 대회사에 대하여 연결재무제표의 작성을 강제하고, 종류주식의 다양화를 허락하는 등, 이후의 회사경영에 커다란 변혁을 가져올 만한 내용이다. 이 중에서 연결재무제표의 작성, 감사 등은 대회사(증권거래법의 적용대상회사)에 일률적으로 적용되지만, 경영기구를 어떻게 할 것인가는 선택사항으로 표시되어 있으므로 대부분의 대회사는 2003년의 정기주주총회에서의 가장 중요한 과제가 되고 있으며 종래 대로 현행의 감사제도를 유지하면서 이사회, 대표이사라는 경영기구를 그대로 유지할 것인지, 아니면 미국형에 가까운 사외이사의 도입과 지명위원회, 감사위원회, 보수위원회의 설치를 전제로 집행인제도를 신설하여 이사의 지위와 업무집행자의 지위를 분리함과 동시에 감사제도를 폐지하는 방식(개정법에서는 위원회등설치회사라고 한다)중 어느 것을 택할것인가에 대한 문제가 남게 되었으나 결국 2002년의 개정으로 감사위원회제도를 도입하게 되었다[188].

병·분할, 최저자본금제도 및 대소회사의 구분 등 7가지 항목을 공표하고 이후 의원입법 등 일부의 예외를 제외하고 이 과제를 순차적으로 실현하는 방향에서 7차에 걸친 會社法 改正이 있었다.

187) 2000년 9월 6일, 법제심의회의상법부결정.
188) 이상, 酒卷俊雄, "日本法における企業再編と親子會社統治機構の課題", 商法制定 40周年 記念 國際學術大會(韓國商事法學會, 2002. 9. 27~28), p. 1 참조.

Ⅱ. 最近 動向

2002년 개정법은 상법특례법상의 대회사 및 자본금 1억원을 초과하는 주식회사의 정관으로 회계감사인(우리 나라의 외부감사인)의 감사를 도입한 회사를 「간주대회사(みなす대회사)」로 하고(상특 제2조 제2항) 정하고 있다. 그러나 주식회사의 기존의 경영기구는 여전히 이사회가 회사의 중요한 업무집행에 관한 의사결정을 행함과 동시에 대표이사 등의 이사의 직무집행을 감독한다는 측면에서는 일원적 기구(상법 제260조 제1항, 제2항)라고 볼 수 있으나 감사가 이사의 직무집행을 감사한다는(상법 제274조 제1항) 의미에서는 이원제가 중복되는 병립적 구조를 갖는다는 점이 일본 회사법의 특색이라 할 수 있다. 즉, 경영을 담당하는 이사와 경영을 감사하는 감사가 공히 주주총회에서 선임된다는 의미에서 감사하는 기관과 감사를 받는 기관이 병립·대등적인 관계를 이루면서 기업경영(업무집행)에 대하여 감사에 의한 감사와 이사회에 의한 감독이 중첩적으로 이루어지는 체제이다[189].

1. 監事의 機能强化

종래의 경영기구에 있어서는 이사에 의한 업무집행을 감사 및 감사회가 감사한다는 체제가 유지되고 있다(상법 제274조 제1항, 상특 제14조). 이러한 측면에서는 2001년의 개정에 의한 감사의 기능강화가 중요하다. 업무감사권이 부여되어 있는 중회사, 대회사의 감사에게 종래의 권한과 의무에 더하여 다음과 같은 규정이 추가되었다. 즉, ① 이사회의 출석의무·의견진술의무가 규정되었다(상법 제260조의3 제1항). 종전에는 각각의 권한으로 규정되어 있었으나 해석상의 의무로 생각되어 있던 것을 명문화한 것에 불과하다고 할 수 있다. 그러나 명문의 규정으로서 강제력이 강화되었다는 점은 부정할 수 없다. ② 사임한 감사의 총회진술권, 의견진술권이 규정되었다(상법 제275조의3의2). 이는

---

189) 권종호, 앞의 논문, p. 105.

임기중에 회사의 일반적인 인사계획 등에 의하여 사임된다든지 또는 배치 전환된 감사에게 그 직후의 주주총회에 출석하여 의견을 진술할 기회를 부여한 것으로, 직접의 당사자가 아닌 다른 감사에게도 예컨대 감사체제에 지장이 발생하는 등의 의견진술이 인정된 것이다. 그 경우에는 그러한 인사계획을 강행한 이사의 신인(信認)이 문제될 가능성도 있다. ③ 이사의 책임경감조치에 대하여 감사전원의 동의를 요하도록 하였다(상법 제266조 제9항, 제13항, 제21항). 이것은 2001년의 의원입법에 의한 제3차 개정에서 도입된 총회의 특별결의 또는 정관의 정함에 근거한 이사회의 결의로 이사의 회사에 대한 손해배상책임을 일정액까지 면제하는 조치를 취할 때 감사전원의 동의를 요할 것으로 했다. 또한 대회사의 특례로서는 ④ 사외감사의 자격요건을 순수한 외부인으로하며, 동시에 감사의 원수의 절반 이상을 요구하는 점에서 감사회의 강화를 도모하며(상특 제18조 제1항), ⑤ 감사의 선임에 관한 감사회의 동의권·제안권을 인정한 규정(상특 제18조 제3항) 등을 들 수 있다.

2. 理事會內 委員會

상법특례법상의 대회사 및 간주대회사 중, 상법특례법 제2장 제4절에서 규정하는 특례의 적용을 받는 취지를 정관에서 정하고 있는 회사를 「위원회등설치회사」라고 함은 위에서 보았다(상특 제21조의2 제3항). 위원회등설치회사에는 3인 이상의 이사로 구성되며 그 과반수가 사외이사인 지명위원회, 감사위원회, 보수위원회 및 1인 또는 수인의 집행인을 두어야만 한다(상특 제21조의5 제1항). 정관의 정함에 의해 새로운 기업통치기구의 선택을 인정한 취지이지만, 회사가 정관에 「위원회등설치회사」라는 취지의 규정을 두던가 그렇지 않으면 단순히 「이사 및 이사회」의 장에 3가지의 위원회의 설치와 각 위원회의 권한, 감사의 폐지, 집행인에 관한 규정을 두는 것으로 할 것인가는 회사의 선택이다.

회사가 이 「위원회등설치회사」를 선택한 때에는 이사는 원칙적으로 업무를 집행할 수 없으며(상특 제21조의6 제2항), 집행인이 업무집행을 수행하게 되므로 이사회는 법정의 업무사항을 결정하고 이사·집행인의 직무집행을 감독한다(상특 제21조의7 제1항). 이사회에 남겨진 결정사항 중 중요한 것은 경영의 기본방침을 정하는 것 이외에는 대표집행인 및 집행인의 선임과 해임, 집행인이 작성한 재무제표의 승인, 주주총회의 소집결정, 총회에 제출할 의안의 내용결정, 영업전부 또는 중요한 일부의 양도 등의 결정, 이사·집행인의 경업거래의 승인, 이사·집행인과 회사간의 이익상반거래의 승인, 중간배당의 결정, 주식교환계약서의 내용결정, 주식이전사항의 결정, 분할계획서·분할계약서의 내용결정, 합병계약서의 내용결정 등이며(상특 제21조의 7), 이 중에서 이사회의 승인 내지 결정이 실질적 의미를 갖는 것은 집행인의 선임·해임, 조건부이기는 하지만 재무제표의 승인에 의한 결산확정·이익처분권의 행사, 이사·집행인에 의한 경업거래와 이익상반거래의 승인, 중간배당의 결정 등에 지나지 않는다. 그 외에는 합병·분할 등에 대해서도 원안을 작성하는 집행인의 주도성을 제한하는 정도의 관여라고 할 수 있겠다. 결국 다른 이사·집행인의 직무집행을 감사하는 감사위원회의 기능이 이사회의 감독기능의 중핵이며 이 신형의 경영기구시스템의 유효성을 확보한 다음 가장 중요한 역할을 담당하게 될 것이다.

3. 監査委員會의 設置

앞서 일본 상법상의 이사회내 위원회가운데 중요한 것이 감사위원회이다. 위원회등설치회사에서 집행인의 직무집행을 감사하는 중핵적 기능을 담당하는 것은 감사위원회이다. 이 위원회도 지명위원회나 보수위원회와 같이 사외이사가 과반수일 것이 요구된다. 그러나, 개정법은 사외이사나 감사위원인 이사를 제외하고 집행인과 이사의 겸무를 인정하므로(상특 제21조의8 제7항), 지명위원회나 보수위원회에는 집행인을 겸무하는 사내이사가 구성원으로서 참가하는 사례가 많아질 것이다. 특히 CEO인 대표이사 사장이 가담하게 되는 경우에는 회사의 외부자가 과반수일 경우에도 실질적인 주도성은 이러한 자들이 발휘하게 될 가능성이 높다.

이에 대하여 감사위원회를 조직하는 이사는 위원회등설치회사, 그 자회사의 집행인이나 사용인 또는 그 자회사의 업무를 집행하는 이사를 겸무하는 것이 금지된다. 그러나 이 감사위원회에 인정되는 감사를 위한 권한은 영업보고청구권, 업무재산상황조사권, 자회사 조사권, 집행인의 위법행위유지청구권, 회사와 이사·집행인 간의 소송에 있어서의 소송대표권 등 감사에게 부여되어 있는 권한과 같은 성역의 것이며(상특 제21조의 10), 또한 기말결산감사를 하여(상특 제21조의26 제4항, 제21조의27) 감사위원회가 감사보고서를 작성한다(상특 제21조의29)는 구조로 되어 있다. 재무감사라 하더라도 평가를 하고 내부통제 조직의 검증과 업적평가를 중심으로 하는 미국형의 감사위원회와 비교하여 이질적인 제도라고 할 수 있다.

4. 理事 責任의 緩和

(1) 理事의 責任規定의 改正[190)

최근 일본에서는 앞서 보았듯이 일본경제의 버블현상 붕괴 후 심한 침체에 빠지게 되었고 이를 타개하기 위한 수단으로 기업지배구조의 실효성 확보를 우선 과제로 삼았다. 주로 감사의 기능강화, 이사의 책임요건완화 그리고 주주대표소송제도의 합리화 등이 그 주요 골자이다. 이사의 책임에 관하여 일본의 경우는 회사에 대한 책임(일본상법 제266조)과 제3자에 대한 책임(일본상법 제266조의3)으로 구분하여 규정하고 있고 또한 그 책임의 발생사유에 관하여 매우 구체적으로 규정하고 있다[191).

---

190) 권종호, "理事의 賠償責任緩和", 「上場」제329호(韓國上場會社協議會, 2002. 5), p. 6 이하 참조.
191) 이에 대하여 우리 商法은 제399조와 제401조에서 規定하고 있으나 責任發生事由에 관하여는 包括的으로 規定하고 있는 점이 다르다.

이사의 회사에 대한 책임에 있어서 그 요건을 완화하는 개정의 배경 중 흔히 거론되는 것이 1993년 주주대표소송제도에 관한 상법개정이다[192]. 이사의 엄격한 책임을 완화하려는 시도는 1997년부터 자민당 주로도 주주대표소송제도의 개선문제와 연관지어 본격적으로 검토되기 시작했으며 최근에는 일본기업의 국제경쟁력 강화 방안의 하나로 이사의 책임완화에 관한 제언이 잇따르고 있다. 그 중에 하나가 2000년 12월 8일 「21세기 기업경영을 위한 회사법제의 정비」라는 제목의 보고서인데 이 보고서에서는 이사의 책임문제와 관련하여 첫째, 상법 제266조 제1항 각호의 책임에 관하여 과실책임을 명확히 하고, 둘째, 악의·중과실 또는 법령위반에 의한 경우를 제외하고는 책임사유나 책임경감의 이유를 공시한 다음 주주총회 특별결의에 의해 사후적으로 이사의 책임을 경감하는 것을 인정하며, 셋째, 집행임원제도의 도입으로 이사의 역할이 감독업무중심으로 바뀌게 되면 이사의 책임에 관해 정관에 의한 사전제한도 검토할 것을 제안하고 있다. 이하에서는 2001년 12월 개정이 단행된 일본상법의 내용 중 이사의 책임완화와 관련된 부분만을 살펴본다.

1) 理事와 社外理事

이사의 책임에 관한 일본 개정상법은 이사의 회사에 대한 책임 중 법령 또는 정관에 위반하는 행위에 관한 책임(일본상법 제266조 제1항 제5호)에 대하여 그 위반행위가 선의·무중과실에 의한 것일 때에는 소정의 법정 절차에 따라 손해배상책임액을 일정 금액으로 경감할 수 있도록 한 것이다. 이는 최근 주주대표소송에 의한 손해배상청구금액이 거액화되고 있는 것에 대한 배려로 일반적으로 설명되고 있는데 이를 살펴보면 다음과 같다.

---

192) 日本에서는 理事의 會社에 대한 責任이 지나치게 엄격하다는 주장이 일찍부터 제기되어 왔고, 이러한 주장은 1993년 소송수수료를 8200엔으로 하는 株主代表訴訟制度에 관한 商法改正 이후 株主代表訴訟의 급증과 함께 1995년에 일본 통상성의 주도로 "企業法制에 관한 硏究會報告書"에서 이 문제를 정식으로 提起하기에 이르렀다.

이사의 경우, 법령 또는 정관에 위반하는 행위를 선의·무중과실로 한 때에
는 해당 이사가 원칙적으로 배상하여야할 금액으로부터 그 이사의 보수의 일
정 부분 등을 공제한 금액을 한도로 하여 주주총회의 특별결의 또는 정관의
정함에 기한 이사회 결의로써 책임을 면제할 수 있다(개정일본상법 제266조
제7항, 제18항). 여기의 이사에는 물론 회사의 대표이사를 포함한다. 또한 사외
이사의 경우에는 책임면제의 요건은 이사의 경우와 동일하나 책임면제의 방법
의 경우는 약간 상이하다. 즉, 정관에서 사전에 정한 일정금액으로 손해배상액
을 제한하는 내용의 계약을 체결할 수 있는 취지의 규정을 둔 경우에는 그 계
약으로 이사의 책임을 면제할 수 있는 것이다(개정일본상법 제266종 제19항,
제23항).

2) 改正 日本商法의 特徵

위와 같은 내용의 이사 책임완화 개정내용의 특징을 정리하면 다음과 같다.
즉, 첫째, 책임면제의 요건을 종래 총주주의 동의로부터 주주총회의 특별결의
나 정관의 정함에 기한 이사회결의로 완화되었다는 점, 둘째, 전액 면제가 되
지 않고 책임면제의 범위가 제한된다는 점, 셋째, 사외이사의 경우 사전에 배
상책임금액을 계약할 수 있고 그 한도에서만 책임진다는 점, 넷째, 책임면제의
요건으로 선의·무중과실의 경우만으로 한정된다는 점 등으로 요약할 수 있다.
이러한 특징들에 대하여 그 취지는 첫째의 경우는 오늘날과 같이 기업간의 경
쟁이 국내외적으로 격화되고 있는 상황에서는 위험을 무릅쓴 대담한 경영판단
이 요구되는 경우가 적지 않은데 이런 경우에 이사에 대한 엄격한 책임은 오
히려 불필요하게 경영을 위축시킬 염려가 있기 때문이라는 것이고, 둘째의 전
액면제를 불허하는 것, 즉 책임면제가 이루어져도 손해액의 일정분에 대해서는
이사가 배상책임을 지도록 한 것은 책임면제에 따른 부정적인 측면, 즉 이른바
'도덕적 해이(moral hazard)' 문제를 최소화하기 위한 것이며, 셋째의 사외이
사에 관한 것은 사외이사가 실제로 수령하는 보수나 현실적으로 수행하는 역

할을 고려할 때 보다 유능한 인재를 사외이사로 확보하기 위해서는 이러한 조치가 필요하다는 것이고 마지막으로 넷째의 경우는 엄격한 책임으로 인한 경영위축의 방지라는 개정 목적에 비추어 악의 또는 악의와 동일시할 수 있는 중과실로 인해 법령 또는 정관에 위반하는 행위를 한 경우에까지 이사의 책임을 면제할 필요는 없다는 판단에 기한 것으로 이러한 경우에는 엄격한 책임을 물어도 경영위축의 위험성은 없을 뿐만 아니라 오히려 그것이 바람직하기 때문이라는 것이다[193].

(2) 責任免除의 具體的 方法

1) 理事 및 社外理事

이사에 대한 기본적인 책임면제의 요건과 한도는 앞서 설명한 바이고 그 구체적 방법으로는 주주총회의 특별결의(개정일본상법 제266조 제7항, 제11항)에 의하는 경우와 정관의 정함으로 인한 이사회결의(개정일본상법 제266종 제12항, 제18항)로써 하는 면제로 나누어 볼 수 있다. 주주총회의 특별결의에 의하는 경우 주의할 것은 책임면제에 관한 의안 제출시에 감사의 동의가 필요하다는 점이며 또한 주주총회에서 책임의 발생원인에 대한 구체적 사실과 면제액 산정근거 그리고 면제 이유 등이 설명되어야 한다. 이사회결의로 면제되는 경우, 그 요건으로는 책임의 발생원인이 된 사실, 특히 해당이사의 직무수행 상황 기타 사정을 참작하여 특별히 필요한 것으로 인정되는 때로 제한되며 이러한 요건시에 이사회 결의로써 책임을 면제할 수 있다. 문제는 이사회 결의로서 면제하는 경우에는 전제조건으로 정관의 정함이 있어야 하므로 정관의 변경이 불가피 하다는 점이다. 이 정관의 변경시에는 감사의 동의를 필요로 한다. 또한 이사책임의 면제로 인하여 주주의 예상치 못한 손해를 방지하기 위하여 이사회에서 책임면제 결의가 이루어진 때에는 지체 없이 주주총회 특별결의시

---

193) 이상, 권종호, 위의 논문, p. 8 참조.

필요한 설명사항(책임발생사실, 면제액 산정근거, 면제이유 등)과 주주가 일정 기간내에 책임면제에 관한 이러한 사항에 대하여 이의제기를 할 수 있음(이의 제기권)을 공고하거나 주주에게 통지하여야 한다(개정일본상법 제266조 제14항) 이 경우 총주주의 의결권의 3/100 이상을 소유하고 있는 주주가 이의를 제기하게 되면 책임면제를 할 수 없게 된다(개정일본상법 제266조 제15항)[194]. 결국 최종적인 책임면제의 책임이 주주에게 있다고 해석할 수 있다[195].

사외이사의 경우는 앞서 본대로 악의 중과실이 없는 경우에는 사전에 배상 책임액에 대하여 정관으로 정할 수 있으며(개정일본상법 제266조 제19항, 제23항) 다만 이러한 계약의 체결 후 사외성을 상실하게 되면 계약의 효력은 소급하지 아니하고 장래에만 소멸하게 된다. 이러한 내용에 대한 정관변경을 위해서는 감사의 동의가 필요하며 사외이사가 이 계약에 의하여 배상책임액의 제한 혜택을 받은 경우 그 후 최초 주주총회에 주주총회 특별결의시 필요한 설명사항을 보고하여야 한다.

2) 監　事

감사의 경우도 책임면제의 요건은 이사의 경우에 해당하는 모든 조항들을 준용하고 있다(개정일본상법 제280조). 다만 책임면제사유가 법령·정관위반행위로 국한되는 이사와는 달리 감사는 모든 책임이 그 대상이 되며 면제한도는 사외이사의 경우와 같다(보수의 2년분).

(3) 改正 日本商法의 示唆點

이사의 책임제도는 이사의 책임으로 인한 회사의 손실을 보전하고 이사의 부주의한 행동을 억제시키는 긍정적 측면과 이사의 과도한 책임으로 인하여

---

194) 이와는 별도로 株主總會의 특별결의에 의하여서도 責任免除는 가능하다.
195) 권종호, 위의 논문, p. 9.

유능한 인재 확보가 곤란하며 이사의 활발한 경영활동을 위축시킨다는 측면이 동시에 있다. 일본의 개정상법의 내용을 살펴보면 이러한 부정적 측면을 감소시키기 위하여 악의·중과실의 경우에는 책임면제대상에서 제외하여 이 경우만 아니면 이사는 책임을 면제받을 수 있게 하였고 또한 그 책임금액 또한 전액면제를 인정하지 않아 그 상한선을 설정하는 조치를 취하였다. 또한 책임면제의 방법에 대하여도 주주총회, 이사회, 정관에 기한 계약 등 세 가지로 다양화하여 이사의 손해배상면제의 예측가능성의 폭을 확대하여 이사의 경영활동 위축의 위험을 줄여주고 있는 것이다. 이러한 개정내용에 대하여 경영자 이익을 대변한 입법이라는 비평이 있지만 운영의 묘를 잘 살린다면 결국 일본 법제와 비슷한 우리 나라의 경우에도 많은 참고가 되리라 생각한다[196].

第5節 小 結

주식회사의 운영구조는 영미식의 일원적 시스템으로서, 그 기본적인 구조는 이사회가 회사업무의 기본방침만을 결정하고 그 집행은 이사회가 선임하는 대표이사 내지는 임원(officer)이 담당하며 그 집행행위는 이사회 또는 이사회로부터 위임을 받은 감사위원회가 감독하는 체제로서 회사기구로서 감사기구는 따로 두지 않고 이사회의 관할하에 감사기구(감사위원회)를 운영하는 체제이다. 이 이사회에는 업무집행을 담당하는 사내이사와 경영을 담당하지 않으면서 경영전략에 관한 객관적인 의견의 제시와 경영진에 대한 감독의 기능을 수행하는 사외이사가 동시에 참여할 수 있는데, 기업들이 정부의 규제가 없는 상황에서도 자발적으로 사외이사를 두기를 원하는 이유에는 여러 가지가 있다. 그이유를 들면 첫째, 사외이사들은 경영진이 획일적이거나 관성적인 사고에 젖어

---

196) 권종호, 위의 논문, p. 11.

172

들기 쉬운 점을 보완하고 외부로부터 객관적이고 다양한 견해를 제시함으로써
의사결정의 오류를 방지한다[197]. 둘째, 사외이사들은 특정관리분야의 전문가로
서 이사회에 전문성을 부여할 수 있으며 또한 이들은 정부, 금융당국, 오피니
언 리더, 전문적인 정보원 등에의 접근을 용이하게 해준다. 셋째, 경영성과에
대한 독립적인 평가를 통해 경영진에 대한 인센티브급여 등 보상을 결정하며
견제역할을 한다. 넷째, 이사회를 강화하고 그 위상을 높이는데 기여한다.

이와 같이 사외이사들은 기업의 가치창조에 기여하며 경영진에 대하여 적대
적인 관계에 있기보다는 팀의 일원으로서 상호보완적인 역할을 담당한다. 그러
나 사외이사가 이사회에 포함되더라도 최고경영자가 이사회의 의장을 겸하면서
강력한 권한을 행사할 때는 경영자 및 이사들이 창의적인 노력을 경주하기보다
는 맹목적인 추종자로 전락하기 쉽다. 특히 대주주가 최고경영의 지휘봉을 휘
두를 때는 그의 압도적인 리더쉽 때문에 이사회에서 다양한 견해의 표출이 이
루어지기는 어려울 것이며 이사회의 경영감독기능도 기대하기 어려울 것이다.
따라서 영국 기업들에서는 일찍부터 최고경영자와 이사회 의장을 분리하는 경
향이 있었으며 미국의 대기업들에서도 이러한 움직임이 나타나고 있다. 전반적
으로 기업규모가 작을 때는 "영특한 아마츄어(brilliant amateur)"로서의 창업
자이자 대주주경영자에게 절대적인 경영권을 부여하고 그의 리더쉽 하에서 성
공적인 성과를 얻는 것이 용이할 것이다[198]. 그러나 기업이 대형화되고 다변화
될 경우에는 이사회에 사외이사를 두고 이사회 의장과 최고경영자를 분리함으
로써 통할구조를 체계화하는 것이 과거의 성공을 지속하는데 필요할 것이다.

이에 반하여 독일식의 이원적 시스템은 업무집행을 담당하는 이사로 구성된
이사회(Vorstand · management board)와 그 이사를 선임 · 감독하는 감사회
(Aufsichtsrat · supervisory board)가 이원적으로 운영되는 체제이며 이 시스
템의 특징은 업무집행을 담당하는 기관이 감사기관의 관할 하에 있다는 점에

---
197) 홍복기, "社外理事制度와 그 問題點", 「商事法硏究」제7집, 1988. 10, p. 492.
198) Cary/Eisenberg, *Cases and Materials on Corporations*, The Foundation Press, 1995, p. 287.

있다. 이원화된 이사회는, 이사회가 독일이나 네델란드에서처럼 제도적으로 이원화되어 있는 경우가 아니라 할지라도 기업이 스스로 이와 유사한 지배구조를 선택하여 운영하고 있는 사례는 다수의 우량한 선진국 기업들에서 발견된다. 여기에는 두 가지의 유형이 있다. 하나는 단일이사회를 최고경영자 1인만을 상근이사로 하고 나머지는 모두 사외이사로 하여 이사회를 구성하는 방법이며 다른 하나는 이사회와는 별도로 자문위원회 성격의 별도의 기구를 구성하는 방법이다. 우리 나라의 상법체계하에서도 업무집행권을 갖는 대표이사는 이사 중에서 선임되어야 하지만 그 밖의 이사들은 비상근으로 함으로써 경영진과 이사회를 실질적으로 분리할 수 있을 것이다. 그러나 이사회와 별도로 자문위원회를 두는 방법은 자문위원회가 경영감독의 기능을 수행할 아무런 권한을 갖지 못한다는 점에서 그 한계를 찾을 수 있다.

이원적 이사회제도의 장점은 감독기능의 독립성을 유지하는 것이 용이하고 경영을 전문경영자들에게 맡겨 이들이 기업가적 동기를 잃지 않게 하고 신속한 의사결정을 할 수 있도록 한다는 것이다. 또한 대주주들은 감독이사회 참여를 통하여 감시기능을 수행할 수 있고, 기타의 기업이해관계자들에게도 감독이사회 참여를 통한 간접적인 경영참여 내지는 감시 기회를 부여할 수 있다. 반면에 이원적 이사회가 단일이사회에 비해 지닌 단점은 감독이사회의 기능이 사후적인 감독에 치우침으로써 전략상의 오류를 사전에 방지하는 것이 어렵다는 점이다. 그러나 이원적 이사회에서도 중요한 의사결정에 대해서는 감독이사회의 사전승인을 얻도록 함으로써 사외이사제도와 유사하게 운영될 수 있다. 이 경우의 한가지 문제는 감독이사회 멤버들이 기업경영현황에 관한 정보를 획득하기가 어렵다는 점일 것이다[199]. 그럼에도 독일의 경우 최근 감독이사회가 자문기관으로서의 기능을 수행하는 경향을 보이고 있음은 주목할 만하다. 이원화된 이사회제도에서는 전문경영자들로 이루어진 경영이사회가 경영업무를 담당하면서 기업의 이해관계자들에게 경영진의 행동을 설명하고 중요하고 새

---

199) 미국의 경우 理事에게는 普通法上 상당한 情報要求權이 주어져 있다 (Cary/Eisenberg, *op. cit.*, p. 290).

로운 전략에 대한 지원을 확보하게 된다. 반면 감독이사회는 기업의 이해관계자, 동반자, 동맹자들을 규합하여 감독기능을 수행한다. 독일의 경우 감독이사회가 수행하는 기능은 회계감사, 주요자본투자 및 전략적 기업인수나 자산매각의 승인, 경영이사의 선임, 배당의 승인 등이다. 감독이사회의 기능은 회사정관에 의해 확대될 수 있지만 그 기능은 언제나 경영이사회가 제안한 사안을 승인하거나 거부하는 것이며 스스로의 제안을 의결하는 일은 없다.

그러나 최근 미국식의 단일이사회제도 하에서도 사외이사들에게 주식옵션을 제공하거나 이들이 주식을 보유하도록 하여 기업이해관계자와 같은 태도를 취하도록 하고 충분한 기업정보의 획득, 보다 많은 시간의 투입을 통하여 내부자들이 의사결정과정을 감독하고 효율화할 수 있다는 점에서 오히려 경영과 감독이 완전히 분리된 이원화된 제도보다 효율적이라는 견해가 제시되고 있다[200]. 지금까지 살펴본 바와 같이 단일이사회나 이원화된 이사회 모두 장단점이 있을 수 있지만 이사회제도를 제도 그 자체보다는 이사회를 어떤 방식으로 운영하느냐가 보다 중요하다고 판단된다.

미국은 전통적으로 소위 일원적 경영관리구조를 가지고 있다. 즉 업무집행의 의사결정을 하는 기관과 업무집행에 대한 감독을 담당하는 기관이 분리되어 있지 않고 이사회에서 모두 담당하는 것이다. 그러나 이러한 경영관리구조가 실패를 거듭하게 되면서 미국 내에서는 이에 대한 자성의 소리가 커지게 되고 이러한 현실적인 요구는 결국 미국 회사법의 입법과정에 영향을 주게되어 이

---

200) 이에 대하여 Sheridan and Kendall(1992)은 二元化된 理事會가 單一理事會보다 더 效率的이라고 주장하고 있다. 그 이유로서 單一理事會는 한 理事會內에서 일부는 經營을 맡고 다른 일부는 이들을 監督하는 형태를 취하는데 이런 방식으로는 확실한 감독기능의 수행이 어렵다는 것이다. 이에 비하여 二元化된 理事會에서는 經營者와 監督者가 분리되어 각자의 역할을 보다 분명하게 수행할 수 있다고 한다. 또 다른 이유로서 單一理事會에서는 기업과 특별한 利害關係가 없었던 社外理事들로 구성된 監事委員會를 두고 社外理事의 수를 증가시킴으로써 常勤理事들을 통제하려 한다는 것이다. 이에 비하여 二元化된 理事會에서는 從業員과 같은 기업의 중요한 利害關係者가 監督機能을 수행할 수 있다는 점에서 보다 效率的이라고 한다.

사회내 감사위원회를 두게 하여 이사회의 감독기능을 강화하는 방향으로 그 개정의 방향이 정해지게 되고 현재 각 주의 회사법은 그러한 방향으로 나아가고 있다. 즉, 집행기능과 감독기능을 분리하고 있는 것이다. 업무집행기관과 경영감독기관을 분리하여 이사회는 중요한 정책에 대한 업무집행에 관한 의사결정만을 담당하고 주로 이를 감독하는 감독업무를 그 주업무로 삼게 되었으며 업무집행은 임원들에게 일임하는 것이다. 미국에서도 종래에는 이사가 경영을 담당했으나 공개회사의 규모의 확대로 인하여 이사가 경영전반에 관한 의사결정을 할 수 없게 되었다. 그래서 주주는 이사회의 구성원인 이사를 선임하여 경영의사결정과 감독기능을 수행하게 하고, 이사회는 업무집행임원을 두어 경영을 담당하도록 한 것이다. 특히 현재 미국 공개회사의 이사회에는 사외이사가 중심역할을 수행하고 있다. 따라서 미국의 경영기구는 이사회와 임원의 2원적 관리시스템이고 독일의 감사회와 이사의 2원적 시스템과 유사성이 인정된다. 현재 우리가 도입한 미국식의 사외이사제도와 감사위원회는 이러한 이사회의 의사결정기능과 감독기능을 강화하려는 목적 때문이다.

독일은 위에서 보았듯이 주식회사 기관에 대해 감사회 제도를 두어 이원적 체제를 유지하고 있다. 또한 주주총회, 이사회, 감사회로 권한을 수평적으로 분배함으로써 기관 상호간의 권한 존중과 협력을 통하여 각 기관의 고유한 기능을 수행하도록 하는 점에 특징이 있다. 최근의 일련의 법 개정을 통하여 상장회사와 비상장회사의 구별을 확대하였고 감사회내에 위원회를 설치 운영할 수 있도록 하고 있다. 그러나 아직도 독일에서는 기업지배구조논의가 계속되고 있고 많은 논의를 거쳐 법을 개정할 계획 하[201]에 있으므로 그 논의를 추적하여 우리의 제도 개선에 적극적으로 활용하는 것이 요구된다고 할 것이다. 이상의 외국에 대한 논의를 종합해 보면 결국 이사회제도와 관련한 감사제도에 관하여 이를 단일화 할 것인가 이원화 할 것인가에 대한 논의로 요약할 수 있으며 각 국의 실태도 그러한 방향 중에서 어느 쪽에 초점을 맞추어 이사회제도를

---

201) 最近의 傾向은 이기수, "獨逸 株式會社의 機關構成과 變遷", 「現代商事法論集, 友桂 강희갑敎授 華甲紀念論文集」, 2001, pp. 79~99 참조.

176

운영하느냐가 관심사가 되고 있다.

　프랑스는 회사지배구조에 관하여 프랑스 법제가 corporate governance의 요건을 대체로 잘 충족시키지만 부분적으로는 실패하였다는 것이 일반적이다202). 이와 같이 부분적으로 프랑스 지배구조가 실패한 중요한 요인은 이사회와 대표이사, 이사 및 실제경영진간의 독립성이 부족한 데에 기인된다. 프랑스에서는 회사법 규정과 반대로 대표이사가 이사를 선임하여 주주총회의 동의를 구한다. 또 하나의 실패요인으로는 다른 나라도 공통적으로 안고 있는 문제로 이사회가 권한을 제대로 발휘하지 못한 사실에 있다는 것인데 이러한 사실은 프랑스 주식회사의 약 11%만이 이사회를 1년에 6~12차례 개최하는 사실만 보아도 알 수 있다203).

　일본은 주식회사의 기관구조 즉 이사회, 대표이사, 감사회라는 구조와는 다른 기관 구조를 채택할 수 있게 하여 주식회사의 경영관리구조를 기본적으로 개혁하고 있다. 상법 특례법상의 대회사와 그 외의 회사로서 정관의 정함으로서 감사를 두지 않고 이에 갈음하여 이사 3인 이상으로 구성되는 지명위원회, 감사위원회 및 보수위원회를 둘 수 있는데 이 회사는 위의 위원회 이외에 이사회에 의해 선임된 집행역 및 대표집행역을 두어 이사회가 위임한 사항을 결정하고 위원회 설치 회사의 업무집행을 하도록 한다는 것이다. 이 제도 아래서는 이사회로부터 집행역에 대한 업무집행권의 대폭적인 위임을 인정하여 신속한 결정을 하는 것을 가능하게 하고 있다. 또 이사회에 의한 업무집행에 대한 감독기능을 대폭 강화하고 이를 위하여 3개의 위원회를 두고 있는 것이다. 그리고 이사의 직무집행을 감사에 의한 감사와 이사회에 의한 감독을 받도록 되어 있고 전자는 이사의 집무집행의 적법성을 후자는 이외에 그 타당성까지도 그 대상으로로 한다는 것이 일반적이다. 위원회 설치회사에 있어서는 이사회가 이사 및 집행역의 집행을 감독하고 다시 감사위원회도 이사 및 집행역의 직무집행을 감사하는 권한을 가지고 있다. 이 감사위원회의 권한은 종래의 감사가

202) 원용수, 앞의 논문(각주 153), p. 10.
203) 원용수, 위의 논문, p. 11.

가지는 직무권한과 같게 하여 우리 나라와 같이 종전의 감사에 갈음하는 지위
를 부여받고 있다. 그런데 감사위원회의 구성원도 이사이므로 같은 이사가 감
사위원회의 구성원으로서는 적법성 감사에 한하고 이사회의 구성원으로서는
타당성 감사의 권한도 가진다고 구별하는 것은 적당하지 않으므로 감사위원회
의 권한은 이사 및 집행역의 직무집행의 적법성뿐만 아니라 그 타당성 감사에
도 미친다고 해석하고 있다[204].

---

204) 이상, 前田庸, "商法等の一部を改正する法律案要綱の解說", 「商事法務」 No.
1622, 2002. 3. 5, p. 16 이하; 동, No. 1623, 2002. 3. 15, p. 14 이하 : 동, No.
1624, 2002. 3. 25, p. 97 이하 참조.

第4章 理事會 制度의 改善 方案

第1節 序 言

   이상으로 이사회제도를 비롯한 주식회사의 지배구조에 대한 기본적 내용과 현행 상법상의 이사회의 지위 및 경영감독기관으로서의 이사회에 대한 운영실태 그리고 각국의 이사회제도의 최근 동향을 살펴보았다. 우리 나라를 비롯한 각국의 이사회제도는 현재 그 기능이 제대로 발휘되지 못하고 그 결과 각종의 기업 부정과 비리 그리고 기업 도산이라는 위기에 처해 있는 실정이고 이러한 현실을 타개하기 위하여 각국 정부는 부단한 노력을 경주하고 있는 중에 있다. 그 원인은 여러 곳에서 찾을 수 있겠으나 기관구성의 측면에서 나타난 제도상의 문제점과, 이사회를 활용할 사회·경제적 기반의 미숙함에 있다. 특히 경영의 과학화, 회사경영에 대한 군소주주의 권리주장 및 이해관계자의 저항이 없었다[205]는 점 등을 지적할 수 있겠다. 또한 대주주의 독주로 인하여 이사회와 감사가 무기능·형해화하였으며, 시배주주의 과점소유 및 경영딤딩, 정경유착 등으로 인하여 전문경영인에 의한 과학적 경영이 불가능하였다는 점도 그 한 원인이 된다. 결국 이러한 문제점들은 이사회제도와 관련하여 요약하자면 이사회의 기능마비 특히 감사기능의 부실화에 그 근본적 원인이 있는 것이다. 현재의 각국에서는 주식회사 이사회제도의 위기에 대한 해결책을 상법 및 관련법의 개정 등을 통한 제도적 개선과 아울러 이사회 기능의 엄격한 분리에서 찾고 있는 추세이고 따라서 이하에서는 이러한 문제점 즉 이사회의 의사결정기

---

205) 이병태, "理事會 運營의 活性化 方案", 「上場協」(韓國上場會社協議會, 1998. 春季號), p. 139 ; 홍복기, "社外理事 制度의 定着과 그 活性化", 「上場協」(韓國上場會社協議會, 1998. 春季號), p. 7 이하.

능과 경영감독기능의 분리 및 각 기관의 기능제고를 위한 개선방안을 모색해 보고자 한다. 이를 위하여 본 장을 이사회제도의 개선방향을 설정하고 이어 의사결정(업무집행)기관으로서의 이사회제도 개선방안, 경영감독기관으로서의 이사회제도 및 감사제도의 개선방안 그리고 이 모두의 전제가 되는 제도인 이사의 의무와 책임의 완화방안에 대하여 고찰해 보기로 한다.

Ⅰ. 理事會 監督機能의 失敗

이사회로 대표되는 기업지배구조의 기능이 미국기업들에서 어떻게 작용하였는지를 살펴보면 우리의 상황과 나갈 방향을 쉽게 파악할 수 있다. 미국에서 이사회제도의 실패한 실증적인 예로서 흔히 다음 두 가지가 제시되고 있다. 첫째, 많은 기업에서 경영성과가 극도로 악화될 때까지 이사회가 CEO(chief executive officer) 경질 등의 조치를 취하지 못했다는 것이다. 예를 들어 GM사의 이사회가 1992년에야 당시의 CEO였던 R. Stempel을 해고한 것은 너무 뒤늦게 취한 조치라는 것이다. 세계 자동차시장이 과잉생산시설로 몸살을 앓고 있을 때 GM은 고비용 생산자로 전락했음에도 10여 년 동안이나 경영전략의 수정을 기피해왔고 급기야는 1990년과 1991년에 650억불의 적자를 기록한 다음에야 CEO의 해고가 이루어졌다는 것이다. 또 다른 예로 IBM을 들고 있다. IBM은 컴퓨터분야의 워크스테이션이나 PC시장에서 혁신이 일어나고 있었음에도 종래의 대형 컴퓨터시장에만 주력하는 등 시장변화에 적응하는데 실패했다. GM과 마찬가지로 IBM은 과잉설비 문제가 두드러진 컴퓨터시장에서 고비용 생산자로 전락했으며 1991년에만 28억 달러의 적자를 기록하고 1992에도 역시 적자를 기록했다. 이 기간 동안 IBM의 주가는 거의 65% 하락했다. IBM의 이사회가 그 CEO를 경질하고 경영전략을 대폭 수정한 것은 이러한 상황 악화가 발생한 이후에야 이루어졌다는 것이다. Eastman Kodak사도 내부통할시스템이 실패한 사례로 예시하고 있다. 물론 내부통할시스템이 성공한 사례도 제시하고 있으나 문제는 이러한 성공사례가 극히 드물다는데 있다고 한다[206]. 결국 이러한 미국의 예는 이사회가 제기능을 담당하지 못한 것에 그 원인이 있다고 할 수 있다.

둘째, 기업지배권시장 활동이나 기업 구조조정(restructuring) 활동이 활발히 전개되고 부도나 파산 등 재무적 곤경상황에 처한 기업이 계속 발생한다는 사실은 모두 내부 지배구조가 실패하고 있다는데 대한 상당한 증거가 된다고 지적한다. 또한 이와 별도로 R&D 및 자본적 지출의 생산성을 측정함으로써 내부 지배구조의 효율성을 직접적으로 분석하고 있다. 이 분석은 GM, IBM, Xerox, Kodak 등의 회사는 R&D 및 자본적 지출을 하지 않았더라면 주주의 부는 훨씬 더 커졌을 것이라는 결과, 즉 R&D나 자본지출의 생산성이 자본비용에 크게 못 미쳤다는 결과를 보이고 있다[207]. 이러한 결과는 미국의 대기업 432개를 대상으로 한 것이었으며 R&D 및 자본투자의 평균생산성은 자본비용을 상회했으나 이를 하회하는 기업이 많았다는 사실은 투자지출결정의 비효율성을 입증하는 것이며 동시에 내부통할시스템 즉, 이사회의 기능제고 가능성을 의미하는 것이라고 할 수 있을 것이다.

이러한 미국의 경우를 예로 들지 않더라도 주식회사에서 이사회의 중요성은 재론의 여지가 없다. 특히 이사회의 의사결정기능을 제외하고 경영감독기능만을 놓고 본다면 이 기능이 원활하게 작동하지 못하고 있는 앞서의 문제점들을 해결하려는 개선의 노력은 반드시 있어야 할 것이다. 주식회사의 실제 소유주는 주주라고 할 수 있으나 이러한 주주들이 회사경영에 직접 참가하여 운영을

---

206) 내부 지배구조가 성공한 事例는 General Electric, General Dynamics 등이며 이들은 제품이나 要素市長, 資本市場 그리고 政治的, 法的, 規制的 與件에 어떤 危機狀況이 발생하기 훨씬 이전에 CEO를 바꾸고 經營戰略의 方向을 재설정하는 기민성을 발휘하였다.

207) 참고로 GM의 1980~1990년 사이의 R&D 및 資本投資는 672억불이었으나 '90년 12월 현재 自己資本의 시장가치는 262억불에 불과하였다. 또 1985년에 혼다와 도요타 자동차의 주식시장가치 합계는 215억불에 불과했기 때문에 GM이 R&D나 資本投資 대신에 이 企業들을 매수했더라면 훨씬 좋은 결과를 얻을 수 있었으리라는 것을 알 수 있다.

하는 것은 또한 현실적으로도 불가능하다. 결국 이사회가 그 중심업무를 담당하고 있고 또한 이사회가 그 운영의 타당성과 적법성을 심사한다는 점을 생각해볼 때 이사회가 스스로 자신의 업무집행을 감시·감독하고 있는 제도하에서는 그 효율성을 의심하지 않을 수 없고 이에 따라 사외의 외부인사로 하여금 그 기능을 대신하게 되는 사외이사 및 집행임원제도 그리고 각종 위원회제도의 활용 필요성이 더욱 증대한다고 볼 수 있다.

Ⅱ. 理事會制度 改革의 必要性

이사회는 기업조직의 일부로서 기업의 성공적인 경영성과에 어떻게 기여할 수 있는가의 관점에서 구성되고 운영되어야 한다. 특히 주식이 분산 소유된 공개기업의 경영 통제장치로서의 이사회는 경영성과의 악화가 위기상황에 이르기 전에 조기경보를 제공하고 자본배분의 효율화를 위한 의사결정과 감시기능을 수행한다. 이를 위해서 이사회는 최고경영진의 임무를 결정하고, 최고경영자를 임명하거나 면직하며, 그 성과에 따라 보수를 결정하는 한편, 자문에 응하여 의견을 제시한다. 그러나 우리 나라 공개기업들에 있어서는 이사회가 원활히 기능하지 못하고 있으며 대부분 지배주주가 최고경영 및 내부통제 임무를 동시에 수행하면서 경영권을 행사하고 있다. 따라서 그의 개인적 능력과 의사에 따라 기업경영성과가 크게 좌우되고, 기업경영상황이 극도로 악화될 때까지는 외부로부터의 경영개입이 불가능하며, 외부주주와의 이해충돌이 쉽게 해결되지 못함으로써 과도한 대리비용이 발생하고 결국 기업이 높은 자본비용을 부담하는 등의 비효율이 초래되고 있다.

우리 나라의 경우 기업인수시장이 기업소유의 집중으로 그 기능을 발휘하기 어려우므로 기업의 내부통제기능을 회복시키는 것은 대리비용의 감소나 외부주주의 보호를 통한 자본비용의 감소뿐 아니라 과잉투자의 억제 등 기업투자정책의 효율화를 위해서도 필요하다. 이사회의 구성은 외부주주들이 경영자들의 기회주의적 행동으로부터 입게 될 수 있는 피해의 정도에 따라 달라질 수 있다. 특히 기업인수시장의 기능이 미비한 상황에서는 경영자들의 자의적 행동을 견제할 이사회의 책임이 보다 막중해지며 경영자들로부터 독립된 강력한 이사회의 존재가 더욱 필요하게 된다. 반대로 활발한 기업인수시장이 존재하거나 또는 경영자들의 감시비용이 낮은 경우에는 이사회는 경영기능의 전문가들을 중심으로 구성되어 내부경영자들이 가장 유력한 이사회 구성원이 될 것이다. 즉 기업인수시장과 이사회는 경영자의 행동을 통제하기 위한 대체적 수단이며 우리 나라에서처럼 내부지분율이 커서 기업인수가 어렵거나 그에 따른 비용이 클 때에는 보다 독립적인 이사회, 즉 독립적인 사외이사가 과반수를 차지하는 이사회가 구성되어야 할 필요성이 증가하는 것이다.

第2節 理事會制度 改善의 方向

주식회사의 이사회제도가 그 기능을 상실함에 따라 입게되는 손실은 결국 일반 투자자인 주주들이라고 할 수 있다. 따라서 대주주의 이익을 위한 이사회제도의 개선이 아니라 일반 투자자들을 위한 개선이 되어야 함이 당연하다 할 것이다. 이에 따라 이사회제도의 개선에도 그 방향설정이 무엇보다 중요한 것이다. 건실한 이사회의 운영을 위하여 앞서 지적된 문제점들을 해결하기 위한 방안을 제시함에 앞서 그 목표 내지는 방향을 먼저 제시해 보고자 한다. 이하에서 제시된 방향에 초점을 맞추어 이사회제도 및 법제의 개선이 이루어져야 할 것이다.

Ⅰ. 企業의 所有와 經營의 分離

기업의 소유와 경영의 분리라는 문제는 기업이 지향해야 할 목표 중에 하나이다. 그러나 우리 나라에서 기업의 소유와 분리가 문제되는 것은 일반적으로 소수지분을 가지고 기업을 전횡적으로 지배하는 일부 대기업에서 크게 문제된다고 볼 수 있다. 결국 다수를 차지하고 있는 일반 투자자들은 기업 경영에서 소외되기 쉽고 기업이 보는 손해는 고스란히 일반 투자자에게 넘어가게 된다. 미국을 비롯한 서구에서 발달한 경제학이론을 법적 측면에서 바라본 법경제학에서는 소유와 경영이 분리된 주식회사체제에서 경영자가 항상 주주의 이익에는 배치되면서 자신에게는 유리한 행동을 할 유혹에 빠지기 마련이라는 앞에서 소개했던 이른바 대리인문제(agency problem)라는 것이 존재하며, 주주는 여러 가지 견제장치를 통해 자신의 대리인인 경영자로 하여금 그러한 유혹에 빠지지 않도록 통제하려고 노력하는 것으로 본다. 국가별로 차이는 있으나 대개 이러한 역할은 이사회나 감사기관을 통한 경영자의 감시, 기업인수·합병(M&A)시장을 통한 위협, 은행과 같은 기관투자가에 의한 견제 등의 형태로 이루어진다. 결국 이러한 소유와 경영의 분리를 위한 수많은 해결방안 중에서 상법상의 이사회의 역할과 감사기관을 통한 견제에 대해 대안을 모색해 보아야 할 것이다.

Ⅱ. 業務執行機能과 經營監督機能의 分離

이사회나 감사 등 기업통할을 위한 내부기구는 그 구성원들의 인간으로서의 한계 때문에 항상 중요한 전략적 의사결정에 있어서 오류를 범할 가능성이 없지 않다. 또한 경영자들에 대하여 인센티브 급여를 실시함으로써 문제를 해결하려는 시도도 경영자들의 실수와 능력부족에 의해 초래될 수 있는 경영상황의 악화를 방지하기는 어렵다. 이사회는 기업의 전략적 오류를 미연에 방지할 수 있어야 할 뿐 아니라 오류를 범했을 때 이를 조기에 발견하고 시정할 수 있어야 한다. 이러한 관점에서 주요 선진국들에서 시행 또는 논의되고 있는 이사회에는 사외이사를 포함한 단일이사회제와 감독기능을 경영관리기능으로부터 분리한 이원화된 이사회제의 두 가지가 있다[208].

이원화된 이사회에 있어서의 감독이사는 사실 사외이사에 해당한다고 볼 수 있으며 따라서 이원화된 이사회는 극단적 형태의 사외이사제도라 할 수도 있다. 다만 경영의사결정에의 개입 정도는 영미식 단일이사회제도하의 사외이사와 독일식 이원화된 이사회내의 감독이사간에 차이가 있을 수 있으며 전자의 경우에 그 개입 정도가 더 크다는 것이 일반적 견해이다. 우리 나라는 1960년대의 상법 개정으로 이사회제도가 도입될 당시에 미국식 사외이사제를 염두에 둔 것으로 전해진다. 즉 대표이사 등 한 두명을 사내이사로 하고 나머지 이사들은 주주의 대표인 사외이사 정도로 이해하면서 이 제도가 입법되었다고 보는 것이 일반적이다. 그러나 우리 나라나 일본이 채택하고 있는 내부감사제도는 제3의 제도라 할 수 있으나 가치창조를 위한 전략적 의사결정의 효율화에 기여할 수 있는 제도로서는 많은 한계가 있는 것으로 판단된다.

이사회 제도 중 감사기관과 관련하여 생각해 본다면, 본래 감사제도는 주식회사에서 소유와 경영이 분리된다는 것을 전제로 하여 소유자측에서 경영자를

---

208) Cary/Eisenberg, *op. cit.*, p. 291 ff. ; Cox/Lee Hazen/O'Neal, *Corporations*, Aspen Law & Business, 1997. p. 168 ff. ; Hamilton, *Cases and Materials on Corporations*, West Publishing, 1994. p. 647 ff.

감시하는 것을 목적으로 하는 기관이다[209]. 그러므로 감사제도의 엄격한 분리는 소유와 경영이 확실히 분리되어야 하는 대규모·공개기업에 필요한 것이다. 감사는 대주주 및 최고경영자가 행사하는 의사결정과 경영상의 지배를 억제하고 경영자의 독주나 부정을 감시·감독하여 기업이 사회에 공헌할 수 있도록 하여야 한다[210]. 현재 우리 나라 기업의 이사회와 경영진은 분리되어 있지 않고 있으며 설령 외형적으로 분리되어 있다 하더라도 이사나 경영진 모두 대주주에 의해 사실상 선임되기 때문에 이사회는 의사결정의 기능은 물론 감독기능까지 상실되어 있는 상태이다. 경영진을 감독해야 할 이사회가 도리어 대표이사 등의 경영진의 명령과 지휘를 받는 상태로 전락되고, 사용인 겸무이사인 경우에는 대표이사와 상하관계에 있으므로 이사는 대표이사의 부하로서 그 감독을 받는 관계에 서게 된다. 또한 대표이사가 이사회의 장을 겸하는 회사가 많아서 경영진과 이사회는 분리되어 있지 못한 것이다. 특히 재벌기업 소속의 대규모 상장회사에 있어서도 재벌오너가 회장, 대표이사, 비상근이사 등의 직함으로 이사회의 구성원인 이사로 참여하여 회사의 중요정책을 결정하고, 대표이사를 포함한 경영진을 지휘하고 있다[211]. 우리 상법은 미국법과 달리 이사와 구분되는 임원이라는 조직을 두고 있지 않다. 상법상 이사는 회사의 업무집행을 감독하는 직무를 가져야 함에도 불구하고 그 실질은 대표이사의 업무집행권을 위임받아 업무를 집행하는 위치에 있는 것이 현실이다[212]. 위와 같은 실정 하에서 감사위원회가 경영진의 업무집행을 감사한다는 것은 구조적으로 불가능하다. 대주주로부터 독립적으로 선임된 사외이사의 중요성이 여기에서 출발하게 되며 종국에 가서는 이사와 임원을 구분시켜 이사의 기능을 회사의 경영으로부터 개념적으로 분리시켜 이사회의 독립성을 향상시킬 필요성이 있다.

---

209) 양동석, "株式會社의 監査機關의 再構成", 「上場」(上場會社協議會, 1999. 6), p. 7.
210) 高田正淳, "コ~ポレイト·ガバナンスからみた事後監査と會計監査", 「企業會計」 vol .46 No. 2(1994), pp. 53~59.
211) 양동석, "理事會의 活性化方案", 「企業法研究」제4집(韓國企業法學會, 1999), p. 115.
212) 정병석, "監査制度 改善의 基本方向", 「OECD가이드라인과 韓國企業의 支配構造」 (韓國企業法學會·韓國商事判例學會 1999년도 하계공동학술대회 자료, 1999. 6. 19), p. 54.

Ⅲ. 理事會의 經營監督機能의 强化

주식회사의 경영에 있어서 이를 감독하는 기능의 중요성은 재론할 여지가 없이 크다. 이러한 감독기능의 중요성에 비추어 볼 때 그 기능의 강화라는 측면은 경영자나 대주주의 입장에서 볼 때, 기업을 주주 위주로 공정하게 운영할 가능성을 크게 만들며 기업 운영이 투명하고 건실하게 될 가능성 또한 크게 되는 것이다. 또한 이사회의 기능 중에 경영감독기능을 강화하는 것은 이사회 제도를 정상화시킬 수 있는 극단적이지만 확실한 방안으로 모색될 수 있는 것으로 본다. 현행 상법이 회사에 대하여 감사위원회와 감사제도를 선택할 수 있도록 한 것은 우리 나라 회사의 현실을 감안한 과도적인 입법이다. 그러나 다른 한편 이러한 태도는 대기업에서도 사외이사를 형식적으로 두면서 감사위원회보다는 감사를 존속시킬 수 있는 길을 제공한다. 경영감독체제 개편의 실효성을 반감시킬 여지가 있는 것이다. 지배주주나 최고경영자로서는 지금까지 형식적인 감사제도로 독재적 경영구조에 탐닉해 왔다. 이들은 자신들에게 생소한, 그것도 독립된 사외이사로 구성돼 많은 비용이 소요될 감사위원회의 설치를 꺼릴 가능성이 높다. 그렇다면 자신들에게 익숙해져 있는 종래의 감사제도를 형식적으로만 존치시키는 방향으로 나갈 개연성도 그만큼 큰 것이다. 현재 우리 현실상 모든 회사에 강제적으로 감사위원회를 설치하도록 강요하기는 무리이며 현재 규정되어 있는 상법 및 기타 법상의 감사제도의 활성화 방안을 적극 모색해야할 이유도 여기 있는 것이다. 이상의 개선논의를 위하여 사외이사, 이사회내 위원회제도 및 감사위원회제도의 강화 등이 논의되어야 할 것이며 이하에서 구체적으로 다룬다.

第3節 經營監督機關으로서의 理事會制度의 改善方案

Ⅰ. 社外理事의 獨立性 强化

1. 理事會 構成員으로서의 社外理事

(1) 理事의 業務執行權과 社外理事

앞서 보았듯이 최근의 우리 나라 주식회사의 사외이사 제도의 논의와 관련된 사외이사의 기능은 주로 감독·감사 기능 내지 그 독립성에 초점이 맞추어져 있다. 그러나 이사회가 회사의 업무집행에 관한 의사결정을 기본적인 임무로 하는 기관인 이상, 사외이사는 그 구성원으로서 이러한 임무를 우선적으로 감당하여야 할 지위에 있는 것이다. 이하에서는 이사회 본래의 업무집행권과 관련된 사외이사의 직무권한 내지 지위에 관하여 논한다.

1) 理事로서의 基本的 任務

사외이사도 주식회사의 경영 내지 운영·관리에 필요한 각종의 사무를 처리하는 이른바 업무집행기관인 이사회의 구성원으로서의 직무·권한을 가진다 (상법 제390조, 제391조, 제393조 제1항 참조). 이러한 사외이사의 권한은 사외이사가 아닌 다른 이사 즉, 대표이사 또는 업무담당이사 내지 널리 이른바 사내이사 또는 상근이사의 권한과 아무런 차이가 없다. 따라서 사외이사가 그 권한을 행사함에 있어 선량한 관리자의 주의의무를 다 하여야 하며(상법 제382조, 민법 제681조) 또한 회사를 위하여 권한에 따른 직무를 충실하게 수행하여야 한다(상법 제382조의3). 이러한 사외이사의 임무에 관한 선관주의의무와 충실의무의 정도 내지 내용도 상법상 특별의 규정이 없으므로 상근이사의 그것과 원칙적으로 차이가 있을 수 없다고 하여야 할 것이다[213].

이처럼 사외이사도 상근이사의 경우와 다름없이 이사회를 통하여 그리고 선관주의의무와 충실의무를 다하여, 회사의 이익을 위하여 회사의 경영정책을 포함한 업무집행에 관한 의사결정에 참여하고 나아가 상법상 이사회의 결의사항으로 되어 있는 각종의 임무를 수행하여야 한다[214]. 나아가 개개인의 이사에게 인정되고 있는 설립경과의 조사의무(제293조 제1항, 제313조 제1항)와 설립경과의 조사를 위한 검사인 선임청구권(제298조 제4항), 각종 제소권(제176조 제1항, 제328조 제1항, 제429조, 제445조, 제529조 제1항, 제530조의11, 제529조 제1항 등), 이사회 소집권(제390조 본문), 주주총회 · 이사회의 의사록 기명날인권 또는 서명권(제373조 제2항, 제391조의3 제2항) 등의 권리와 의무를 이행 또는 행사하는 경우에도 사외이사는 상근이사와 마찬가지로 선관주의 의무와 충실의무를 부담하게 된다.

이사의 회사 및 제3자에 대한 책임(제399조~제408조, 제424조의2 제3항, 제428조 등)에 관하여도 사외이사와 대표이사 등의 상근이사 내지 사내이사 사이에 근본적인 차이가 없다. 이사의 임무의 해태를 요건으로 하는 책임(상법 제399조 제1항 후단, 제401조 제1항)의 경우에는 성질상 양자간에 차이가 있다고 할 수 있겠으나[215] 사외이사에게도 다음에 언급할 감시의무가 인정되기

---

213) 최기원, 「新會社法論」, 박영사, 2001. p. 544.
214) 商法上 理事會는 會社의 業務執行의 결의 외에 支配人의 任免과 지점의 설치 · 이전 · 폐지(제393조 제1항), 정관으로 株主總會의 權限으로 정하고 있지 않는 경우의 代表理事의 선임과 해임 · 공동대표이사의 정함(제389조)과 신주 발행사항 · 전환사채 발행사항 · 신주인수권부사채 발행사항의 결정(제416조, 제513조 제2항, 제516조의2 제2항), 理事의 경업과 자기거래의 승인(제397조 제1항, 제398조), 중간배당의 결정(제462조의3 제1항), 사채의 모집(제469조), 會社의 간이합병 · 소규모합병(제527조의2 제1항, 제527조의3) 등도 그 결의사항으로 되어 있다.
215) Arthur R. Pinto & Gustavo Visentini, *The Legal Basis of Corporate Governance in Publicly Held Corporations - A Comparative Approach*,

때문에 상근이사 내지 사내이사의 임무의 해태에 대한 이 감시의무의 위반이 인정되는 한 사외이사도 그 책임을 면할 수 없다. 더구나 사내이사의 임무해태가 이사회의 결의로 인한 것인 때에는 그 결의에 대해 책임을 져야 하는 것이다(상법 제399조 제2항·제3항, 제401조 제2항).

다만, 현행 상법상의 이사의 책임 특히 제3자에 대한 책임은 재산적 기초가 튼튼하지 못한 소규모의 폐쇄적 주식회사의 경우에는 주주유한책임의 피해자가 되기 쉬운 제3자를 보호하기 위하여 그 책임을 엄격히 인정할 필요가 있겠지만 대규모의 공개회사의 경우까지 그것도 사외이사에까지 무차별적으로 무거운 책임을 인정할 필요가 있겠는가 하는 것이 문제된다[216]. 이는 이사회 제도의 정상적인 응용 또는 개편의 여하와 관련하여 미국 회사법상의 이사의 책임제한제도가 참고가 될 것이다[217].

2) 理事會內의 委員會와 社外理事

Kluwer, 1998, p. 267.

216) 上村達男, "公開株式會社と經營監督體制의 確立", 上村達男·伊藤邦雄(編著), 『金融ビグバン會計と法[企業會計別冊]』(東京 : 中央經濟社, 1998), pp. 200～201.

217) 종래 美國 會社法의 운용과 관련하여 會社의 理事와 任員에 대한 株主 또는 제3자로부터의 責任追窮이 增加하고 또 법원에서 내린 판결에 의한 배상액이 높아감에 따라 배상책임보험 시장이 혼란에 빠지고 많은 會社가 신규로 보험계약을 체결하거나 계약의 갱신을 하기가 어렵게 되었다. 理事의 성실의무(duty of care)의 일환으로서 「經營判斷의 原則(business judgement rule)」과 관련하여 이를 적용하지 아니한 델라웨어주 법원의 Van Gorkom사건의 판결[Smith v. Van Gorkom, 488 A. 2d 858(Del. Supr. 1985)]을 계기로 1986년 델라웨어주는 一般會社法을 개정하여 기본정관으로 理事의 會社에 대한 충실의무의 위반, 불성실한 또는 고의의 부정행위나 법규위반을 수반하는 작위 또는 부작위 및 理事가 부적절한 이익을 얻는 거래의 경우를 제외하고 그것에 의한 금전배상책임을 제한하거나 면책할 수 있는 규정을 신설하였다(Del. Gem. Corp. Law §102(b)(7)). 이와 같은 責任制限의 규정은 대다수의 주에서도 채용되고 있고 그 결과 理事에 대한 사후적인 손해배상책임의 추궁보다 理事의 행위를 사전적으로 저지하기 위한 유지청구의 소송이 增加될 可能性이 높게 되었다(Hamilton. R. W., *Law of Corporations*, 4th ed., West, 1996, pp. 387～392).

상법은 1999년의 개정에서 미국 회사법상의 이사회내의 위원회 제도를 신설하였다. 즉 이사회는 주주총회의 승인을 요하는 사항의 제안, 대표이사의 선임과 해임, 위원회의 설치와 그 위원의 임면 및 정관에서 이사회의 결의로만 할 수 있는 사항을 제외하고, 정관이 정한 바에 따라 각종 위원회를 설치할 수 있다(제393조의2 제1항, 제2항). 위원회는 3인 이상이어야 하는 감사위원회(제415조의2 제2항)를 제외하고 2인 이상의 이사로 구성되며(제393조의2 제3항) 그 운영을 이사회의 경우에 준하는 절차와 방법에 의하게 된다(동 제5항).

위원회제도가 종래의 상법상의 이사회 제도의 경우와 비교하여 이사회의 권한 내지 지위가 강력한 미국 회사법상의 이사회 제도에서 파생되어 나온 것이므로 위원회제도가 그 기능을 제대로 발휘할 수 있도록 하기 위해서는 상법상의 이사회의 지위와 조직구성을 좀 더 미국 회사법의 처지에 접근하는 입법조치가 있어야 할 것으로 생각된다. 미국의 경우 총주주의 동의로써도 이사회의 결의를 대신할 수 없고 이사회에 대한 주주의 견제는 이사임면권을 활용하는 수밖에 없다[218]. 미국 회사법 아래서는 이사는 법률적으로 이사회라는 회의체기관을 통해서만 그 권한을 행사하는 것으로 되어 있으므로 성질상 비상근의 사외이사가 아닐 수 없다. 이사 중에서 대표이사 등으로 소수의 이사가 상근에 의한 업무집행권을 가진 경우에도 그것은 이사로서가 아니라 이사회의 지휘 아래에 있는 회사의 피용인(employee)으로서의 임원 또는 집행임원(officer)의 지위에 서는데 불과한 것이다[219]. 우리 나라의 이사회에서도 집행임원의 실시를 검토해야 할 이유가 여기에 있는 것이다. 상법상의 위원회제도가 소기의 성과를 거두기 위해서는 미국 회사법 제도의 수용을 보다 철저히 할 필요가 있으며 더 나아가 현재의 대표이사제도를 집행임원제도로 개편하는 것이 바람직할 것이며 이사회를 사외이사 위주로 구성하도록 더욱 노력해야 할 것이다.

---

218) Hamilton, R. W., *Corporation - Black Series*, 4th ed., West, 1997, pp. 257~260.
219) 세계 최대의 자동차會社인 GM의 1996년의 理事 16인 가운데 任員을 겸직한 常勤理事는 2인에 불과한 것으로 알려져 있었다(春田素夫·鈴木直次,「アメリカの經濟」(東京 : 岩波書店, 1998), p. 116).

(2) 理事의 業務監督權과 社外理事

1) 社外理事와 業務執行에 대한 監督

널리 주식회사의 업무집행기관의 직무수행에 관한 감시·감독 내지 감사의 기능은 검사인(상법 제298조 제4항, 제467조), 주주(제366조, 제402조, 제403조, 제424조, 제448조 제2항, 제466조, 제467조), 주주총회(제382조 제1항, 제385조, 제449조, 제467조 제3항·제4항) 등에도 인정되고 있지만[220] 상법은 감사를 위한 독립된 필요·상설의 기관으로 감사를 두어 규정하고 있다(제490조 이하). 그리고 「주식회사의 외부감사에 관한 법률(이하 외감법)」 및 증권거래법에서는 자산규모 70억 이상의 주식회사 및 상장회사의 경우 상법에 의한 감사의 감사 외에 재무제표에 대하여 회계법인 또는 한국공인회계사회에 등록되어 있는 감사 반에 의한 결산감사 곧 외부감사를 받게 되어 있다(외감법 제2조, 제3조, 동법시행령 제2조 제1항, 증권거래법 제194조의3 제1항 본문, 동법시행령 제84조의29 제1항).

다른 한편 상법은 이사회는 이사의 직무의 집행을 감독한다고 규정함으로써 이사회의 업무감사권을 명문화하고 있다(제393조 제2항). 이 이사회의 업무감사권과 감사의 업무감사권의 내용에 관하여는 감사의 감사권이 업무집행의 위법성 여부 외에 경영정책적인 견지에서의 타당성의 여부에도 미치는가를 두고 다툼이 있을 수 있지만 그 성질상의 차이는 부인할 수 없다. 회의체기관으로서의 이사회의 업무감사권과 함께 개개인의 이사에게 이른바 감시권이 인정된다는데 대해서 이론이 없다. 나아가 상법의 개정으로 3인 이상의 이사로 감사위원회를 구성하여 이를 기존의 감사에 대치할 수 있게 하고 있다(제415조의2). 이는 이사회 내지 이사 및 감사위원회의 감사권과 관련하여 사외이사의 지위 또는 역할이 주식회사의 감독·감사체제에 얼마나 중요한 역할을 할 것인지를 시사하는 것이다[221].

---

220) 이균성, 「新體系 商法(Ⅱ) 會社法」, 고시계사, 1996, p. 283.

2) 社外理事의 監視義務

이사는 업무집행에 관한 의사결정기관으로서 그리고 대표이사 기타의 상근
이사의 직무수행에 대한 감독기관으로서의 이사회의 구성원이다. 여기에서 이
사의 감시의무가 인정되며 이러한 이사의 감시의무는 이사회에 그 결의사항으
로 상정되는 의안에 대하여만 인정되는가 그 밖의 회사의 업무 전반에 대하여
미치는 일반적 감시의무를 인정하여야 할 것인가가 사외이사에서 문제된다. 앞
서 논의했듯이 이사에게는 단독으로 행사할 수 있는 권리 내지 권한이 있고
상법 제412조의2의 보고의무가 인정된다는 점을 고려할 때 사외이사에게도 일
반적 감시의무가 있다고 본다.

그러나 이러한 이사의 개별적인 감시의무는 학설상 인정되고 있는 추상적인
의무에 불과하고 그 이행을 확보하기 위한 구체적인 직무권한이 상법상 명확
히 되어 있지 않다[222]. 따라서 회사의 경영진의 직무수행의 적법·타당성을
확보하기 위한 유력한 방안의 일환으로 사외이사제도를 채택한 이상 이 제도
의 취지에 상응하는 직무권한 예컨대 상법상의 감사에 대한 보고의무(제412조
의2), 감사의 보고의무와 보고요구·조사권(제391조의2 제2항, 제412조)에 준
하는 권한, 이사회 소집권 등을 법정할 필요가 있다.

사외이사도 항시 회사의 영업 및 재산의 상황에 관하여 일반적 정보를 파악
하고 있어야 할 것이므로 사외이사에게도 업무와 장부·서류에 대한 적극적·
능동적인 조사권이 보장되어야만 한다. 다만 비록 사외이사의 감시기능을 강조
하더라도 미국의 경우와는 다르므로 상법상 업무감사권을 가진 감사의 존재를
현재는 인정하고 있는 만큼 사외이사와 감사의 업무감사의 권한을 합리적으로

---

221) 이균성, "株式會社의 社外理事의 地位", 「商事法研究」제20권 1호(韓國商事法學會,
    2001), p. 244.
222) 韓國上場會社協議會의 「社外理事 職務遂行基準」(상장협자료, 98~9)에서는 社外理
    事에게 각종 회의록·장부 기타의 자료의 열람·등사권, 사업현장·시설의 조사
    권 등을 인정하고 있는데(동기준, p. 6), 이는 社外理事의 감시의무 수행을 위한
    權限이라고 볼 수 있을 것이다.

조정할 필요가 있다. 그리고 사외이사에게 엄격한 감사의무를 지울 경우 전문
보조자를 두어야 할 것이므로 경제적인 난점을 극복하지 않으면 안 되는 것이
다[223].

2. 社外理事 選任方法의 改善[224]

(1) 候補推薦方法의 改善

첫째, 후보추천위원회의 추천을 권장하여야 할 것이다. 미국의 기업에서는
사외이사만으로 구성된 기업지배위원회(governance committee) 또는 이사후
보지명위원회를 이사회내에 설치하고, 이 위원회가 경영진의 간섭 없이 독립적
인 사외이사후보를 탐색하여 선정하고 주주총회에 그 선임을 추천하는 것이
보편화된 관행이라고 한다. 다만 이 방법도 지명위원을 맡은 사외이사 자신들
이 독립적일 경우에만 바람직한 효과를 가져올 수 있다. 현재 우리 나라에서도
대형 상장법인·협회등록법인의 경우에는 이사회내의 사외이사후보추천위원회
가 추천한 후보자 중에서 사외이사를 선임하도록 하고, 사외이사후보추천위원
회는 총 위원의 2분의 1 이상을 사외이사로 구성하도록 규정하고 있다. 앞으로
모든 상장법인 및 협회등록법인에 대하여 사외이사를 중심으로 구성된 후보추
천위원회가 사외이사후보를 추천하도록 하면 사외이사의 독립성을 향상시킬
수 있을 것이다.

둘째, 기관투자자에 의한 추천을 활성화하여야 할 것이다. 우리 나라 대부분
의 기업들은 내부지분율이 높아서 적대적 인수를 통한 경영진의 경질 등 자본
시장의 규율기능을 기대하기는 어렵기 때문에 경영감시기능을 위해서는 주주
이익의 법적 보호장치와 함께 기관투자자들의 활동이 매우 중요할 것으로 판

---

223) 권종호, 앞의 논문(각주 113), p. 110.
224) 이하 이형규·이상복, 「社外理事 選任制度 改善方案에 관한 研究」, 「상장협 연구
총서 2002-3」(한국상장회사협의회, 2002. 5), pp. 50~65 참조.

단된다. 기관투자자는 외부의 대주주로서 경영에 대한 감시활동을 할 필요가 있으며, 이러한 역할을 담당할 수 있는 사외이사의 후보를 추천할 권한을 부여하는 것도 바람직할 것이다.

아울러 소수주주에 의한 추천절차를 간소화하여야 할 것이다. 증권거래법은 상장법인이나 협회등록법인의 이사선임시 주주총회의 2주전에 이사후보자의 인적사항 및 추천인에 대한 사전공시를 의무화함으로써(제191조의10 제2항), 소수파주주가 주주총회 회의장에서 직접 이사후보자를 추천할 수 없게 되었다. 특히 이사후보자의 사전공시의무화로 인하여 집중투표제가 허용되는 회사에서도 소수주주에 의한 사외이사의 선임이 어렵게 되었다. 즉 현행 상법 및 증권거래법에 의하면 집중투표의 청구는 총회 개최일의 1주간 전에 하면 되지만, 소수주주가 집중투표에 의하여 그들이 원하는 인사를 사외이사로 선임하려면 총회 개최일 2주간전 소집통지 및 공고시에 그 후보자의 인적사항이 공시되어야 하고, 그 공시를 위해서는 총회일 6주간 전에 주주제안권에 의하여 특정후보를 추천하는 의안을 제출하여야 하기 때문이다.

또한 증권거래법은 직전 사업연도의 자산총액이 2조원 이상인 대형 상장법인·협회등록법인에 대하여 사외이사후보추천위원회의 추천을 받은 자 중에서만 사외이사를 선임하도록 규정하고 있다(제191조의16 제3항, 제54조의5 제2항 및 3항). 이 규정도 대형 상장법인·협회등록법인의 사외이사 선임시에 객관성과 투명성을 제고하기 위한 것이었으나, 사외이사후보추천위원회에 후보를 추천하지 못한 일반주주가 주주총회 회의장에서 직접 사외이사후보를 추천할 수 있는 길을 막는 결과를 초래하였다. 원래 이사후보자의 인적사항 및 추천인에 대한 사전공시를 의무화한 것과 대형 상장법인·협회등록법인에서는 사외이사후보추천위원회의 추천을 받은 자 중에서만 사외이사를 선임하도록 한 것은 모두 사외이사 선임시에 투명성과 객관성을 제고하고 대주주나 경영인에 의한 독단적인 사외이사 후보추천 및 선임을 방지하기 위한 것이므로, 그 입법취지를 살리려면 군소주주가 직접 주주총회장에서 이사후보를 추천할 수 있도록 사전공시의무화에 대한 예외를 인정하는 등 소수파주주에 의한 추천절차를 개선할 필요가 있다.

(2) 社外理事 數의 擴大

대부분의 상장법인과 협회등록법인은 사외이사를 법정 최소인원인 이사총수의 4분의 1만을 선임하고 있다. 그러나 다수결에 의하여 의사결정을 하는 이사회에서 사외이사의 수가 사내이사의 수 보다 현저히 적은 상황에서는 업무집행이사에 대한 견제의 실효성을 거두기 어렵다. 그러므로 사외이사가 이사회에서 경영진을 견제하고 감독할 수 있도록 하기 위해서는 이사회의 의사결정과정에 실질적인 영향력을 행사할 수 있을 정도로 모든 상장법인에 대하여 사외이사의 수를 늘이도록 권장하는 것이 바람직할 것이다[225].

(3) 社外理事 資格要件의 改善

증권거래법에 규정된 사외이사의 결격요건은 주로 대주주 기타 회사와의 특수한 관계로 인해 직무상의 독립성을 해칠 만한 자의 사외이사 취임을 막기 위한 것이다. 그러나 사외이사의 자격요건에 관한 규정은 지나치게 복잡하여 일반 기업이나 주주들이 그 해당 여부를 판단하기 어려울 뿐만 아니라, 소수파 주주의 사외이사 선임에 대한 걸림돌로 작용할 수 있다. 사외이사의 결격요건 중 "최대주주의 특수관계인"(제3호)에 해당하는지 여부는 당해 특수관계인의 범위에 속한 모든 사람들의 호적등본 확인 없이는 정확히 알기 어렵다. 또한

---

225) 김홍수, "社外理事制度 小論", 「기업구조의 재편과 상사법(박길준교수 화갑기념논문집)(Ⅰ)」(도서출판 정문, 1998), p. 577 ; 정동윤, 「會社法」, 법문사, 2000, p. 401. 그리고 企業支配構造改善委員會도 1999년 9월 작성·발표한 "企業支配構造 模範規準"에서 같은 입장을 취하고 있다: "社外理事가 제대로 기능을 수행할 수 있으려면, 理事會의 의사결정과정에 實質的인 影響力을 행사할 수 있는 정도의 인원수 확보가 중요하다. 따라서 社外理事의 規模는 理事會가 經營陣과 支配株主로부터 實質的인 獨立性을 유지하고 경영의사의 결정에 影響力을 행사할 수 있는 수준에서 결정되어야 한다"(企業支配構造 模範規準, 上場會社協議會, 1999, 10, p. 20).

오늘날 핵가족화 등의 영향으로 친족의 실질적인 범위가 축소되고 있음에도 불구하고 형식적으로 친족을 모두 특수관계인에 포함시키는 것은 그 범위가 지나치게 넓다고 할 수 있다. 따라서 시대적 상황에 부합되는 인적 범위(예를 들면 4촌 이내의 혈족 및 인척)로 축소 조정할 필요가 있다. 그리고 사외이사의 결격요건인 "당해 회사와 중요한 거래관계가 있거나 사업상 경쟁관계 또는 협력관계에 있는 법인의 임·직원"에 해당하는지 여부를 판단하려면 최근 3년간의 회계장부 및 재무제표를 일일이 검토하여야 알 수 있으므로 이 역시 무리한 요건이다. 따라서 이 규정도 합리적으로 개선할 필요가 있다.

또한 증권거래법상 사외이사의 결격요건 중의 하나인 "당해 회사의 발행주식총수의 100분의 1 이상에 해당하는 주식 또는 3억원 이상의 금액에 상당하는 주식을 보유하고 있는 자"는 대주주가 사외이사로 선임되는 것을 방지하기 위한 것이나, 그 기준을 지나치게 하향 조정함으로써 오히려 소수파주주의 사외이사 선임을 가로막고 있다. 특히 증권거래법 제191조16 제3항 및 제54조의 5 제3항에 의하면 대형 상장법인 또는 협회등록법인의 발행주식총수의 1% 이상에 해당하는 주식을 보유한 소수주주는 사외이사후보를 추천할 수 있으며, 이 경우에 소수주주 자신을 이사후보로 추천할 수도 있는데, 이것은 동법에서 1% 이상의 주식을 소유한 소수주주를 사외이사의 결격사유로 규정해 놓은 것과 상호 모순된다. 따라서 사외이사의 결격사유로 규정해 놓은 주주의 지주비율 및 주가총액에 관한 기준은 상향조정하거나 폐지하는 것이 바람직하다. 이를 폐지하더라도 현행법상 최대주주나 주요주주 등은 사외이사가 될 수 없다.

(4) 社外理事의 責任免除 및 責任制限의 改善

사외이사는 사내이사와 비교하면 회사경영에 관한 정보의 입수면에서 취약할 뿐만 아니라 직접 업무를 집행할 권한도 없고 보수면에서도 현격한 차이가 있다. 그럼에도 불구하고 사외이사는 그 책임에서 사내이사와 아무런 차이가 없다. 더욱이 상법상 감사위원회는 감사를 갈음하기 때문에 그 위원인 사외이사는 이사로서의 책임을 져야할 뿐만 아니라 감사위원으로서 감사의 책임도 져야 하므로 법규정상으로는 사외이사가 오히려 사내이사보다 과중한 책임을 져야 한다. 이처럼 그 권한에 비하여 책임이 더 무겁다는 것은 논리적으로 모순이며, 이것은 유능한 인재를 사외이사로 확보하기 어렵게 하는 요인이 될 수 있다. 또한 상법은 이사의 회사에 대한 책임을 총주주의 동의로 면제할 수 있도록 규정하고 있으나, 주주총회에서 전원일치의 찬성을 얻는 것은 매우 어려운 일이다. 이와 같은 이사의 책임 및 그 면제에 관한 상법상의 규정은 유능한 인재를 사외이사로 확보하는 데 장애요인이 될 수 있다.

그러므로 사외이사의 권한과 보수 등에 합당한 책임을 부여하고 유능한 인재를 사외이사로 확보하기 위해서는 이사의 책임에 관한 현행규정을 개선할 필요가 있다. 이사의 책임에 대한 면책제도를 개선함에 있어서는 그 기본틀은 유지하되, 면책요건을 총주주의 동의에 대신하여 주주총회의 특별결의로 하여 면책제도가 실제로 기능할 수 있도록 하는 것이 바람직하다고 본다. 다만 이사의 면책요건을 완화하는 경우에 이사의 충실의무에 위반하는 행위로 인한 책임과 고의에 의한 책임, 이사가 부당한 이익을 얻거나 거래로 인한 책임 등에 대하여는 그 대상에 포함시킬 필요는 없을 것이다.

한편 2000년 6월 법무부에 제출된 "기업지배구조개선 용역보고서"에서는 이사의 과실에 의한 책임에 대해서는 정관에 의하여 사외이사의 책임을 회사로부터 지급 받는 연간보수총액의 적절한 배수(5배 정도)의 금액으로 한정되도록 상법을 개정하자는 제안을 하고 있는데[226], 유능한 인재를 사외이사로 선임될 수 있도록 하기 위해서는 사외이사의 과실에 의한 책임의 경우에는 책임

---

226) Coudert Brothers · 법무법인 세종 · International Development Law Institute · Bernard S. Black 교수, 「國際競爭力 强化를 위한 韓國의 企業支配構造 最終報告書 및 法改正 勸告案」(1999. 6), p. 43. 이에 대해서는 現行法이 理事의 責任을 회사에 대한 책임과 제3자에 대한 책임으로 구분하고 있기 때문에 會社가 理事의 責任을 一律的으로 제한하는 것은 곤란하다거나 또는 社外理事와 社內理事는 그 권한에 차이가 없는 이상 社外理事라는 이유만으로 책임에 차등을 두는 것은 社內理事와의 형평에 반한다는 이유 등으로 反論이 있다(이기수, 앞의 논문(각주 66), pp. 88~91 참조).

의 한도를 연간보수액의 일정부분으로 제한하는 것을 고려해 볼만하다[227].

사외이사에 대한 책임제한은 합자회사의 경우에 유한책임사원에 관한 책임법리를 원용하면 쉽게 이해될 수 있을 것이다. 즉 합자회사의 경우에 업무집행과 회사를 대표하는 권한을 가지는 무한책임사원은 회사채권자에 대하여 무거운 무한책임을 지지만, 업무감시권만을 가지는 유한책임사원은 회사채권자에 대하여 출자하기로 한 가액을 한도로 하는 책임을 진다. 이러한 법리를 주식회사의 경우에 업무를 집행하는 사내이사와 업무집행에 관한 감독을 주요한 직무로 하는 사외이사에 원용하면 사외이사의 책임을 제한하는 것은 법리상 무리한 발상은 아니라고 본다. 물론 합자회사의 경우에는 사원의 책임은 회사채권자에 대한 것이고, 주식회사의 경우에 이사의 책임은 회사에 대한 책임이라는 점에 차이가 있기는 하다.

참고로 미국에서는 1985년의 Smith v. Van Gorkom 사건에 대한 델라웨어주 대법원의 판결[228]을 계기로 이사의 책임제한에 관한 입법을 하게 되었다. 이 사건의 판결에서 델라웨어주 대법원은 이사들이 합리적으로 수집가능한 정보에 기초하지 않고 충분한 의견수렴과정도 거치지 않은 채 합병안을 가결한 것과 그 추인 여부에 대한 주주의 결정에 합리적으로 요구되는 중요한 정보와 자료를 제공하지 않은 것은 중대한 과실(gross negligence)에 해당하므로, 경영판단의 원칙에 의한 이사들의 보호를 부정하고 그 행위에 의하여 발생한 손해배상책임을 인정하였다. 이 판결에 대하여는 많은 논의가 있었으나, 이사가 이기적 행동을 하지 않고 충실의무를 위반하지 않는 경우라고 하더라도 충분한 정보를 얻은 다음에 신중한 결정을 내리지 않으면 경영판단의 원칙에 의하여 보호될 수 없는 경우도 있다는 것을 보여주었다. 이 판결 이후에 이사에 대한 책임추궁이 엄격해짐으로써, 손해배상청구소송의 건수와 배상액 및 응소로 인한 방어비용이 격증하게 되었다. 이로 인하여 임원배상책임보험의 위기와 함

---

227) 권종호, "韓國型 社外理事制度의 問題點과 그 改善方案에 관한 立法論的 摸索"「
   상장협」제44호(韓國上場會社協議會, 2001. 9), p. 126.
228) Smith v. Van Gorkom, 488 A.2d 858 (Del. Supr. 1985).

께 유능한 인재들이 사외이사가 되기를 꺼리는 현상이 발생하였다. 이에 1986 년 델라웨어주는 이사의 책임제한에 관한 입법을 하게 되었고[229] 이러한 이사 의 책임제한에 관한 입법은 전국으로 확산되었다.

현재 미국에서 대다수의 주회사법은 이사 책임의 사전 면제・제한에 관한 규정을 두고 있다. 이들 주법을 크게 나누어 보면 다음과 같이 분류할 수 있 다. 첫째, 델라웨어주・캘리포니아주・뉴욕주 등 30개 이상의 주에서는 정관의 규정으로 이사의 일정책임을 사전에 면제 내지 제한하는 것을 인정하고 있다. 둘째, 인디애나주・오하이오주 등은 법률 자체에서 이사의 주의의무 위반책임 을 배제하고 있다[230]. 그리고 셋째, 버지니아주는 이사가 부담할 배상책임액의 한도를 법률에 정하고, 그 범위 내에서 정관의 규정으로 일정책임을 사전에 면 제・제한하는 규정을 두고 있다[231].

이러한 이사의 책임제한 입법은 뉴저지주 등 몇 개의 주를 제외하고는 기본 적으로 그 대상에서 임원을 제외하고 있으며, 구체적으로 이사의 손해배상책임 이 발생하기 전에는 일정한 책임을 면제・경감하는 것에 특징이 있다. 다만 이 사의 책임제한을 규정하고 있는 주법들도 모두 이사의 충실의무에 위반하는 행위로 인한 책임과 고의에 의한 책임, 이사가 부당한 이익을 얻거나 거래로 인한 책임 등에 대하여는 책임의 사전면제・제한을 인정하지 않고 있다.

또한 최근 일본의 이사배상책임에 관한 개선내용을 보면[232], 배상책임액의 한도를 형사사건 및 중과실로 인한 경우를 제외하고는 대표이사의 경우 월보 수의 6년분, 대표이사 이외의 이사는 4년분, 사외이사는 2년분으로 개정하였다. 나아가 이사의 배상책임을 경감하는 방식으로 소송이 제기된 후 주주총회 특 별결의로 경감을 인정하는 방법과 정관에서 미리 경감권한을 이사회에 부여하 는 방법을 인정하고 있다. 다만 사외이사에 대하여는 정관의 규정만으로도 책

---

229) Del. GCL §102(a)(7).

230) Ind. Code §23~ 1~35(1)(e)(2) ; Ohio Code §1701.59.

231) Va. Code §13.1~ 692.1.

232) 2001년 12월 12일 법률 제149호로 공포된 일본의 「商法 및 株式會社의 監査 등 에 관한 商法의 特例에 관한 法律의 一部를 改正하는 法律」 참조.

임경감이 가능하게 하고 있다. 위 제도의 남용을 억제하기 위한 장치로는, 이사회가 주주총회에 이사의 책임경감에 관한 안건을 상정하는 경우에는 감사의 동의를 얻도록 하였으며, 정관에 의거 이사회가 임원의 책임 경감을 결정할 경우 3% 이상의 지분을 가진 주주가 1명이라도 반대하면 무효가 되도록 하고 있다[233]. 일본의 개선내용은 우리에게 시사하는 바가 크다고 할 수 있다[234].

3. 集中投票制의 補完

(1) 强行規定化에 대한 贊·反論

상법은 98년 상법 개정시에 이사 전원이 대주주에 의해 독점적으로 선임되는 것을 견제하고, 소수파 주주들도 그들의 이익을 대변하는 이사를 선임할 수 있도록 집중투표제를 도입하였다. 그러나 집중투표제의 실시여부를 회사가 자율적으로 결정할 수 있도록 함으로써 결과적으로 동제도 도입의 실효성을 거두지 못하고 있는 점과 관련하여 집중투표제의 의무화론과 이에 반대하는 입장이 첨예하게 대립하고 있다. 그러나 아래에서 살펴보는 바와 같이 집중투표제의 의무화는 장단점을 가지고 있기 때문에, 현재의 전반적 분위기는 강제적 실시보다는 유가증권상장규정 및 유가증권협회등록규정 등을 통하여 집중투표제를 실시하는 기업에 대하여는 지배구조 모범기업 선정시에 가산점을 부여하는 등 이 제도의 실시를 권장하는 방향인 것으로 파악된다. 그러나 시민단체 등은 다음과 같은 이유에서 집중투표제의 의무화를 주장하고 있다[235]. 먼저

---

233) 각 조문의 내용은 "商法及び株式會社の監査等に關する商法の特例に關する法律の一部を改正する法律案修正案新舊對照條文", 「商事法務」제1614호, 2001. 12. 5, pp. 5~21 참조.
234) 본 論文 第2章 일본의 최근 개정내용 참조.
235) 경실련, "商法上 「集中投票制 强制條項化」를 위한 법개정청원"(보도자료 1999. 9. 28) ; 참여연대 "商法 改正 立法請願(2000. 10. 16)" ; Coudert Brothers · 법무법인 세종 · International Development Law Institute · Bernard S. Black 교수, 앞의 책, p. 25.

단순투표제에 의하여 이사를 선임하는 경우에는 자본다수결의 원칙상 이사들은 지배주주의 일방적인 의사에 따라 선임되며, 이들로 구성된 이사회는 주주 전체의 이익보다 지배주주의 이익을 위하여 행동하게 된다. 그러나 대주주가 자신의 지분보다 더 많은 영향력을 행사하고, 군소주주가 자신의 지분만큼 목소리를 낼 수 없는 것은 부당하므로[236], 집중투표제의 의무화에 의하여 소수파 주주의 이익을 대표하는 자도 이사회의 구성원이 될 수 있도록 하여 회사의 경영에서 대주주뿐만 아니라 소수파 주주의 이익도 고려될 수 있어야 한다[237]. 그리고 기업이 대주주에 의한 독단적 지배에서 벗어나고 그 경영에 전체투자자, 채권자, 종업원, 소비자의 이해가 반영될 수 있기 위해서는 대주주로부터 독립한 이사의 선임이 필수적이다. 그러나 우리 나라의 거의 모든 상장법인 및 협회등록법인에서 실질적으로 대주주 및 경영진에 의해서 이사가 추천·선임되고 있어 대주주의 영향을 견제할 독립적인 이사선임이 사실상 불가능하다. 따라서 사외이사제도가 제기능을 발휘하게 하려면 소액주주의 이익을 대변할 이사의 선임이 가능하도록 상장법인 및 협회등록법인에 대하여는 집중투표제를 의무화하여야 한다[238].

이에 대하여 재계는 다음과 같은 이유에서 집중투표제의 의무화를 반대하는 입장을 밝히고 있다[239]. 우선 집중투표제에 의하여 선임된 이사들은 회사 전체 차원의 이익보다는 자신을 선임해준 주주들의 이익을 앞세움으로써 이사회의 내부에 당파적 대립이 생길 우려가 있으며, 각 파의 의견조정 및 타협을 위하여 장시간이 소요되고, 이사회의 운영의 기동성·효율성을 상실하게 될 것이다. 그리고 세계적으로 집중투표제를 강행법화하고 있는 국가는 러시아, 멕시코, 칠레 등

---

236) 오수근, "OECD 企業支配構造 原則에 대한 分析", 「企業支配構造의 法的 諸問題」 (연세대, 1999. 10. 9), p. 72.
237) 이문지, "集中投票에 의한 理事選任의 得과 失", 「上場」(韓國上場會社協議會, 1999. 4), p. 12 참조.
238) 참여연대, 증권거래법 및 유관법령에 관한 의견청원, 1999. 11. 11.
239) 全國經濟人聯合會, 「企業支配構造 改善方案의 諸問題(정책건의자료)」, 2000. 10 ; 大韓商工會議所, 商法 議員立法案에 대한 意見(建議書), 2000. 12. 7 ; 韓國上場會社協議會, 商法中 改正法律案에 대한 意見, 2000. 12. 20 참조.

극히 일부 국가에 불과하다. 또한 이 제도를 처음으로 시행한 미국에서도 델라웨어주를 비롯한 대부분의 주회사법에서 집중투표제의 실시 여부를 회사의 선택에 맡기고 있으며, 특히 처음으로 집중투표제를 도입·의무화했던 일리노이주도 1970년 헌법을 개정하여 집중투표에 대한 강제규정을 삭제하였고 현재는 6개 주만이 이를 의무화하고 있다. 일본의 경우에도 1974년 상법개정을 통하여 집중투표제를 개별회사의 정관으로 배제할 수 있도록 하였다. 그리고 영국과 독일에서는 아예 이에 관한 규정을 두지 않고 있다. 이와 같이 외국의 예를 보더라도 집중투표제의 의무화는 국제적으로 보편성을 지닌 것이라고는 할 수 없다. 또한 자본다수결의 원칙을 기초로 하는 물적회사인 주식회사에서 집중투표를 통하여 모든 주주의 의결권을 비율적으로 반영하여 의사결정을 하도록 강제하는 것은 법리상 무리한 발상이라고 하며 집중투표제를 강행규정으로 하여 주식회사의 기관을 구성하도록 하는 것은 기업의 자기결정권을 지나치게 제약하는 규제적 입법이 될 수 있다는 지적[240]도 있다.

그러나 집중투표제를 강행법화할 경우에는 이사선임시에 소수파 주주의 의결권 및 발언권이 강화될 수 있으며, 지배주주에 의한 독단적 경영의 폐해를 막고 기업경영의 투명성을 제고하는 데 기여할 것이라는 점 등의 긍정적 측면은 무시할 수 없으며 이러한 집중투표제의 강행규정화가 종국에 가서는 이사회의 감독기능의 회복이라는 결과로 나타나게 된다면 제도실시의 강제를 검토해 보아야 할 문제이며 각국에서 강행규정화하지 않았더라도 우리의 현실과 법제도적인 측면에 비추어 보아 강행이 가능하다면 굳이 이러한 선례를 추종할 필요는 없다고 생각한다. 이하에서는 이러한 집중투표제의 선례가 되고 있는 각국의 사례와 강행화 여부를 자세히 살펴보기로 한다.

---

240) 이형규, "企業支配構造改革의 未解決課題", 「商事法研究」제20권 2호(韓國商事法學會, 2001), p. 200.

(2) 集中投票制의 强行規定에 대한 外國의 立法例

1) 外國의 集中投票制 强行의 採擇 與否

제도를 논의함에 있어 외국은 선례와 입법례가 어떤가를 살피는 것은 매우 중요하고 의미 있는 일이다. 그러나 선진국이 한 것이면 우리도 해야 한다는 식의 결론을 내리는 식의 연구태도는 올바르지 못하다. 결국 그것이 선진국이건 후진국이건 간에 다른 나라들이 어떻게 하고 있는가는 우리가 그 제도를 택해야 하는지의 여부를 결정함에 있어 단지 판단기준으로 활용하여만 할 것이다. 다른 많은 나라들이 택했다고 해서 좋은 것이리라는 보장이 없고, 또 어떤 특정한 제도를 택한 나라들의 숫자가 작거나 또는 없다고 해서 그것을 나쁜 제도라고 보기도 어렵다. 여기에서는 집중투표제와 관련한 잘못된 정보와 연구의 객관성을 위하여 다른 나라들의 시행규정을 아래의 표로서 간략히 정리하기로 한다.

[표 5] 集中投票制 强行規定化 與否의 立法例[241]

국 가	채택여부	국 가	채택여부
나이지리아	×	칠 레	○
인 도	×	미 국	△
남아프리카	×	터 키	×
인도네시아	×	브라질	×
독 일	×	폴란드	×
일 본	×	아르헨티나	×
러시아	○	영 국	×
중 국	×	헝가리	×
말레이지아	×	이집트	×
체코슬로바키아	×	멕시코	○

* △ 6개 주만 集中投票制를 강행규정으로 채택

집중투표제 또는 이와 유사한 비례대표식 이사회제도의 채택여부에 대해 비교 대상이 되는 국가의 수는 모두 21개국이다. 이 중에서 이 제도를 강행규정으로 두고 있는 나라는 러시아와 멕시코, 칠레 3개국이었다. 독일과 영국은 아예 집중투표제에 관한 규정이 없고, 일본은 우리 나라처럼 정관으로 집중투표제를 배제할 수 있는 규정을 갖추고 있다. 미국은 전체 51개 주 가운데에서 6개 주만이 집중투표제를 강행규정으로 택하고 있다. 미국은 집중투표제를 시작한 나라인 동시에 최근 들어 그것의 효력이 사라지고 있는 나라라는 의미에서 매우 흥미롭다. 미국에서의 집중투표제의 역사를 살펴보고자 한다.

2) 美國에서의 集中投票制

집중투표제의 발원지는 미국이다. 미국에서는 본래 주식회사의 이사를 선출하는 방식에 대해 공법의 개입이 없이 보통법(Common Law)의 영역이었다. 따라서 회사가 집중투표제를 택할 지의 여부는 당사자들인 경영자와 투자자들이 알아서 결정할 문제였다. 1870년, 일리노이주(State of Illinois)가 헌법개정을 통해 집중투표제를 강행규정(mandatory rule)으로 택하면서 미국에서의 집중투표제가 시작된다. 이것을 계기로 많은 다른 주들이 집중투표제를 강행규정으로 택하게 되는데 1880년까지는 7개의 주가, 그리고 1900년까지는 18개의 주가 같은 규정을 택했다. 이 들 중에서 일리노이(1870), 펜실바니아(1873), 캘리포니아(1878), 미시간(1878) 같은 주는 미국 경제에서 차지하는 비중이 크기 때문에 이들 주가 집중투표제를 택했다는 것은 매우 중요한 의미를 갖는 사건으로 인식되었다. 그러나 강행규정이 아니라 임의규정(permissive rule)의 형식을 택한 곳들도 있었다. 뉴욕(1892)과 뉴져지(1900), 델라웨어(1917) 같은 주가 여기에 해당한다.

1900년부터 1945년에 이르는 기간 동안 강행규정이든 임의규정이든 간에 집중

---

241) 자료는 독일, 미국, 영국, 일본에 대해서는 전삼현(1999, pp. 68~74)을 이용, 나머지 국가에 대해서는 Black and Kraakman(1996, p. 1982)에서 인용함.

투표제에 관한 명시적 규칙을 새로 가지게 된 주는 모두 16개 주로서, 이중 4개 주는 강행규정을 택했고, 12개의 주는 임의규정을 택했다. 이로서 1945년 현재 집중투표제를 택한 주는 모두 37개이며 강행규정으로 택한 주는 모두 22개, 그리고 임의규정으로 택한 주는 15개였다. 같은 기간 중 강행규정에서 임의규정으로 전환한 주는 네바다(1903)와 콜로라도(1915)의 2개 주였다. 특히 1930년대와 40년대에는 집중투표제의 열풍이 강하게 불었다. 1933년 제정된 미국 은행법(The Banking Act of 1933)은 모든 전국 단위의 은행들(national bank)로 하여금 집중투표제를 택하도록 의무화했다. 증권관리위원회(Securities and Exchange Commission)도 1930, 40년대의 법정관리 사건을 다룸에 있어서 대상 기업들이 집중투표제를 택하도록 종용했다. 미국 변호사협회가 발표한 최초의 모범회사법 (Model Business Corporation Act, 1950)도 집중투표제의 강행규정화를 권고하고 있다. 모범회사법의 작성 시기가 실질적으로 1940년대였다는 사실은 집중투표제에 대한 당시의 태도를 엿볼 수 있게 해준다.

이같은 분위기는 1950년대부터 전혀 다른 방향으로 바뀌어갔다. 이 시기에 추가적으로 집중투표제를 택한 주는 7개 주이지만 모두 임의규정으로 택함으로서 이같은 분위기를 반영했다. 이런 추세는 1960년대와 70년대, 80년대까지도 계속되었다. 1980년대에 들어 12개 주가 집중투표제를 강행규정에서 임의규정으로 전환했다. 1992년을 기준으로 했을 때, 44개 주가 집중투표제를 임의규정으로 하고 있으며, 1개 주(매사츄세츠)는 아예 집중투표제를 허용하지 않고 있다. 집중투표제를 여전히 강행규정으로 삼고 있는 주는 6개 주에 불과한데 그것도 기업의 입지로서는 중요성이 없는 주들이다.

(3) 理事會制度와 集中投票制

이렇듯 시행에 대한 부작용과 또한 강행규정의 요구 등으로 현재의 집중투표제는 그 방향을 잡지 못하고 있는 실정이다. 국내의 상장회사들 사이에서도 이러한 집중투표제에 대한 입장이 제각각이어서 어느 것이 회사의 견해를 표명하고 있는지 알기도 어렵다[242]. 그러나 최근의 기업들의 행태는 회사운영의 지하화를 유지하려는 듯 보이고 있다. 즉 소액주주의 권한을 강화하는 취지의 집중투표제를 막기 위하여 상장기업들이 정관에 집중투표제 배제 조항을 넣는 사례가 늘고 있는 것이다[243]. 재계는 이 제도의 의무화에 대해 반대하고 있으나 증시 전문가들은 압도적으로 찬성하고 있다는 조사 결과가 나왔다. 한국기업지배구조개선지원센터의 자료에 의하면 애널리스트·펀드매니저 등 201명을 대상으로 설문 조사한 결과 응답자의 93%가 증권 관련 집단소송제의 도입이 필요하다고 답변했으며 90%가 집중투표제 의무화에 찬성했다고 한다. 집단소송제 도입이 필요하다는 답변중 1년 이내 도입을 주장한 비율은 71%였다. 응답자의 98%는 사외이사 의무화에도 불구, 상장기업 이사회가 대주주나 경영진을 견제할 수 있을 정도로 독립성을 갖고 있지 않다고 답변했으며, 97%는 기업 지배구조 관련 제도를 강화할 필요성이 있다고 답변했다. 결국 사외이사제 및 이사회제도의 기능회복을 위한다는 측면에서 지배주주의 경영전횡을 저지하는 수단으로서 도입된 사외이사제도에 대하여 성과에 대한 평가 없이 오히려 그 부작용만이 부각되고 있는 실정이고 사외이사를 지배주주의 뜻대로만 선임하게 되어 있는 현행 제도 아래서는 사외이사가 제대로 된 기능을 할 수 없다는 것이 집중투표제의 강행규정화가 갖는 평가일 것이다. 이러한 집중투표제로서 일반주주가 사외이사를 선임하거나 사외이사의 선임에 관여할 수 있게 하여야 비로소 사외이사가 지배주주의 경영전횡을 저지하는 역할과 이로서 이사회가 제 기능을 회복하는데 커다란 일조를 담당할 수 있을 것이라 기대한다.

4. 實效性提高를 위한 方案

사외이사제도가 실효를 거두기 위하여는 대주주(경영진)로부터의 독립성이

---

242) 조선일보, 2003. 2. 25, 경제면 참조.
243) 證券去來所에 의하면 2003년 들어 국보·국도화학·휴스틸·쌍방울·동양철관·미도파·삼립식품·삼익악기 등 총 8개 상장기업이 정관에 集中投票制 배제 조항을 도입한 것이다(조선일보, 2003. 4. 1, 경제면 참조).

보장되고, 업무에 있어 전문성이 전제가 되어야 할 것이다. 사외이사의 전문성은 그의 선임에서뿐만 아니라 업무수행에서도 보장되어야 할 것이다. 사외이사의 선임에서의 독립성을 보장하기 위하여는 사외이사가 실제로 대주주나 회사임원의 추천에 의해 선임될 수 있는 것을 배제하고 중립적인 제3자 또는 독립적인 기업감독 전문기관 등의 추천에 의하여 선임되도록 하여야 할 것이다244). 사외이사의 선임에 있어서 그의 독립성을 보장하기 위하여 최근 사업연도 말 현재 자산총액이 2조원 이상인 주권상장법인 또는 협회등록법인은 사외이사후보를 추천하기 위하여 이사회내 위원회의 하나로 사외이사가 총위원의 2분의 1 이상으로 구성되는 '사외이사후보 추천위원회'를 설치하여(증권거래법 제191조의 16 제3항, 54조의 5 제2항), 이러한 사외이사후보 추천위원회의 추천을 받은 자245) 중에서 사외이사를 선임하여야 한다(증권거래법 제191조의 16 제3항, 제54조의 5 제3항).

그러나 증권거래법상의 이러한 규정에 의하여 사외이사의 선임이 대주주(경영진)로부터 사실상 독립성이 보장되지 못하고 있다. 이러한 현실은 상장회사의 사외이사 추천방법 설문결과에서 거의 대부분은 대주주나 회사임원의 추천에 의하여 사외이사가 선임되는 점에서도 알 수 있다246). 따라서 사외이사가 실제로 회사의 대주주로부터 독립하여 선임될 수 있는 새로운 방안이 모색되어야 할 것이며 사외이사의 업무수행에서의 독립성을 보장하기 위하여는 사외이사에게 정기적인 보수보다는 주주 및 회사를 위하여 활동함에 따른 인센티브제를 시행하여야 할 것이다247).

---

244) 韓國上場會社協議會, 앞의 자료, p. 42 ; 김동철, "社外理事制度의 效率的 活用", 「法學碩士學位論文」(高麗大, 2000. 2), pp. 112~117 ; 남경현, "社外理事制度의 法的 地位와 責任에 관한 研究", 「法學碩士學位論文」(高麗大, 2001. 2), pp. 84~90.

245) 이러한 후보자에는 6월 전부터 계속하여 주권발행법인 또는 협회등록법인의 議決權 있는 발행주식총수의 1,000분의 10(最近 사업연도 말 자본금이 1천억원 이상인 법인의 경우에는 1,000분의 5)이상에 해당하는 株主가 추천한 社外理事候補를 포함시켜야 한다.

246) 韓國上場會社協議會, 앞의 자료, p. 41.

247) 정찬형, 앞의 논문, p. 39.

   또한 사외이사의 업무에 있어서의 전문성은 사외이사로서 업무를 수행할 수 있는 능력과 업무의 효율성이 전제되어야 한다. 사외이사로서의 업무능력에는 전문적인 지식과 그 업무에 대한 경험이 있어야 하므로 이러한 자를 사외이사의 자격요건으로 함과 동시에 또한 이러한 자를 다수 발굴하고 배출할 수 있는 제도적 장치가 마련되어야 할 것이다[248]. 주권상장법인 또는 최근사업연도 말 현재의 자산총액이 1천억원 미만인 벤처기업을 제외한 협회등록법인의 경우에는 일정한 자[249]는 사외이사가 되지 못하며 또한 사외이사가 된 후 이에 해당하는 경우에는 그 직을 상실하는 것으로 되어 있다(증권거래법 제191조의 16 제3항, 제54조의 5 제4항).

   그러나 이것은 사외이사의 자격요건을 소극적으로 규정하고 있음에 불과하므로 전문적인 지식과 그 업무에 관한 경험을 전제로 한 업무능력이 있는 자가 사외이사로 선임될 수 있는 적극적인 자격요건이 규정됨과 동시에 또한 이러한 자가 사외이사로 선임될 수 있는 제도적 장치가 마련되어야 할 것이다[250]. 주권상장법인 또는 협회등록법인의 이사는 이사회의 결의로써 회사의 비용으로 전문가의 조력을 구할 수 있으므로(증권거래법 제191조의 16 제5항) 사외이사도 회사의 비용으로 전문가의 조력을 구할 수는 있으나 이것은 어디

---

248) 韓國上場會社協議會, 앞의 자료, pp. 41~42.
249) 미성년자·금치산자 또는 한정치산자, 파산자로서 복권되지 아니한 자, 금고 이상의 형을 받고 그 執行이 종료되거나 執行을 받지 아니하기로 확정된 후 2년을 경과하지 아니한 자, 證券去來法에 의하여 해임되거나 면직된 후 2년을 경과하지 아니한 자, 證券去來法에 의하여 해임되거나 면직된 후 2년을 경과하지 아니한 자, 당해 會社의 株主로서 議決權 있는 발행주식총수를 기준으로 본인 및 그의 특수관계인이 所有하는 주식의 수가 가장 많은 경우 당해 본인(最大株主), 最大株主의 특수관계인, 당해 會社의 主要株主 및 그의 배우자와 직계존비속, 당해 會社 또는 계열회사의 임·직원이거나 最近 2년 이내에 임·직원이었던 자, 당해 會社의 任員의 배우자 및 직계존비속, 당해 會社와 대통령령이 정하는 중요한 거래관계가 있거나 사업상 경쟁관계 또는 협력관계에 있는 법인의 임·직원이거나 最近 2년 이내에 임·직원이었던 자, 당해 會社의 임·직원이 비상임이사로 있는 會社의 임·직원 기타 社外理事로서의 직무를 충실하게 이행하기 곤란하거나 당해 會社의 經營에 영향을 미칠 수 있는 자로서 대통령령이 정하는 자.
250) 정찬형, 앞의 논문, p. 40.

까지나 예외적이고 부득이한 경우에 부분적으로 인정될 수 있는 것이므로 사외이사는 필요한 경우에 전문가의 조력을 구할 수 있다고 하더라도 먼저 그에게 업무에 대한 전문적인 지식과 경험이 있어야 할 것이다. 사외이사로서 업무의 효율성을 높이기 위하여는 사외이사도 사내이사와 동일하게 일할 수 있는 여건이 전제되어야 하며 그렇게 된다면 회사에서는 그러한 사외이사에 대한 기업정보의 제공 및 기밀누출의 우려를 불식할 수 있고 그러한 사외이사는 회사가 필요한 경우에는 언제든지 이사회에 출석하여 회사와 주주의 이익을 위하여 지배주주에 종속되지 않고 독립적으로 충분히 자기의 의사를 개진할 수 있을 것이다[251].

참고로 현재 한국이사협회에서는 이사에게 이사의 자격을 인정하자는 자격증제도의 도입을 추진하고 있다[252]. 이를 가리켜 공인이사라 칭하며 경험, 윤리성, 교육과정이수, 지식 등의 4가지를 기준으로 한다고 한다. 사외이사는 물론이고 사내이사까지 모두 포함하게 된다. 이 제도가 시행된다면 이사의 자격강화 및 지배구조에 미치는 영향이 클 것으로 기대된다.

II. 理事會內 委員會制度의 活性化

1. 委員會制度의 導入趣旨 및 機能

(1) 導入趣旨

1999년의 개정상법은 이사회는 정관에 정한 바에 따라 위원회를 설치 할 수 있도록 하고(상법 제393조의 2 제1항), 이사회는 주주총회의 승인을 요하는

---

251) 현행 社外理事制度의 改善方案에 대한 논의에 관하여는 권종호, 앞의 논문, pp. 10
     8~137 ; 임중호, "社外理事制度의 定着을 위한 先決課題", 「上場」, 2000. 10, pp.
     6~10 ; 韓國上場會社協議會, 앞의 자료, pp. 40~44.
252) 동아일보, 2003. 3. 31, 경제면 참조.

사항의 제안, 대표이사의 선임 및 해임, 위원회의 설치와 그 위원의 선임 및 해임 기타 정관에서 정하는 사항을 제외하고는 그 권한을 위원회에 위임할 수 있다(동조 제2항). 정관 및 이사회 결의로 위임한 사항에 대하여 이사회는 여전히 감독권을 갖는다(상법 제393조 제2항). 위원회가 위임받은 권한의 범위 내에서 결의를 하면 이것은 이사회의 결의와 동일시된다. 그러나 이사회는 위원회가 결의한 사항에 대하여 다시 결의할 수 있다(상법 제393조의 2 제4항). 이는 위원회가 이사회 내의 하부기관이기 때문에 당연하다 할 것이다. 미국의 이사회제도는 업무집행을 집행임원에게 위임함으로써 경영효율성의 감시·감독기능만을 특성화 할 수 있고 이사회 내에 다수의 사외이사로 구성되는 이사후보추천(지명)위원회와 보수위원회를 설치하여 인사권과 보수결정권을 이들이 결정함으로써 이사회의 경영효율성에 대한 감독을 효과적으로 보충·지원할 수 있다고 한다. 또한 이사회 내에 설치된 감사위원회는 경영진의 업무집행(주로 회계감사)에 대한 적법성 감독을 함으로써 이사회의 위법성 감독 기능을 보충·지원하고 있다[253]. 요컨대 이사회내 위원회는 이사회의 경영감독기능을 강화하기 위한 목적 이외에 이사회 내 위원회인 경영위원회에 이사회의 업무집행결정권을 위임하여 이사회의 의사결정을 효율화하고 객관성을 확보하는 데 도움이 될 수 있는 목적도 있다. 상법에서 이사회 내 위원회를 설치할 수 있도록 한 취지 가운데 이러한 취지도 있다고 판단된다(상법 제393조의 2).

(2) 理事會內 委員會制度의 機能

이사회 내 위원회제도는 이 위원회에 이사회의 의사결정권을 위임함으로써 이사회의 의사결정의 효율성과 객관성을 확보하는 한편 이사회의 경영감독기능을 지원·강화하는 기능을 한다. 즉 이사회의 경영진의 업무집행에 대한 감독은 미국의 경우와 같이 경영진의 경영에 대한 소극적 감독(위법성 감독) 뿐만 아니라 경영진의 경영효율성에 대한 적극적 감독(타당성 감독)을 내용으로

253) 武井一浩, 앞의 논문(Ⅱ) 참조.

하고 있다. 미국에서는 앞에서 본 바와 같이 이사회내에 다수의 사외이사를 구성으로 하여 설치된 이사후보지명위원회와 보수위원회(보상위원회)가 인사권과 보수결정권을 행사함으로써 이사회의 경영효율성에 대한 감독을 보충지원하고 있다. 이에 대하여 감사위원회는 경영진의 경영에 대하여 위법성감사를 함으로써 이사회의 위법성감독기능을 보충 지원하고 있는 것이다[254].

상법은 이사회내 위원회에 대해서는 감사위원회만 규정할 뿐(제415조의 2 제1항) 미국의 실무관행에서 행해지고 있는 지명위원회, 보수위원회, 경영위원회(집행위원회) 등에 관하여는 규정하지 않고 회사의 자율에 맡기고 있다[255]. 이러한 상법상의 감사위원회는 감사에 갈음하여 이사의 직무집행을 감사하는 기관이다(동법 제415조의 2). 2001년의 개정상법은 이사회의 경영감독권이 실효성을 확보하기 위하여 이사가 3월에 1회 이상 업무집행상황을 이사회에 보고토록 하고(상법 제393조 제4항) 이사가 대표이사로 하여금 다른 이사 또는 피용자의 업무에 관하여 이사회에 보고하도록 요청할 수 있게 하였다(상법 제393조 제3항). 이는 이사의 정보공시청구권과 관련하여 매우 바람직한 것이다. 경영을 담당하는 대표이사, 업무담당이사, 임원은 직접 경영을 담당하므로 회사에 관련된 정보에 정통하여 그 정보를 지배하게 되나 주주나 평이사 또는 사외이사 등은 회사밖에 있으므로 회사에 관련된 정보에 어둡게 되어 이러한 불충분한 정보 때문에 주주나 이사회는 경영진의 행위를 완벽하게 감시·감독할 수 없다. 그러므로 이를 위하여는 주주와 이사가 직접 회사에 대하여 자기에게 정보공시를 하도록 하는 정보공시청구권이 인정되어야 하는 것이다. 즉 이사회나 그 내부위원회의 구성원인 각 이사가 이사회나 각 위원회의 감독활동을 실행하는데 필요한 정보를 입수할 수 있도록 보장해야 한다. 2001년의 상법개정으로 신설된 상법 제393조 제3항과 제4항은 주주의 정보권에 관한 상법의 규정(주주의 재무제표 등의 열람

---

254) 武井一浩, 앞의 논문(Ⅰ), p. 81 ; 동(Ⅱ), pp. 32~33 ; 동(Ⅴ), 「商事法務」No. 1511(1998. 12. 5), pp. 15~17.

255) 다만 證券去來法에서는 社外理事候補를 추천하는 社外理事候補推薦委員會의 設置를 주권상장법인에 강제하고 있다(證券去來法 제191조의 16 제3항, 제54조의 5 제2항, 제3항).

및 교부청구권(제448조 제2항), 주주의 회계장부 열람청구권(제466조), 주주제
안권(제363조의 2 등)과 같이 이사의 정보접근권을 구체화한 것이다. 그러나 미
국의 ALI「원칙」§3.03은 앞에서 본 바와 같이 이사가 회사에 대하여 모든 회사
의 장부, 기록, 문서를 대상으로 하여 광범위한 정보공시청구권을 가진다고 규정
하고 있고 이사의 정보공시청구권을 강제하기 위한 법원의 명령이 인정되어 있
다. 위의 상법 제393조 제3항과 제4항의 규정은 이에 비하여 다소 미흡한 느낌
이 있다. 현행 상법상 이사회는 여전히 업무집행기관의 지위와 경영감독기관의
지위를 겸하고 있는 데에 그 문제의 소지가 있는 것이다.

2. 商法上 委員會制度의 現況

(1) 上場會社 理事會內 委員會 設置現況[256]

현재의 상법 제393조의2의 규정에 의거하여 정관이 정하는 바에 따라 이사
회 내부에 기능이 분화된 다수의 위원회를 설치할 수 있다. 이러한 규정에 의
하여 국내 주식회사에서 이사회내 위원회의 설치근거 규정이 있느냐의 여부를
2001년 대비 2002년에 조사한 자료를 보면 다음과 같다.

[표 6] 理事會內 委員會 設置根據 規定 與否

(단위 : 개사, %)

구 분	2002년 會社數	구성비	2001년 會社數	구성비
규정 있음	165	24.8	124	21.8
규정 없음	499	75.2	445	78.2
계	664	100.0	569	100.0

---

256) 韓國上場會社協議會,「企業支配構造의 改善과 社外理事의 役割」, 상장협자료
　　　2002-7, 2002. 11. pp. 78~79.

이 자료에 의하면 2002년 현재 이사회내 위원회 설치 규정의 근거를 정관에 가지고 있는 회사는 전체 조사대상 664개사 중 165개사로 24.8%를 차지하여 전년도 21.8%에 비하여 소폭 상승한 것으로 나타났다. 이는 비록 소폭이긴 하나 매우 바람직한 현상으로 이러한 추이는 앞으로 지속될 것으로 보인다.

또한 앞의 자료에서 위원회 설치근거를 규정한 165개사를 대상으로 조사한 위원회의 수를 보면 다음과 같다.

[표 7] 理事會內 委員會 數

(단위 : 개사, %)

구 분	2002년	구성비	2001년	구성비
① 설치근거만 있음	21	12.7	15	12.1
② 1개	47	28.5	27	21.8
③ 2개	52	31.5	41	33.1
④ 3개	30	18.2	29	23.4
⑤ 4개	9	5.5	7	5.7
⑥ 5개	6	3.6	5	4.1
계	165	100.0	124	100.0

그러나 이 자료에 의하면 전년도인 2001년과 비교하여 전체적으로 이사회내 위원회의 수가 그리 큰 변동을 보이지는 않았다고 평가할 수 있다. 즉 2개 설치 회사가 가장 많은 구성비율을 차지하고 있는데는 변함이 없다. 그러나 상위 3위까지의 비율을 모두 더해본다면 2002년에는 78.2%이고 2001년에는 78.3%로 오히려 0.1%p 감소한 것을 알 수 있다. 결과적으로 이사회내 위원회 설치 회사의 위원회수는 그리 큰 변동을 보이지는 않는다는 것이다. 물론 구성비율 면에서 전년대비 1개라도 설치한 회사가 증가한 것은 바람직한 일이지만 2개나 3개 설치 회사가 오히려 감소했다는 것은 바람직하지 못한 것이다. 또한 설치된 위원회의 명칭을 보면 다음과 같다.

[표 8] 理事會內 委員會 名稱

구 분	2002년	비 율	2001년	비 율
① 經營(또는 운영)委員會	76	52.7	52	47.7
② 報酬(또는 보상)委員會	16	11.1	13	11.9
③ 理事(또는 社外理事)候補推薦委員會	86	59.7	67	61.5
④ 監査委員會	111	77.1	85	78.2
⑤ 리스크관리委員會	8	5.6	-	-
⑥ 인사委員會	4	2.8	-	-
⑦ 재무(또는 재정)委員會	2	1.4	-	-
⑧ 기타	4	2.8	20	18.4

위 자료는 증권거래법에 의거 자산총액 2조원 이상의 상장법인에 대하여 감사위원회와 사외이사후보추천위원회의 설치가 의무화됨에 따라 위원회에 관한 규정을 둔 144개사 중 이사후보추천위원회에 관한 근거규정을 둔 회사가 85개사(59.0%), 감사위원회에 관한 근거규정을 둔 회사가 110개사(76.4%)로 나타났다. 결국 감사위원회를 설치한 회사가 가장 많았다.

(2) 委員會制度의 實態

미국의 경우, 이사회의 업무집행을 집행임원에게 위임함으로써 경영효율성의 감시·감독기능만을 특성화 할 수 있고 이사회내에 다수의 사외이사로 구성되는 이사후보추천(지명)위원회와 보수위원회를 설치하여 인사권과 보수결정권을 이들이 결정함으로써 이사회의 경영효율성에 대한 감독을 효과적으로 보충·지원할 수 있다고 한다. 또한 이사회내에 설치된 감사위원회는 경영진의 업무집행(주로 회계감사)에 대한 적법성 감독을 함으로써 이사회의 위법성 감독 기능을 보충·지원하고 있다. 요컨대 이사회 내 위원회는 이사회의 경영감독기능을 강화하기 위하여 고안된 것이다. 다른 한편 이사회내 위원회인 경영위원회에 이사회의 업무집행결정권을 위임하여 이사회의 의사결정을 효율화하고 객관성을 확

216

보할 수 있다. 상법에서 이사회내 위원회를 설치할 수 있도록 한 것도 이러한 취지이다(상법 제393조의 2). 현재 국내의 주식회사에 설치되어 있는 이사회내 위원회의 실태 및 그 현황을 살펴본 자료257)에 의하면 그 내용은 다음과 같다. 즉, 이사회내 몇 개의 위원회를 설치하고 있는 가에 대하여는 무응답회사 26개사를 제외한 응답회사 84개사 가운데 전혀 설치하고 있지 않은 회사가 46개사 약 54.1% 다수이고 3개를 설치하고 있는 회사가 7개사 약8.0%, 4개를 설치하고 있는 회사가 3개사 3.6%, 2개를 설치하고 있는 회사가 10개사 약11.9%, 1개를 설치하고 있는 회사가 17개사 약21.2%이며 5개를 설치하고 있는 회사도 1개사 1.2%가 있다. 따라서 이사회내 위원회를 전혀 설치하고 있지 않는 회사가 아직도 다수이다. 이는 이사회의 의사결정기능의 효율화와 경영감독기능의 강화라는 면에서 볼 때 문제가 된다고 본다.

위원회를 설치하고 있는 38개 상장회사의 경우 어떤 위원회를 설치하고 있느냐에 대해서는 경영위원회, 감사위원회, 사외이사후보추천위원회를 설치하고 있는 회사가 8개사, 감사위원회, 사외이사후보추천위원회, 인사위원회를 설치하고 있는 회사가 1개사, 재무위원회, 사외이사후보추천위원회, 감사위원회를 설치하고 있는 회사는 1개사, 감사위원회, 사외이사후보추천위원회, 이사회운영위원회, 리스크관리위원회를 설치하고 있는 회사가 1개사, 운영위원회, 사외이사후보추천위원회, 보수위원회를 설치하고 있는 회사가 2개사, 감사위원회, 경영발전보상위원회, 리스크관리위원회, 집행위원회를 설치하고 있는 회사가 1개사, 경영위원회, 보수위원회를 두고 있는 회사가 1개사, 감사위원회와 사외이사후보추천위원회를 두고 있는 회사가 6개사, 경영위원회와 인사위원회를 두고 있는 회사가 1개사, 감사인선임위원회와 경영위원회를 두고 있는 회사가 2개사, 감사위원회만을 두고 있는 회사가 6개사, 경영위원회만을 두고 있는 회사가 5개사가 있고 재무위원회나 인사위원회 또는 경영발전보상위원회만을 두고 있는 회사가 각각 1개사 있다. 그리고 이사운영위원회, 경영전략위원회, 리스크관리위원회, 보상위원회, 감사위원회 등 5개 위원회를 두고 있는 회사도 1개사가

257) 강희갑, 앞의 책, pp. 177~181.

있다. 이와 같이 매우 다양하다. 그런데 감사위원회를 설치하고 있는 회사는 모두 25개사이다. 위원회를 설치하고 있는 38개 상장회사 가운데 약 66% 정도가 감사위원회를 설치하고 있다. 사외이사후보추천위원회는 18개사로서 약 47%가 설치하고 있으며 보수위원회를 설치하고 있는 회사는 6개사로서 약 16%에 지나지 않는다. 그리고 경영위원회는 17개사로서 약45%정도가 설치하고 있다. 기본적인 위원회라고 할 수 있는 감사위원회, 이사후보추천위원회, 보수위원회를 설치하고 있는 회사는 1개사도 없다. 따라서 우리 나라의 상장회사의 이사회내 위원회는 이사회의 경영감독기능을 보다 충실히 실행할 수 있도록 갖추어져 있지 않고 있다. 이는 앞에서 본 바와 같이 이 세 가지의 위원회를 구성하기에 충분한 이사회의 구성원인 이사의 수를 갖추고 있지 않은 것도 그 요인의 하나가 아닌가 생각된다.

감사위원회, 사외이사후보추천위원회, 경영위원회(집행위원회)를 설치하고 있다면 그 위원과 사외이사의 수에 대하여는 다음과 같이 조사되었다. 감사위원회의 구성원 수와 사외이사의 수에 대하여는 감사위원회설치회사 25개사 가운데 21개사가 3명, 2개사가 4명, 2개사가 5명이고 그 구성원 중 사외이사 수는 3명이 9개사, 2명이10개사, 1명이 3개사, 5명과 4명이 각각 1개사이다. 따라서 대부분의 회사가 법정요건에 따라 감사위원회를 구성(감사위원회위원 3명 이상, 이 가운데 사외이사수 2/3)하고 있음을 알 수 있다. 사외이사후보추천위원회의 위원수에 대하여는 설치회사 18개사 가운데 3명이 3개사, 4명이 7개사, 6명이 2개사, 5명이 1개사, 2명이 4개사, 7명이 1개사가 있다. 그리고 이 가운데 사외이사 수는 2명이 10개사, 5명이 2개사, 3명이 1개사, 1명이 4개사, 7명이 1개사 이다. 이는 뒤에 보는 바와 같이 사외이사후보추천위원회와 감사위원회의 의무설치조건인 최근사업년도말 자산총액 2조원 이상인 회사가 응답에 응한 회사수가 16개사 이므로 이에 따라서 법정요건을 갖춘 것이라고 생각된다. 경영위원회의 위원수에 대해서는 4명이 5개사, 7명이 2개사, 3명이 5개사, 2명이 3개사, 17명이 1개사이고 이 가운데 사외이사 수는 2명이 10개사, 1명이 6개사이다.

설치된 이사회내 위원회가 기업의 경영활동에 기여하고 있다고 생각하는 가
에 대하여는 기여했다고 응답한 회사가 설치한 회사 38개사 가운데 28개사 약
73%이고 그저 그렇다고 응답한 회사가 10개사 약27%정도이다. 따라서 이사
회 내 위원회의 기여도를 높이 평가하고 있다. 이사회내 위원회에 최고 경영자
기타 경영진이 참여하는지에 대하여는 다음과 같이 조사되었다.

감사위원회를 설치하고 있는 회사 25개사 가운데 14개사 약56%가 전혀 참
여하지 않는다고 하고 최고 경영자가 참여한다고 하는 회사는 2개사, 최고경영
자와 기타의 경영진이 참여한다는 회사가 2개사, 최고경영자가 아닌 경영진이
참여한다는 회사는 7개사이다.

보수위원회는 설치회사 6개사 가운데 4개사 약67%가 전혀 참여하지 않는다
고 하고 2개사 약33%가 최고 경영자와 기타의 경영진이 참여한다고 한다.

사외이사후보추천위원회는 설치회사 18개사 가운데 5개사 약28%가 전혀 참
여하지 않는다고 하고 7개사 약39%는 최고경영자가 참여한다고 하며 6개사
약33%는 최고경영자와 기타 경영진이 참여한다고 한다.

3. 經營陣으로부터의 獨立性 確保

감사위원회, 보수위원회, 사외이사후보추천위원회등 이사회내 위원회는 그
설치 목적이 미국의 경우에서도 알 수 있듯이 이사회의 업무결정기능과 경영
감독기능을 강화하기 위한 제도이다. 그렇다면 그 구성원은 반드시 사외이사중
심으로 구성하여 경영진으로부터 독립성을 가져야만 하며 그러할 때에 경영자
와 그 경영에 대한 감독을 제대로 할 수 있을 것이다. 미국의 경우는 감사위원
회 위원은 원칙적으로 독립된 사외이사로 구성하도록 하고 있다[258]. 다른 한
편 이사회내 위원회의 주요 구성원인 사외이사는 회사 경영에 대한 개별적 사
정 및 정보에 대하여 잘 알지 못하므로 이사에게 정보개시청구권을 부여하여
경영진으로부터 협조를 얻는 것이 중요하다[259]. 이런 점에서 최고 경영자 기

---

258) 미국의 監査委員會의 구성에 대하여는 Erich S. Lee, 앞의 논문, pp. 85~90 참조.

타 경영진이 표결권 없이 위원회에 참석하여 의견을 진술하는 것은 필요하다고 본다. 그러나 이러한 의견진술권을 인정한다면 자칫 최고경영자 기타 경영진이 각 위원회 특히 감사위원회와 사외이사후보추천위원회에 참여하는 비율이 높아지게 되고 이에 따라 자연히 위원회가 최고경영자 기타 경영진에 의하여 지배될 가능성이 높아진다는 난점이 예상된다.

Ⅲ. 監事 및 監事委員會制度의 活性化

1. 株式會社의 監査制度에 관한 改善論

(1) 旣存의 改善方案에 대한 意見

우리 나라는 주식회사의 경영감시기능을 강화하기 위하여 미국식의 이사회 및 사외이사와 감사위원회제도를 도입하였다. 이에 대해서 제기되어온 비판과 지금까지 논의되어온 개선 방안은 다음과 같다.

첫째, 업무집행기관으로서의 이사회는 그대로 두고 그 감독기능을 감사기관에 집중시키는 독일식의 이원화된 관리구조로 개편하여 현행 감사제도를 독일식의 감사회 제도로 개편하는 것이 가장 타당하다는 견해가 있다. 그 이유로는 실효성 있는 경영감독이 되기 위해서는 업무집행자에 대한 인사권이 전제가 되어야 하므로 업무집행기관의 인사권이 감사회에 부여되어 있는 독일의 감사회 제도가 미국식 제도보다 더 감사의 실효성이 있다는 것이다. 미국의 이사회 제도 중 어느 것을 택할 것인가는 입법정책의 문제이나 미국의 사외이사제도의 경우 업무집행에 대한 실효성 있는 감독기능을 수행할 수 있도록 하기 위하여 경영진의 임원과 독립하면서 회사의 업무에 대하여 전문적인 지식과 경험이 풍부한 일정 수 이상의 독립적인 사외이사가 존재하는 것을 전제로 한다.

---

259) SEC, *op. cit*, p. 5 ; The American Law Institute, *op. cit*, pp. 95~98.

그런데 미국의 사외이사제도도 경영진을 얼마나 효과적으로 감독할 수 있는가에 대하여 많은 비판을 받고 있다. 더구나 우리 나라에서는 미국과 달리 특정 개인 내지 지배주주가 기업경영을 지배하고있는 현실에서 사외이사제도를 도입한다고 하여도 경영진에 대한 실효성 있는 감독기능을 할 수 있을지 의문이다. 또 사외이사제도는 우리 나라의 지금까지의 회사운영의 관행이 거의 전부 사내이사인 점과 맞지 않는다고 한다[260]. 그러나 독일의 경우에도 1990년대에 들어와서 여러 유수한 기업이 도산하게 되었는데, 이들 회사에서 감사회가 제 기능을 수행하지 못한데서 그 원인을 찾는 사람이 많다. 이리하여 1998년 기업의 통제와 투명성에 관한 법률(Gesetz zur Kontrolle und Tranzparenz im Unternehmensbereich)(1998년 4월 27일 공포, 동년 5월 5일 시행, 이른바 KonTraG. 즉 콘트라법이라 한다)에 의하여 개정된 주식법과 상법은 감사선임 제안시 감사의 인적사항을 공시해야 하고(1998년 주식법 제125조 제1항 제3문 참조), 감사회의 권한을 강화하고(1998년 주식법 제111조 제2항 제3문 참조 제1항 제1문등), 기업투명성을 제고하고, 이사회의 업무집행에 대한 감사회의 감독을 지원하기 위해서 결산검사에 관한 규정이 대폭 개정되었다(1988년 개정상법 제319조 제2항 제8호 등). 그러나 현실적으로는 이사회나 이사회 의장이 감사회를 지배할 수가 있고, 이사회의 정보독점으로 인하여 감사회의 의사 결정이 수동적으로 이루어지고, 감사회 구성원이 전문능력이 부족하여 감독기능을 제대로 수행하지 못하고 있다는 지적이 있다. 이는 미국의 사외이사에 의한 감독이 지니고 있는 단점과 유사하다[261]. 미국의 경우에도 상당수의 기업들은 CEO가 이사회의 장을 겸임하면서 사실상 이사회를 통제하고 있다고 한다[262]. 그러나 미국에서는 바로 이런 점을 개선하기 위하여 집행과 감독을 분

---

260) 정찬형, "企業經營의 透明性 提高를 위한 株式會社의 支配構造의 改善",「商事法 研究」제17권 1호(韓國商事法學會, 1999), pp. 227~227 ; 임중호, "株式會社 經 營監督制度의 改善方向", 企業支配構造 改善方案 세미나 자료, 全國經濟人聯合會, 1999. 10. 13, p. 45 이하.
261) 강희갑, "美國法上의 執行任員制度의 導入에 관한 研究",「比較私法」제27권 2호 (韓國比較私法學會, 2000), p. 698.
262) 大韓商工會議所, 앞의 자료, 社外理事制度 改善方案에 대한 業界意見 建議, p. 13.

리하고 있다.

둘째, 이사회의 경영감독기능을 강화하고 아울러 현행 증권거래법과 유가증권 상장규정이 규정하는 상근감사와 사외감사제도를 효과적으로 개선하여 감사에 의한 위법성 감독을 강화하는 방안이다[263]. 이와 관련하여 독일의 감사회나 일본의 대회사에 적용되는 복수감사(감사회제) 및 상근감사제도로 개편하는 것이 올바른 방향이라는 견해가 있다[264].

셋째, 기존의 상근감사제도 및 감사제도를 개선하는 방안이다. 그 이유로는 다음과 같은 것을 들고 잇다.

① 감사는 주주총회에서 선임하나, 감사위원은 이사 중에서 이사회가 선정한다는 점에서 감사가 감사위원보다 법적 위상이 높다고 한다. ② 감사는 주주총회에서 선임되므로 최소한 법상으로는 업무집행기관과의 관계에서 독립성을 가지나 감사위원은 피 감사자인 이사회가 선임 및 해임하고 감독권을 가지므로 이론상 이사회에 대해 완전한 독립성을 가질 수 없다. ③ 감사는 업무집행기관에 대한 관계에서는 타인기관이므로 객관적인 입장에서 감사할 수 있으나, 감사위원회는 기본적으로는 이사회의 구성원으로서 이사회의 업무집행결정에 관여하는 바, 자기가 관여하여 결정한 업무의 집행행위를 감사하므로 감사할 사안에 관한 시각의 객관성에 한계가 있을 수밖에 없다는 등을 이유로 하고 있다[265]. 그러나 뒤에서 보는 바와 같이 이사회를 경영감독기구 위주로 개편한다면 이러한 문제는 해소될 것이다.

넷째, 경영의 공정성과 투명성을 확보해야 한다는 견해가 있는데, 미국식의 일원주의에 의한 감사위원회 제도이든 독일식의 이원주의에 의한 감사회제도이든 경영을 하는 자와 경영을 받는 자가 동일한 경우에는 효과적인 감독이 사실상 불가능하다. 이런 점에서 경영과 감독기관을 법적으로 분리하고 있는 독일의 이원주의가 조직적 투명성을 공고히 하는 제도이다. 그러나 미국의 일

---

263) 유영일, 앞의 논문, p. 55 참조.
264) 권기범, 「現代會社法論」, 삼지원, 2001, p. 767.
265) 이철송, 「會社法 講義」제9판, 박영사, 2001, p. 657.

원주의로 나아가고자 한다면 경영과 감독이라는 2개의 기능을 동시에 수행하는 이사회에서부터 경영은 집행임원이 그에 대한 감독은 이사회에 부여하여 경영과 감독을 분리해야 업무의 공정성과 투명성이 확보될 것이라고 한다[266].

다섯째, 미국식의 경영감독구조를 채택하는 방안이다. 즉 사외이사와 위원회를 바탕으로 하는 미국식의 이사회제도를 채택하여 이사회가 전반적인 경영감독을 하고 이사회내의 감사위원회에 의한 감사제도를 채택하자는 방안이다. 이사회는 사외이사 다수로 구성하여 전략적인 의사결정만을 하고 일반적인 업무집행에 대한 결정은 집행임원 중심의 경영위원회에 위임하여 이사회의 의사결정을 효율화하는 한편 사외이사 다수로 구성된 이사회는 경영진에 대한 감독기능을 수행하게 하고 집행은 집행임원이 담당하도록 함으로써 집행과 감독을 분리할 수 있다는 것이다[267].

여섯째, EU의 유럽주식회사법안(SE-statute)의 기업구조지침안이나 앞에서 본 프랑스 회사법처럼 독일제도와 미국제도에 관한 안을 법에서 규정하고 개별회사가 이를 선택하게 하는 안이다[268].

(2) 改善論에 대한 檢討

우리 상법은 정관의 규정으로 미국식의 감사위원회 제도와 기존의 감사제도 중 어느 하나를 선택하도록 하고 있다. 이는 앞에서 본 프랑스의 1966년 7월 24일 상사회사법이나 일본의 개정법안과 가깝다. 그러나 증권거래법에서 대규모상장회사에 사회이사와 감사위원회를 법적으로 강제하고 있는 것이 이들과 다르다. 결론적으로 사외이사와 위원회제도를 중심으로 한 이사회제도와 감사위원회제도를 도입한 상법의 태도는 올바른 방향이라고 생각한다. 그 이유는 다음과 같다.

---

266) 임홍근, 「會社法」, 법문사, 2000, p. 329.
267) 강희갑, 앞의 논문, p. 188 이하 ; 최완진, "株式會社의 監査制度의 改善方案에 관한 硏究", 우홍구 박사 정년기념논문집, 삼진인쇄공사, p. 327 이하.
268) 권기범, 앞의 논문, p. 32.

첫째, 사외이사제도와 감사위원회제도는 영국과 미국의 회사에만 한정된 제도가 아니라 최근 OECD에서 발표한 기업지배구조원칙에서도 핵심적인 지위를 차지하는 등 보편화되고 있다. 이에 대해서 우리의 감사제도는 영미식과 독일식의 감사제도와는 다른 중간적 형태의 제도이고, 일본의 감사회제도가 이와 유사하다. 감사보다는 감사위원회제도가 외국투자가들이 보다 이해하기 쉬운 보편적인 제도라는 점에서 국제자본시장에서 자본조달을 해야하는 우리 기업들로서는 무시할 수 없는 장점이라고 할 수 있다. OECD는 1999년 5월에 기업지배구조원칙 (OECD Principles of Corporate Gove- rnance)을 마련했는데, 이것은 주주의 권리보호, 이사회의 감독강화, 기업투명성의 제고, 회사 중요정보의 공시 등을 내용으로 하고 있다. 특히, 이사회의 전략적 의사결정기능과 효율적인 업무감독 그리고 이사회의 주주에 대한 책임을 보장해야 하며, 이사회는 경영진으로부터 객관적으로 판단할 수 있어야 하고, 충분한 수의 사외이사에게 이해충돌의 가능성이 있는 업무를 위임할 것을 고려해야 한다고 한다. 이러한 OECD의 태도는 미국식의 사외이사와 감사위원회를 염두에 둔 것이라고 생각한다. 프랑스에 있어서도 회사법상 일원적 기관구조와 이원적 기관구조를 선택하게 했으나 이원적 기관구조의 시행은 실패했고, 현재 영미의 지배구조를 바탕으로 하는 이른바 Vie'not 보고서가 나와 있는데 사외이사제도와 감사위원회 등의 채택을 제안하고 있다. 독일은 이원적 기관구성을 취하고 있는 대표적인 나라인데, 감사회가 감독기능을 제대로 수행하지 못하여 앞에서 본 바와 같이 끊임없이 감사회의 개혁이 논의되고 있고 내부통제 및 감독시스템이 강화되고 있다. 일원적 제도를 취하는 나라로는 영국과 미국이 대표적이며 기타 캐나다, 오스트레일리아, 아일랜드, 룩셈부르크, 스페인, 포르투갈, 스웨덴 등이고 독일식의 이원적 제도를 가진 나라는 그다지 많지 않은데 덴마크, 네덜란드, 노르웨이 정도라고 한다[269]. 그러나 일원적 제도의 본 고장인 미국에서도 실제로는 집행임원이 업무집행을 담당하고 이사회는 경영감독을 담당함으로써 집행과 감독을 분리하고 있어 실제로는 두 나라가 접근되어 있다.

---

269) 이범찬, 「株式會社의 監査制度」, 韓國上場會社協議會, 1997, p. 6.

둘째, 미국식의 이사회제도는 감독기관인 이사회가 대표이사 등의 경영진을 해임할 수 있으나, 감사제도에 있어서는 감사가 경영진을 해임할 수 없다는 것도 이사회내 감사위원회제도의 장점이다. 감사는 대표이사 등의 경영진을 해임할 수 없으나, 감사위원회의 위원은 이사의 자격에서 대표이사 등의 경영진의 해임을 안건으로 하여 이사회 소집을 청구하여 의결권을 행사할 수 있다. 상법상의 감사는 외부 감사인 선임에 참여할 수 있을 뿐 내부의 회계담당임원의 선임에 관여할 권한이 없고 내부감사인과 외부감사인을 효율적으로 연결할 수 없다. 이에 대하여 감사위원회는 외부감사인의 선임은 물론 회사의 내부통제시스템 내지 내부회계 담당임원의 선임에 대한 결정권을 가지며 내부감사임원과 외부 회계감사인을 연결하여 효과적인 위법성감사를 할 수 있다. 그리고 감사를 독일이나 일본식의 합의체 또는 회의체로 개편하여 감사회로 하자는 안도 있으나, 감사회는 분업과 공동행동의 장점은 감사위원회와 동일하지만 이사회와 별도로 추가 선임해야 하므로 비용이 증가한다. 이 보다는 앞에서 본 미국의 최근 동향과 같이 집행임원제도를 도입하여 회사의 업무집행을 집행임원에게 맡기고 이사회는 경영감독권을 행사하며 그 이사회의 감독권을 구체적으로 강화 실행하기 위하여 감사위원회를 둔다면 집행기구와 감독기구의 분리라는 감독의 논리적 성격에 부합하고 또한 앞에서 설명한 감사위원회의 장점에 비추어 현재보다는 효율적인 기업경영관리를 할 수 있다고 보는 견해도 설득력이 있을 것이다. 또한 자기감독적 기능을 가지는 이사회의 문제점에 대해서는 사외 독립이사가 이사회에 자주 참여한다면 자기 감사기능을 극복할 수 있으리라 생각한다.

셋째, 감사위원회제도는 외부감사인과의 연계에 있어서 종래의 감사에 비하여 우수하다. 앞에서 본 바와 같이 감사위원회의 기능과 관련하여 어떠한 도움을 받았다고 생각하는가에 대한 실태조사에서 상당수 의 상장회사가 감사위원인 사외이사와 회사 내부감사인 및 외부감사인과 대화 토론하고 의사소통을 하는데 유익했다고 한 것에 비하여 감사제도는 외부감사인의 조력을 구하기 어렵다는 것을 문제점으로 들고 있는 것을 보아도 알 수 있다.

넷째, 상장회사를 대상으로 실시한 실태조사에서도 ① 감사위원회의 회사에 대한 기여도를 매우 높게 평가하고 있으며 ② 사외이사는 다수의 회사가 경영진의 경영을 감시하고 있다고 하는 등 상장회사들은 사외이사에 대하여 문제점이 없는 것은 아니나 대체로 긍정적 평가를 내리고 있다. ③ 그리고 상장회사의 압도적 다수가 감사위원회의 감사 기능이 종래의 감사보다도 우수하다고 평가하고 있다.

이상과 같이 우리 상법이 미국형의 사외이사를 중심으로 하는 이사회제도, 이사회 내 위원회제도, 감사위원회를 채택한 것은 바람직한 것이라고 할 수 있다. 그러나 소규모의 주식회사의 경우는 이사의 수가 적기 때문에 각종의 위원회를 둘 수 없고 또 사외이사를 둘 수 있는 조직이 아니기 때문에 기존의 감사제도를 유지하며 보완하는 쪽이 타당할 것이다. 따라서 상법이 기존의 감사제도와 감사위원회제도를 선택하도록 한 것은 바람직한 것이다. 그러나 대규모 주식회사에서는 이를 강제해야 할 것이다[270]. 앞에서 본 일본의 개정 상법이 위원회 등을 정관의 규정으로 설치하는 대규모 회사에는 사외이사와 감사위원회설치를 강제하고 있다. 대규모 주식회사의 경우에도 사외이사제도와 감사위원회에 대한 충분한 검증을 거친 후에 점진적으로 미국식제도로 전환하되 과도기적으로는 회사가 자율적으로 선택하자는 안도 검토할 만 하다. 그러나 우리 나라는 앞에서 본 바와 같이 대규모 재벌그룹에 있어서 아직도 소수지분의 그룹총수가 계열사를 지배하고 지휘하고 있는 현실에서는 이러한 과도기적인 조치가 얼마만큼의 효과가 있을지 그리고 증권시장에 의한 경영감시 기능이 제대로 작동하지 못하고 있는 우리 나라의 현실에서 보면 이러한 자율적 선택이 지배구조개선에 얼마만큼의 성과를 거둘 수 있을지가 의문이다[271].

---

270) 최병규, "證券去來法·商法上 監査制度의 問題點과 改善方案", 『21세기한국상사법의 진로』, 우홍구 박사 정년기념논문집, 삼진인쇄공사, p. 304.
271) 최병규, 위의 논문 참조.

2. 旣存 監査制度의 改善方案

상법상의 감사제도에 대한 법제도상의 문제점으로 들고 있는 것은 다음과 같다. ① 상법은 감사에 대한 인사권뿐만 아니라 경영자인 이사에 대한 인사권도 주주총회에 부여하고 있다. 그리고 최고경영자인 대표이사에 대한 인사권은 이사회가 가지고 있다. 따라서 감사는 경영자에 대한 인사권이 없으므로 효과적인 감독을 기대하기 어렵다. 현행 감사제도를 감사기관으로서 계속 존치하는 경우에는 감사가 경영자의 인사에 관여할 수 있는 길을 열어놓아야 할 것이다. ② 상법상의 감사제도 운영에 있어서 가장 중요한 과제는 업무집행기관으로부터 감사가 독립성을 확보하는 문제이다. 그리고 우리 나라의 실태에 있어서는 감사가 지배주주, 대주주, 재벌오너로부터 독립성을 확보하는 것이 더욱 중요하다. 우선 대법원 판례와 통설은 주주총회의 감사선임행위의 법적 성질을 주주총회의 선임결의에 따라 회사의 대표기관이 피선임자에게 임용계약의 청약을 하고 피선임자가 이에 승낙을 함으로써 감사의 지위를 취득한다고 한다. 감사선임행위의 법적 성질을 이와 같이 이해하면 재벌오너 또는 지배주주가 이사회와 대표이사 등의 업무집행기관을 지배하고 있는 우리 나라의 현실에서는 감사의 독립성은 실현되기 어렵다. 이는 곧 감사를 유명무실하게 만드는 원인이 된다. 물론 상법 제409조 제2항은 감사의 대주주 및 지배주주로부터의 독립성을 확보하기 위한 제도적 장치로서 감사선임결의시 의결권 없는 주식을 제외한 발행주식총수의 100분의 3을 초과하는 주식을 소유하는 대주주의 의결권을 제한하고 있으나(상법 제409조 제2항) 이는 감사선임에 있어서의 대주주의 의결권을 제한하고 있을 뿐이다. 그러나 상법은 앞에서 본 바와 같이 주주총회가 이사회의 구성원인 이사와 감독기관인 감사를 모두 선임하고 있고 이사선임의 경우에는 대주주의 의결권이 제한되지 않는다. 따라서 대주주는 자신의 의중에 맞게 업무집행기관인 이사회와 대표기관을 구성할 수 있고 이와 같은 경우에는 감사선임행위의 성질을 위와 같이 해석하면 결과적으로 상법 제409조 제2항의 의결권 제한 규정도 의미가 감퇴될 것이다. 또한 앞에서 본 바와 같이 우리 나라 10대 재벌그룹에 있어서 그룹총수의 계열사 전체에 대한 지분율이 평균 2%정도에 지나지 않고 이들의 그룹전체의 경영을 좌우하고 있는 현실에서는 3%제한도 그 의미가 없는 것이다. 본래 감사는 이사회와는 독립된 제3자적 기관이라는 데서 이사회 내부기관인 감사위원회와 다르다는 점에서 이론적으로는 감사위원회 보다 경영진으로부터 독립성을 가지는 것으로 되어 있으나 이상과 같이 감사제도도 여전히 업무집행기관으로부터의 독립성이 문제되는 것이다. 따라서 이를 기준으로 감사제도가 감사위원회 제도보다는 우수하다는 것은 설득력이 감퇴될 것이다. ③ 종래의 주식회사의 감사가 그 기능을 다하지 못하고 형식화됨으로 인하여 회계감사만이라도 실효를 거두기 위하여 '주식회사의 외부감사에 관한 법률'을 제정하여 직전 사업년도말의 자산총액이 70억원 이상인 주식회사는 상법상 감사에 의한 감사 이외에 회계전문가인 감사인에 의한 회계감사를 받아야 한다.(동법 제2조)라고 함으로써 회계처리의 적정을 기하여 이해관계인 보호와 회사의 건전한 발전을 도모하고자 한다(동법 제1조). 이 외부감사인도 감사의 경우와 마찬가지로 경영진에 대하여 독립성을 가지고 감사업무를 수행해야 한다. 왜냐하면 감사의 감사업무의 실행에 있어서 무엇보다도 중요한 것은 회계전문가인 외부감사인의 조력을 얻는 것이 중요하기 때문이다. 그런데 이 법률은 회사가 감사인을 선임함에 있어서는 감사 또는 전문성과 독립성이 확보된 감사인선임위원회(감사위원회를 설치한 때에는 이를 감사인선임위원회로 본다)의 승인을 얻어야 한다(동법 제4조 제2항 본문)라고 하고 회사는 이 사실을 정기주주총회에 보고하도록 하고 있다(동법 제4조 제3항). 그러나 외부감사인 선임을 감사가 승인하는 것이지 주도하고 있는 것이 아니다. 또한 외부감사인의 해임에 대해서는 이 법률은 아무런 규정을 두지 않고 있다. 이는 앞에서 살펴본 바와 같이 미국이 외부감사인의 독립성을 제도적으로 보장하고 있는 것에 비하여 매우 미흡하다. 그리고 감사와 외부감사인이 상호 연계를 통해서 업무의 중복을 피하고 상호협의와 토론을 통하여 감사계획을 세우고 업무분담을 하는 것이 중요하다. 특히 회사에 관한 자료와 정보교환에 있어서 외부자인 외부감사인에게 감사가 협조를 할 필요가 있다.

감사의 경영진으로부터의 독립성에 관해서는 증권거래법의 적용을 받지 않는 대규모 주식회사의 경우는 감사를 협의체의 감사회로 전환하고 일본 개정상법(2001. 12. 12)과 같이 감사의 선임에 감사회의 동의를 얻도록 하고 사외감사와 상근감사제도를 확대하며 현행 감사제도를 대폭 개선 할 필요가 있다. 또 이러한 감사회가 임원 등의 경영진의 인사에 관여 할 수 있도록 해야 한다. 상장회사의 감사들과의 간담회 결과 회사의 규모에 따라 감사의 기능과 역할을 달리 해야 한다는 견해가 나왔다. 예컨대 대규모 상장회사의 경우는 감사의 연말 결산은 의미가 없으므로 이는 외부의 공인 회계법인(공인회계사)의 감사로 갈음하게 하는 것이 감사제도의 활성화를 위해서 타당하다는 것이다. 이를 위하여 결산회계감사를 할 수 있는 자격을 공인회계사로 한정하는 것을 고려해야 한다고 한다.

3. 現行 監査委員會制度의 改善方案

(1) 監査委員會의 構成

상법은 정관의 규정에 의하여 설치되는 이사회내 위원회는 2인 이상의 이사로 구성하도록 하고 있으나(제393조의2 제2항), 감사위원회는 이 규정에도 불구하고 3인 이상의 이사로 구성하도록 하고 있다(제415조의2 제2항). 이에 대하여 증권거래법은 감사위원회의 구성원 수에 대하여는 별도의 규정을 두고 있지 아니하므로 증권회사, 주권상장법인, 협회등록법인에 대하여도 이 규정이 적용된다. 감사위원회가 그 경영감독기능을 제대로 실행하기 위하여는 미국의 경우처럼 감사위원회 위원인 이사의 경영진에 대한 독립성이 보장되어야 한다. 그러므로 감사위원회의 구성에 있어서 경영진과 독립되어 있는 독립이사 내지 사외이사가 어느 정도의 구성비율을 차지하고 있는가 하는 것은 매우 중요하다.

미국의 경우에는 앞에서 본 바와 같이 미국기업원탁회의보고서(Business Roundtable Statement)가 감사위원회는 모두 비경영진으로 구성하도록 제안하였고 미국법조협회의 사외이사지침서와 감독위원회보고서는 감사위원회 위원의 경영진으로부터의 독립성을 강조하고 있다. 그리고 뉴욕증권거래소(NYSE), 아메리칸증권거래소(AMEX), 나스닥(NASDAQ)에 상장 또는 등록된 회사는 감사위원회의 구성원 전원이 독립이사(사외이사: independent director)만으로 구성된 3인 이상의 이사로 구성하는 것이 원칙이고 극히 예외적인 경우에 그 이유를 공시하고 그 구성원의 한 명에 한하여 비독립이사로 할 수 있다고 한다.

상법은 감사위원회 활동의 독립성을 해칠 염려가 있는 이사로 해석되는 일정한 자가 감사위원회 위원의 3분의 1이 넘을 수 없도록 하고 있다(제415조의2 제2항 제1호~제7호). 증권거래법은 감사위원회의 설치가 강제되는 대규모 증권회사와 주권상장법인 및 협회등록법인의 감사위원회는 총위원의 3분의 2 이상을 사외이사로 구성하도록 규정하고 있다(제54조의6 제2항, 제191조의17 제2항). 이와 관련하여 기업지배구조개선 사업단에서 기업지배구조를 개선하기 위하여 법무부에 제출한 보고서[272]는 장기적으로는 감사위원회의 구성을 전원 사외이사로 할 것을 제안하고 있다[273]. 그러나 이에 반대하는 견해가 있다[274]. 이 견해에 의하면 감사위원회의 감사에 있어서는 그 위원들이 경영진으로부터 감사업무에 협력을 얻어낼 수 있어야 하므로 독립성을 갖춘 위원과 함께 경영진과 협조관계를 유지할 수 있는 위원도 필요하다는 것이다[275]. 그러나 감사위원회 위원에 경영진과 협조관계를 유지할 수 있는 사내이사 소수를 포함하는 것만으로 그 협조를 기대할 수 없으며 오히려 위원인 사외이사와 사내이사 간에 의견충돌이 일어날 수 있고, 또 소수이지만 사내이사가 누구인가에 따라서는 소수의 사내이사에 의하여 감사위원회가 지배될 염려가 있고 이는 감사위원회의 감사기능을 크게 훼손할 것이다. 감사위원회의 감사업무에 경영진과

---

272) 우리 나라 정부의 기업지배구조개선 자문용역에 의하여 법무법인 세종, Coudert Brothers, International Development Law Institute, Bernard S. Black 교수가 기업지배구조 사업단이 되어 법무부에 제출한 국제경쟁력 강화를 위한 한국의 기업지배구조 최종보고서 및 법개정 권고안(2000. 6)을 말한다.
273) 법무법인 세종, 기업지배구조 사업단 보고서, p. 22 참조.
274) 권종호, 앞의 논문, pp. 116~117.
275) 권종호, 위의 논문, p. 116.

의 협조가 필요한 것은 사실이지만 감사위원회에 관한 상법 제415조의2 제6항
에 따라서 준용되는 상법 제412조 제2항, 즉 감사위원회는 언제든지 이사 대하
여 영업에 관한 보고를 요구하거나 회사의 업무와 재산상태를 조사할 수 있다
는 규정을 활용하면 경영진의 협조를 받을 수 있고 필요한 경우 미국의 ALI「
원칙」이나 SEC규칙에서와 같이 감사위원회가 경영진 및 내부감사인, 외부회계
감사인과 수시로 대화하고 토론할 수 있는 것을 제도적으로 마련한다면 이 문
제는 해결될 수 있을 것이다. 따라서 감사위원회는 미국의 뉴욕증권거래소, 아
메리칸증권거래소, 나스닥의 상장기준이나 등록기준과 같이 그 구성원 전원을
독립사외이사로 선임하는 것을 원칙으로 하여 감사위원회의 독립성을 확고히
하되 비독립이사를 선임하는 경우에도 회사와 주주의 최상 이익에 방해가 되
지 아니하며, 그 선임이유를 공시한다는 조건으로 하는 극히 예외적인 경우에
한 명 정도의 비독립이사를 감사위원회 위원으로 선임하도록 하는 것은 무방
하다고 본다.

(2) 監査委員會의 運營制度 改善

감사위원회가 구성되면 그 결의로 위원회를 대표할 자를 선임하여야 한다.
이 경우 수인의 위원이 공동으로 위원회를 대표할 것을 정할 수 있다(상법 제
415조의2 제4항 2문). 대표위원의 선임을 제외한 그 밖의 감사위원회의 운영
에 관하여는 상법상 별다른 규정이 없다. 증권거래법은 감사위원회의 위원장은
반드시 사외이사이어야 하는데(제54조의 6 제2항) 이는 이미 본 바와 같이 매
우 바람직한 것이다. 상법상 감사위원회는 종래의 감사에 갈음하는 기구(제415
조의2 제1항)이므로 종래의 감사의 직무와 권한을 그대로 수행하는 강력한 지
위를 가지고 있으나(제415조의2 제6항) 이사회 내부의 위원회이므로(제415조
의2 제1항) 여기서 상법 제393조의2 제4항이 감사위원회에도 적용될 수 있다
는 논리가 성립할 수 있다. 그러나 이에 대하여는 다툼이 있다.
　상법 제393조의2 제4항을 감사위원회에 적용하면 감사위원회는 결의사항을

각 이사에게 통지하여야 하고 통지를 받은 이사는 필요한 경우 이사회의 소집을 요구할 수 있으며 이사회는 감사위원회가 결의한 사항에 대하여 다시 결의할 수 있게 된다. 이에 대하여 이사회가 특정한 자(예컨대 지배주주, 오-너, 경영진 등)에 의하여 지배되고 있는 경우에는 이 자들이 이사회를 통하여 감사위원회를 무력화할 수 있으므로 입법에 의한 보완이 필요하다는 견해가 있다[276]. 감사위원회는 감사에 갈음하는 제도로서 이사회 내의 다른 위원회와 다른 위상과 기능을 가지고 있으므로 감사위원회는 이사회로부터 독립하여 감사업무를 수행한다고 해석할 수 있다는 이유로 상법 제393조의2 제4항의 규정은 감사위원회 이외의 위원회에만 적용된다고 보아야 한다는 견해도 있다[277]. 이러한 견해는 감사위원회를 종래의 감사와 같이 이사회로부터 독립된 기관으로 보자는 것이다. 우리 나라의 주식회사의 감사위원회제도는 미국의 감사위원회제도를 도입한 것이다. 미국의 감사위원회제도는 앞에서 본 바와 같이 이사회내부의 위원회로서 이사회의 경영감독기능을 지원·보조하기 위한 제도이다. 그러므로 궁극적인 감독기관은 이사회이다.

이런 점에서 미국식의 감사위원회는 경영진으로부터 독립된 기구이고 이사회와 독립된 기관이 아니다. 미국에 있어서는 이사회가 회사의 경영자인 상급집행임원의 영향을 받지 아니하고 독립하여 그 임원의 경영활동을 객관적으로 평가하고 감독하기 위하여 ALI「원칙」은 대규모 공개주식회사에 있어서는 이사회 구성원의 과반수를 회사의 상급집행임원과 중요한 관계를 가지지 아니하는 이사로 하고 그 외의 공개회사의 경우에는 적어도 3명은 이와 같은 이사로 할 것을 권고하고 있다(ALI「원칙」,§3A.01). ALI「원칙」에서는 종래의 사외이사 내지 독립이사라는 개념을 사용하지 아니하고 상급집행임원과의 중요한 관계를 가지지 아니하는 이사라는 개념을 사용하여 이사가 상급집행임원과 중요한 관계를 가지고 있는 경우(ALI「원칙」,§1.34)를 열거하고 있고, 뉴욕증권거래

---

276) 최완진, "監査委員會制度에 관한 法的 考察", 「21세기 한국상사법학의 과제와 전망」, 심당송상현선생 화갑기념논문집, p. 195.
277) 정동윤, "韓國型 監査委員會 制度의 虛와 實", 「上場」(韓國上場社協議會, 2000. 2), p. 15.

소, 아메리칸증권거래소, 나스닥은 앞에서 본 바와 같이 독립이사(independent director)의 기준을 상세하게 제시함으로써 이사회의 경영진으로부터의 독립성 확보를 통하여 이사회의 경영감독권을 강화하려고 하고 있다.

그러므로 위에서 제기되는 문제는 결국 이사회가 특정인이나 경영진으로부터 독립하여 경영감독권을 제대로 행사할 수 있느냐에 달려 있는 것이다. 이는 이사회의 구성에 있어서의 독립된 사외이사의 비율과 이사회 감독권한의 실효화, 그 사외이사의 독립성, 사외이사의 권한 등과 관련하여 검토될 수 있다.

우리 나라의 증권거래법에 있어서도 대규모 공개주식회사 즉 최근 사업년도 말 현재의 자산총액이 2조원 이상인 증권회사(제54조의5 제1항, 동법시행령 제37조의6 제1항)와 최근 사업년도 말 현재의 자산총액이 2조원 이상인 주권상장법인 및 협회등록법인(제191조의16 제1항, 제84조의23 제1항)의 경우에는 사외이사가 이사회의 이사 총수의 2분의 1 이상이 되도록 하고, 이 경우 사외이사는 적어도 3인 이상이 되어야 한다라고 규정하고 있다. 따라서 이러한 대규모 공개회사의 경우에는 이사회가 경영진에 의하여 지배될 가능성이 적어 이사회의 경영감독권이 실효를 거둘 수 있다고 생각할 수 있으나 우선 사외이사의 자격이 문제된다. 증권거래법 제54조의5 제4항에서 규정하고 있는 사외이사의 자격은 미국의 경우와 마찬가지로 사외이사의 경영진에 대한 독립성을 전제로 한 것이지만, 미국의 ALI「원칙」§1.34에서 규정하고 있는 상급 집행임원과 중요한 관계를 가지지 아니하는 이사의 개념 및 미국의 증권거래소와 나스닥의 독립이사의 기준과 비교하여 보면 다른 것은 유사하고 별 문제가 없으나 미국의 경우는 앞에서 본 바와 같이 이사가 직전 2년의 어느 회사에 회사와 일정액 이상의 거래를 가진 사업체의 중요한 경영자인 경우(ALI「원칙」§1.34)와 회사로부터 일정액 이상의 보수를 받는 이사(증권거래소와 나스닥의 기준)는 비독립이사(비사외이사)로 보고 있는데 증권거래법은 이런 취지의 규정이 없다. 이런 경우는 사외이사의 독립성을 손상시킬 염려가 있으므로 이에 관한 규정의 보완이 필요할 것이다. 또한 앞에서 본 우리 나라의 기업지배구조개선 사업단의 보고서는 사외이사의 독립성 확보를 위하여 회사영업에 대한 판단의 독립성을 손상시킬 수 있는 회사, 그 회사의 주요주주, 이사, 임원과 기타 어떠한 관계도 없는 자를 사외이사에 포함하도록 하고, 사외이사는 매년 자신의 독립성을 증명하도록 하고 있는데[278], 긍정적으로 검토하여야 할 것이다. 다음으로 독립된 사외이사의 다수로 이사회를 구성한다 하더라도 상법상 이사회는 여전히 업무집행에 대한 의사결정기관임과 동시에 경영감독기관으로 되어있고 경영자인 대표이사 및 업무담당이사가 이사회의 구성원으로 되어있다는 점에서 이사회의 업무집행에 대한 감독기능이 제대로 기능을 할 수 있을지 의문이다. 실제로도 이사회가 감독기능을 제대로 수행하고 있다고 보기 어렵다. 이런 점 때문에 미국에서는 주식회사에 집행임원제를 둘 수 있도록 하고 이사회는 중요한 전략적 의사결정과 경영감독기능만을 담당하고 집행임원은 업무집행과 그 업무집행에 대한 통상적인 의사결정을 담당하게 하여 '집행'과 '감독'을 분리함으로써 이사회의 경영감독권을 강화하고 있다[279]. 일본은 앞에서 본 바와 같이 2002년의 상법 개정안에서 미국식의 사외이사제도와 이사회 내 위원회 특히 감사위원회제도를 도입하여 종래의 감사회제도를 폐지하고 동시에 미국식의 집행임원제도를 도입하여 업무집행은 집행임원이 담당하고 이사회는 중요한 전략의 결정과 경영감독을 담당하도록 하는 미국식의 제도와 현행 경영관리구조(이사회, 대표이사, 감사회) 가운데 어느 하나를 선택하도록 하고 있다[280]. 미국의 사외이사제도와 감사위원회제도를 선택하도록 법에서 규정하고 있는 점은 우리 나라와 같으나 집행임원제도를 도입하고 있는 점이 우리와 다르다. 집행과 감독은 분리되어야 하고 우리 나라가 이미 미국식의 사외이사제도와 감사위원회제도를 채택한 이상, 이사회의 경영감독권의 실효성을 위하여 미국식의 집행임원제도도 도입하여 업무집행은 집행임원에게 맡기고

278) 법무법인 세종, 기업지배구조사업단 보고서, p. 23.
279) 강희갑, 앞의 논문, p. 698 ; 김재형, "監事委員會의 獨立性 確保를 위한 方案",「商事法研究」제19권 제1호(韓國商事法學會, 2000.6), pp. 333~335.
280) 이에 관한 상세한 소개와 분석은 北村雅史, 經營機構改革,「商事法務」No. 1603 (商事法務研究會, 2001. 8. 25), 10~11, p. 16 참조 ; 강희갑, "韓國株式會社의 經營管理機構의 改革",「현대법의 쟁점」(명지대학교 법학연구소 국제학술세미나 발표논문집), pp. 121, 134 참조.

이사회는 중요한 정책결정과 경영감독기능을 담당하도록 하여 집행과 감독을 제도적으로 분리하는 입법의 보완이 필요할 것이다[281]. 이와 같이 미국식의 일원적 경영관리구조에서도 집행과 감독의 분리가 가능한 것이다.

미국이나 영국과 같이 사외이사와 감사위원회 제도를 두고 있는 나라는 물론이고, 이의 도입을 논의하고 있는 프랑스, 일본, OECD의 경우에도 대규모 공개주식회사의 경우에 한하여 사외이사제도와 감사위원회를 논의하고 있다[282]. 그러므로 규모가 비상장회사의 경우는 이사회를 구성하는 이사의 수가 적기 때문에 실제로 사외이사나 감사위원회를 둘 수 없을 것이고 이런 회사의 경우는 종래의 감사제도를 그대로 이용할 수 있을 것이다. 그리고 규모가 작은 공개상장회사의 경우는 사외이사 중심의 이사회에 의한 경영감독을 위주로 할 수 있을 것이다. 또한 이런 중소규모의 회사의 경우에도 직전 사업년도 말의 자산총액이 70억원 이상인 주식회사는 반드시 주식회사의외부감사에관한법률에 의하여 주식회사로부터 독립된 회계전문가인 외부의 감사인의 회계감사를 받아야 하므로(주식회사의외부감사에관한법률 제1조, 제2조 동법 시행령 제2조) 이 외부감사인의 감사의 조력과 종래의 상법상의 감사제도의 강화를 통하여 경영감독의 목적을 달성할 수 있을 것이다. 감사위원회는 이사회내 위원회로서 미국의 제도를 도입했으므로 이사회의 감독기능을 지원하고 보조하는 기구라고 할 수 있고 궁극적인 경영감독기관은 이사회이다. 따라서 상법 제393조의 2 제4항은 감사위원회에도 적용된다고 할 것이다. 다만 위에서 본 바와 같이 이사회의 경영진으로부터의 독립성을 확보해야 할 것이다.

그리고 이사회의 경영감독권이 실효를 거두기 위하여는 사외이사가 경영진으로부터 독립하여 경영감독권과 의사결정권을 행사할 수 있어야 한다. 이런

---

281) 강희갑, 앞의 논문, p. 698 ; 同, "韓國 株式會社法上 支配構造의 問題點과 改善方向", 「比較私法」제6권 2호(韓國比較私法學會, 1999), p. 183 ; 최완진, 앞의 논문, p. 193 ; 유진희, "우리 나라 企業支配構造 改革의 成果와 課題", 「商事法研究」제20권 제2호(韓國商事法學會, 2001), p. 96.
282) 강희갑, 앞의 논문(각주 1), p. 109 이하 ; 同, 主要 유럽국가의 會社支配構造의 最近 動向과 우리 나라의 企業結合에 있어서의 支配構造", 「商事法研究」제20권 제1호(韓國商事法學會, 2001. 5), p. 347 이하.

점에서 '사외이사제도개선 및 이사직무수행기준제정위원회'에서 2000년 7월에
제정한 사외이사 직무수행기준에서 규정하고 있는 사외이사의 권한은 그 기준
을 제시한 것으로 본다. 이에 의하면 사외이사는 ① 이사회에의 출석권과 의결
권, ② 대표이사를 포함한 다른 이사에 대한 감시권 및 이사회의 감독권 행사
에 참여하는 권한, 그리고 이를 위하여 ① 이사회의 소집권, ② 경영진에 대한
정보제공요구 및 설명청구권, ③ 회사의 자산상태조사권, ④ 회사장부 등 주요
서류열람권, ⑤ 주주총회의 결의취소소송 등 상법상의 각종 소제기권 등의 권
한을 가지는 것으로 하고 있다.

   (3) 監査委員會의 機能과 權限

   상법상 감사위원회는 이사회 내부의 위원회에 불과하나 종래의 감사에 갈음
하는 회의체기관으로서 종래의 감사가 가지는 권한을 그대로 가지고 있다. 따
라서 감사위원회는 종래의 감사와 같이 이사의 직무집행을 감사한다(상법 제
415조의2 제6항, 제412조). 이는 회계감사를 포함하여 업무집행 전반을 감사할
권한을 가진다는 의미이다. 이와 같이 상법상의 감사위원회는 종래의 감사와
같은 지위를 가지고 있다. 이에 대하여는 우리처럼 감사위원회에 대하여 막강
한 지위를 법으로 부여하는 사례가 없고[283], 상법상 이사회가 업무집행감독권
을 가지고 있으므로 이사회 내부의 기구인 감사위원회가 그 업무감사권을 행
사함에 있어서 이사회의 지시에 구속되는 지도 문제가 될 수 있다는 비판이
있다[284]. 또한 감사위원회에 대하여는 업무감사권을 배제하자는 견해가 있
다[285]. 미국의 경우에는 앞에서 본 바와 같이 감사위원회는 회계감사를 주로
하고 업무감사 및 감독은 이와 관련된 부수적인 사항에 국한되고 있다. 그러나
우리 나라의 경우에는 앞에서 본 바와 같이 이사회의 독립적 감독기관으로서

---

283) 권기범, 앞의 책, p. 766.
284) 임중호, 앞의 논문(각주 62), pp. 171~172 ; 김상규, 「社外理事와 監査委員會制
     度의 改善에 관한 研究」, 韓國上場會社協議會, 2000, p. 75.
285) 정동윤, 앞의 논문, pp. 12~13.

의 기능이 제대로 이루어지지 아니하는 상태에 있는데 이런 상태에서는 감사위원회에게 업무감사권까지 부여하는 것이 경영자에 대한 효과적인 감사·감독을 위하여 필요할 것이다286). 그리고 감사위원회는 이사회 내부의 기구이므로 앞에서 본 바와 같이 궁극적으로 이사회의 결정에 따라야 하지만, 감사위원회의 이사회에 대한 독립성은 문제가 된다고 볼 수 없다. 왜냐하면, 감사위원회는 이사회의 업무감독권을 구체적으로 행사하는 기관이므로 앞에서 본 바와 같이 이사회의 경영감독권의 실효를 위하여는 이사회가 경영진으로부터 독립하여 그 감독권을 행사하도록 해야 할 것이고, 그렇게 되는 경우 감사위원회와 이사회는 다 같은 감독기관이므로 다 같은 감독기관인 감사위원회의 이사회에 대한 독립성은 문제되지 아니할 것이다. 그리고 앞에서 소개한 일본의 2002년 상법개정안에 의하면 미국의 집행임원제도를 도입하여 감사위원회는 집행임원의 직무집행을 감사하고(제21조의 8 제2항) 그 권한을 종래의 감사회의 직무권한과 같게 하여 우리 나라와 같이 감사위원회에 종래의 감사회에 갈음한 지위를 부여하고 있다287).

다음으로 감사위원회에게 업무감사권을 부여하는 경우 이사회의 경영감독권과 감사위원회의 감사권 사이에 충돌이 생기게 되고 여기서 두 기관의 권한간의 관계설정이 문제가 된다. 즉, 업무감사의 범위가 문제된다. 여기에 대하여는 종래의 감사의 권한과 이사회의 권한 사이에 발생하는 것과 같은 문제가 제기된다. 감사위원회의 업무감사권은 적법성 감사에 한정되나 이사회의 업무감독권은 이외에도 타당성 감사에 미친다는 견해288), 감사위원회의 업무감사권도 이사회의 경우와 같이 타당성 감사에 미친다는 견해로289) 나누어 볼 수 있다. 감사위원회는 이사회내의 위원회이므로 이사회의 경우와 같이 업무감사에 있

---

286) 권종호, 앞의 논문, p. 122.
287) 資料①, "商法等の一部を改正する法律案要綱中中間試案", 「ジュリスト」 No. 1206, 2001. 8. 1~15, pp. 173~177 참조.
288) 정찬형, 「商法講義(上)」, 박영사, 2001, p. 880 ; 이철송, 「會社法講義」, 박영사, 2001, p. 659 ; 임중호, 앞의 논문, p. 172.
289) 권기범, 앞의 책, p. 771 ; 최기원, 「新會社法論」, 박영사, 2001, p. 685.

어서 적법성 감사뿐만 아니라 타당성 감사에도 미친다고 할 것이고 이사회의 경영감독의 보조기구로서 감사위원회 이외에 사외이사후보추천위원회와 보수위원회를 두는 경우 이들은 경영의 효율성 감독(타당성 감독)을 하게 될 것이다[290].

감사위원회가 경영감사 및 감독기능을 효과적으로 수행하는 데에는 앞에서 소개한 미국의 경험과 제도를 참고하여 다음과 같은 점에 유의할 필요가 있을 것이다.

첫째, 감사위원회의 감사는 실제로 공인회계사 등 전문직 자격을 가지고 있는 외부감사인에 의하여 수행되는 실질감사를 바탕으로 하고 있고 또 경영진의 협조도 필요하다. 이런 점에서 감사위원회는 외부감사인과 사외이사간의 대화를 위한 토론의 장, 외부감사인과 이사회 및 상급경영진간의 대화와 토론의 장, 외부감사인과 감사결과에 대한 의견을 나누는 토론의 장을 제공할 수 있다. 그러나 우리 나라의 상장회사들은 앞의 실태에서 본 바와 같이 감사위원회의 이러한 장점을 충분히 활용하지 못하고 있다. 따라서 감사위원회의 이러한 장점을 충분히 활용해야 할 것이다. 감사위원회는 이러한 토론을 통하여 얻은 정보를 통하여 효과적인 기능을 수행할 수 있는 것이다.

둘째, 감사위원회는 내부감사 담당부서와 적절한 관계를 유지하여야 할 것이다. 감사위원회 위원인 사외이사와 내부감사인이 경영감독 및 감사업무에 대하여 토론과 대화를 하여 의사소통을 하는 것이 중요하다.

셋째, 감사위원회는 외부감사인과 상급경영진 간의 토의를 거쳐서 외부감사와 내부감사의 범위와 계획을 검토하여 역할을 분담시키는 것도 중요할 것이다.

(4) 監査委員會의 獨立性 强化를 통한 實質的 監査・監督機能 强化

우리 나라는 앞에서 살펴 본 바와 같이 감사위원회 설치가 활성화되어 있지

---

290) 강희갑, "株式會社 經營監督機構의 改革", 「現代法의 爭點」明知大 法學硏究所 국제학술세미나 發表論文集, p. 124 참조.

않고 사외이사와 이를 구성원으로 하는 감사위원회가 그 본래의 장점과 기능을 충분히 활용하지 못하고 있으며 상당수의 상장회사들은 감사위원회의 경영진으로부터의 독립성과 감사위원회 위원의 전문성, 외부 회계감사인의 독립성이 문제라고 한다. 따라서 그 기능의 활성화를 위하여는 앞에서 본 미국의 경험에 비추어 보면 다음의 두 가지가 문제된다.

첫째, 감사위원회의 경영진으로부터의 독립성 강화를 통하여 그 감사 및 감독기능을 강화하는 것이고, 둘째, 감사위원회는 외부회계감사인의 실질적인 감사를 통하여 효과적인 경영감독과 감사를 할 수 있으므로 이 외부 회계감사인은 경영진으로부터 독립된 전문가이어야 한다. 그러므로 외부회계감사인의 독립성이 중요하다.

미국의 SEC 개정규칙은 앞에서 본 바와 같이 감사위원회에 대한 정보공시의 요건을 강화하고 있다. 즉, 회사의 재무제표와 독립외부 감사인(independent auditor)과 관련되는 감사위원회의 보고서를 공시하여야 하고 감사위원회의 책임의 범위, 사외이사의 독립성에 대한 감사위원회의 책임, 외부회계감사인의 이사회와 감사위원회에 대한 책임, 외부회계감사인의 선임, 평가, 교체에 대한 감사위원회와 이사회의 책임, 외부회계감사인의 경영진으로부터의 독립성에 대한 감사위원회의 책임을 내용으로 하는 감사위원회 내규를 작성하고 이를 공시하여야 하며 그리고 감사위원회 위원의 경영진으로부터의 독립성을 공시하도록 하고 있다.

다음으로 미국은 SEC 감사인 규칙을 개정하여 외부회계감사인이 경영진으로부터 독립하여 감사를 효과적으로 할 수 있도록 그 독립성을 강화하고 있다. 즉, 전문회계사의 독립성을 판단하는 요소를 설정하고 회계사의 감사의뢰인에 대한 투자를 제한하며 회계사의 감사의뢰인에의 고용관계를 제한하고 있다.

우리 나라의 경우에도 특별히 감사위원회의 독립성과 관련하여 미국의 SEC 개정규칙과 같은 정보공시제도를 도입할 필요가 있을 것이다[291]. 우리 나라의 '주식회사의외부감사에관한법률'에 의하면 외부감사인의 자격에 대하여 규정하

---

291) 권종호, 앞의 논문, p. 128.

고 있는데(제3조), 미국의 SEC 개정감사인규칙과 같이 외부감사인의 경영진으로부터의 독립성 기준을 설정할 필요가 있다. 또한 이 법률에 의하면 외부감사인은 외부감사인 선임위원회에서 선임하도록 하고 감사위원회가 설치된 회사는 감사위원회가 외부감사인을 선임하도록 하고 있는데(제4조 제2항), 이는 바람직한 것이다. 그러나 앞에서 본바와 같이 우리 나라 상장회사들은 외부감사인의 선임과 교체실적이 그리 많지 않으며 더욱이 회사내부 감사 담당임원의 임명과 교체를 심사하고 있는 회사가 하나도 없는 것이 문제이다. 그러므로 이를 활성화하고 가능하게 해야 할 것이다. 더 나아가 이 외부감사인의 해임권도 감사위원회에 부여하여야 할 것이고, 이 외부감사인의 선임과 교체의 사실을 공시하도록 하여야 할 것이다. 그리고 감사위원회는 회사내부의 감사담당자의 조력과 지원을 얻어야 효과적인 감독과 감사를 할 수 있으므로 감사위원회에게 이 회사 내부의 감사담당임원에 대한 임면권을 직접 부여할 필요가 있다.

(5) 監査機關內 監査下部組織의 設置

이사회를 구성하는 이사 특히 사외이사가 그 직무수행에 필요한 법률, 회계분야 등에 관한 전문적인 능력을 가지고 있다고 할 수 없다. 따라서 그 감독능력을 강화하여 그 감독의 실효를 거두기 위해서 앞에서 본 미국의 ALI원칙 §3.04와 같이 회사의 비용으로 법률・회계분야 등에 관한 전문가를 채용하여 사용할 수 있는 방안이 필요할 것이다.

이와 마찬가지로 감사 또는 감사위원회가 그 감사업무를 수행함에 있어서도 그 실효성을 거두기 위해서는 회사의 비용으로 감사업무를 보조 지원할 수 있는 공인회계사, 변호사 등의 전문가를 회사의 비용으로 채용하여 사용할 수 있어야 한다. 상법 제415조의 2 제2항은 「감사위원회는 회사의 비용으로 전문가의 조력을 구할 수 있다」고 규정하고 있는 이러한 취지이다. 그러나 감사에 대해서는 이런 규정이 없다. 감사의 경우에도 이와 마찬가지의 규정을 두어야 할 것이다.

그리고 이와 관련하여 미국의 경우는 앞에서 본 바와 같이 회사의 비용지급에 대하여 이사회가 승인하지 않는 경우에는 법원에 그 비용지급에 대한 동의를 구함으로써 회사의 비용지급을 강제하고 있는데(ALI원칙§3.04) 우리 상법의 경우에도 회사의 비용지급을 강제하는 조항을 두어야 할 것이다.

다음으로 아무리 감사업무를 보조·지원하는 외부전문가를 채용하여 사용할 수 있다 하더라도 대규모 주식회사의 경우는 사업조직과 사업내용이 방대하고 엄청난 업무량을 가지고 있으므로 외부전문가의 활용만으로는 상시적, 계속적으로 방대한 업무를 효과적으로 수행하기 어렵다. 특히 연말 결산시에는 연말 재무제표에 대한 회계감사를 해야 하는데 대규모 주식회사의 경우에는 전문적인 지식이 필요할 뿐만 아니라 감사대상아 매우 방대하다. 실무계에서는 이러한 사실들이 감사를 유명무실하게 하는 원인으로 보고 있다. 그러므로 이러한 방대한 감사업무를 효과적으로 수행하기 위해서는 감사 또는 감사위원회 산하에 감사를 실질적으로 뒷받침하기 위한 감사하부조직을 설치할 필요가 있을 것이다. 물론 현재에도 대규모 회사내에서는 감사실 내지 감사팀이 있으나 이는 감사 또는 감사위원회의 직속기구가 아니고 대표이사가 자신의 조직을 관리하기 위한 기구에 지나지 않는다. 따라서 감사 또는 감사위원회의 직접적인 통할과 지시를 받는 감사하부조직이 필요한 것이다.

앞에서 본 상법 제415조의 2 제5항은 회사의 비용으로 공인회계사, 변호사 등의 전문가의 조력을 구할 수 있는 조항이지 감사하부조직을 설치하는 규정으로 보기 어렵다. 그러므로 상법에 감사 또는 감사위원회의 감사업무를 상시 계속적으로 보조·지원하여 주는 하부조직이 둘 수 있는 근거 규정을 두는 것이 필요할 것이다.

이에 덧붙여 감사위원회 또는 감사가 내부감사 담당임원의 인사에 관여할 수 있어야 한다. 왜냐하면 감사위원회 또는 감사가 효과적인 감사를 하기 위해서는 경영진으로부터 독립성이 확보되어야 하는데 이 독립성의 중요한 지표가 바로 인사권이기 때문이다. 이 방법에는 앞에서 본 미국의 ALI원칙 §3.02(a)(1)과 같이 주요 상급집행임원의 선임과 해임은 궁극적인 경영감독기

관인 이사회가 이를 수행하고 감사위원회는 내부감사담당임원의 임명과 교체
를 심사하는 방법(ALI원칙 §3A.03(c))이 있을 수 있다. 감사위원회는 이사회
내 위원회이므로 이 방안이 보다 논리적일 수 있다. 독일의 경우에도 1998년의
콘트라법(KonTraG)에서 이사회는 내부감독시스템을 강구해야 하고 이를 감
사회의 감사대상으로 하고 있다. 또한 금융감독원은 내부감사 시스템의 설치를
요구하고 있다. 미국은 실제로는 최고경영자가 이사회를 지배하여 왔고 독일은
이사회가 감사기관인 감사회를 도리어 지배하여 온 현실을 시정하기 위하여
이와 같은 개선을 하고 있다. 우리 나라의 경우는 현행 상법상 이사회는 업무
집행에 관한 최고 의사결정기관임과 동시에 이사의 직무집행을 감독하는 기관
이므로 상법을 대표이사의 임면을 이사회 결의로 하도록 하고 있고(상법 제
389조 제1항), 기타의 상급임원은 보통 정관에서 이사회 결의로 선임하도록 하
고 있다(상장회사 표준정관 제33조, 삼성물산 정관 제24조, LG 정관 제24조,
LG전자 정관 제23조 참조). 그러므로 현재는 감사위원회 위원은 이사로서 동
시에 이사회구성원이므로 그 감사위원회 위원이 이사회를 통해서 간접적으로
임원 등의 경영진을 임면할 수 있다. 그러나 우리 나라는 미국이나 독일과 달
리 그룹기업의 경우 1인의 재벌총수가 이사회를 지배하고 있는 것이 현실이고
또 이사회를 앞에서 본 바와 같이 전략적 의사결정과 경영감독기구로 재편성
하여 그 감독권한을 강화한다 해도 재벌총수 내지 지배주주에 의하여 이사회
가 지배될 염려와 가능성이 있다. 이러한 현실과 실태를 감안한다면 내부감사
임원의 임면권은 직접 감사위원회에 부여하는 것이 타당할 것이다. 이렇게 해
야 감사위원회는 경영진과 독립하여 효과적인 감사를 할 수 있다. 이론적으로
는 내부감사임원 등 임원의 임면권은 이사회에 있으나 이사회가 이 권한을 이
사회 내부기관인 감사위원회에 위양한 것으로 이론 구성할 수 있을 것이다. 그
리고 감사에게도 내부감사임원에 대해서만은 그 임면권을 상법이 부여하도록
하는 것이 감사가 경영진으로부터 독립하여 실효성 있는 감사를 할 수 있을
것이다. 그리고 이 하부조직에 필요한 예산에 대해서는 회사의 내부규정으로
정하되 감사위원회 위원과 감사에게 그 감사업무 수행에 필요한 범위에서 상

당한 재량권을 부여해야 할 것이다. 요컨대 감사위원회 또는 감사가 원만하게
그 업무를 수행할 수 있는 제도적 장치가 필요한 것이다.

4. 監査制度 選擇의 問題

현행 주식회사의 감사제도로는 앞서 보았던 기존의 감사와 감사위원회가 있
다. 그러나 감사위원회와 관련하여 상법은 이사회의 구성 및 이사회내 위원회
의 구성과 관련한 사외이사에 관하여는 직접적인 규정을 두고 있지 않다. 다만
감사위원회는 3인 이상의 이사로 구성하며 감사위원회의 자격제한요건에 해당
하는 자를 규정하고 그 수를 위원의 3분의 1을 넘을 수 없도록 하고 있다(상
법 제415조의 2 제2항 1~7호 참조). 이 자격제한 요건에 해당하는 자는 경영
진과 최대주주로부터 독립성을 가지지 못하는 자로 이해한다면 감사위원회는
독립적인 사외이사가 그 위원의 3분의 2 이상이어야 한다라고 해석할 수 있다.
그러나 증권거래법은 모든 상장주식회사와 일정규모 이상의 협회등록법인에
사외이사의 선임을 강제하여 주권상장법인 또는 벤처기업중 최근 사업연도말
현재의 자산총액이 1천억원 이상인 협회등록법인은 사외이사를 이사 총수의 4
분의 1 이상이 되도록 하여야 한다라고 규정하고 있다(증권거래법 제191조의
16 제1항 본문, 동법 시행령 제84조의 23 제1항). 다만 최근 사업연도말 현재
의 자산총액이 2조원 이상인 주권상장법인 및 협회등록법인과 증권회사의 사
외이사는 3인 이상으로 하되 이사 총수의 2분의 1 이상이 되도록 해야 한다
(증권거래법 제191조의 16 제1항, 동법 시행령 제84조의 23, 제54조의 5 제1
항, 동법 시행령 제37조의 6 제1항). 이 후자의 사외이사는 총 위원의 2분의 1
이상이 사외이사인 이사회내의 사외이사 후보추천위원회에서 사외이사후보를
추천한다(동법 제191조의 16 제3항, 제54조의 2 제2항 및 3항). 은행법에서는
금융기관의 이사회는 사외이사를 두도록 하고 그 사외이사의 수는 전체 이사
수의 100분의 50이상이 되어야 한다고 규정하고 있다(동법 제22조 제2항).
그러나 이사구성을 사외이사로 한다고 하여 반드시 이사회내 위원회인 감사

위원회가 독립성을 확보한다는 보장은 없으며 이러한 문제 때문에 기존의 감사의 기능을 완전히 무시할 수 없는 것이다. 앞서 밝혔듯이 감사위원회의 전제가 되는 사외이사의 성공적인 정착이 바탕이 되고 연후에 감사위원회의 필수적 존치가 더욱 바람직하다고 본다. 이 경우 기존의 감사제도는 완전히 폐지를 하고 감사위원회로만 대체할 것인가 아니면 현재와 같이 양제도가 병존할 것인가의 문제가 남게 된다. 생각건대 중·소규모의 회사에까지 감사위원회를 강제한다는 것은 회사 현실에 비추어 보아 어려울 것이며 또한 대규모 공개회사의 경우에는 그 규모와 역할의 중요성에 비추어 보아 사외감사로 구성되는 감사위원회의 설치는 이를 강제하여도 큰 문제점은 발생하지 않으리라 생각한다. 따라서 증권거래법 뿐만 아니라 상법상으로도 중·소규모의 회사에는 현행의 감사제도를 유지토록 하고 일정기준 이상의 대규모 공개회사에는 감사위원회를 강제하고 기존의 감사제도는 폐지하여 경영감독기관으로서의 이사회의 규율 대상을 나누는 것이 바람직 할 것이다. 그러나 감사위원회를 강제하여 이를 설치하는 경우에도 이사회는 여전히 궁극적인 경영감독의 주체가 되며 감사위원회의 결정을 최종적으로 확정하는 기관으로 남게됨은 물론이다.

Ⅳ. 執行任員制度 導入을 통한 理事會 監督機能 强化

본래 주식회사의 이사회는 기업조직의 일부로서 업무집행의사를 결정하고 감독기능을 수행하여야 함에도 불구하고 우리 나라의 종래 공개기업들에 있어서는 대부분의 지배주주가 최고경영자가 되고 내부통제임무를 동시에 수행함으로써 이사회가 그 기능을 원활하게 수행하지 못하였다. 결국 지배주주이자 경영자가 통찰력이 부족하고 독주를 하게 되면 경영성과가 악화되고 경영전략이 시장의 변화에 적응하지 못하게 되어 기업은 부도와 같은 최악의 상황을 맞게되고 더 나아가 국민경제 전체적으로 악영향을 끼치게 된다. 따라서 지배주주와 이사회를 분리하고 이사회에 대 개혁을 가하여 이사회의 본래 기능을 회복시켜야 하면 이사회 내에서도 의사결정기관과 업무집행기관 그리고 감독기관을 기능상 분리하여 기업 경영을 투명하게 할 필요성이 강력히 대두되는 것이다.

현재의 사외이사제도는 독립성, 전문성 등이 충분히 발휘되지 못하여 경영감독기능이 미약하며 이에 따라 사외이사제도를 도입한 근본 취지가 몰각되고 있는 실정이다. 이에 따라 이사회의 형해화로부터 업무집행과 경영감독이라는 본래적인 기능을 회복하고 외자유치를 위한 국제적 기준을 설정하여 외국인 투자가를 유치하며 이사수의 감소로 인하여 종래 이사가 사용인으로 변하는 실정을 해결하기 위하여 우리 나라도 미국법상의 임원제도를 수용할 수 있도록 적극적인 검토가 절실히 필요하다 할 것이다. 그리고 임원은 회사내부의 직제만으로 충분하지만 광범위한 업무집행상의 재량권을 갖는 임원에 대해서는 이사에 준하는 책임을 인정해야 할 것이다. 그리고 이것을 명문으로 인정함으로써 그 지위와 책임을 명확히 하여야 할 것이다. 우리와 유사한 법제를 갖는 일본에서도 최근 상당히 많은 회사가 집행임원제도를 도입하였고, 많은 학자들이 이사회개혁을 위하여 집행임원제도에 관해 활발한 논의를 진행 중에 있다.

1. 任員制度 導入의 必要性

종래 우리 나라 공개기업들에 있어서 이사회가 그 기능을 원활히 수행하지 못하고 대부분 지배대주주가 최고 경영 및 내부통제의 임무를 동시에 수행하면서 경영권을 행사하고 있었다. 따라서 그의 개인적인 능력과 의사에 따라 기업성과가 크게 좌우되고 기업경영상황이 극도로 악화될 때까지 외부로부터 경영개입이 불가능하며 외부주주와 이해충돌이 쉽게 해결되지 못함으로써 과도한 대리비용이 발생하고 결국 기업이 높은 자본비용을 부담하는 등의 비효율이 초래되는 실정이었다. 결국 상법이 미국식의 사외이사제도와 감사위원회를 도입한 이유도 이사회의 의사결정능력과 감독기능을 강화하려는 목적 때문인 것으로 볼 수 있다. 일본에서도 코퍼렛 가버넌스 원칙 책정위원회가 발표한 코

퍼펫 가버넌스 원칙(98년 5월 26일)에서는 이사회와 집행임원회를 구별하여 기업의 의사결정기관과 업무집행기관의 구별을 명확히 한다고 하여 의사결정·감독과 업무집행의 분리가 집행임원제도의 도입이유라고 하고 있다[292]. 또한 IMF 경제위기 이후 외국자본의 투자유치가 절실하게 되고 이에 따라 외국인 지주비율이 높아지게 되었으며 이와 같은 상황하에서 회사의 지배구조가 외국인 투자가에게 이해하기 쉽고 투명하게 나타나야만 투자를 촉진할 수 있게 된다. 임원제도를 도입하게 되면 이사와 임원과의 관계는 미국법상의 director와 officer관계와 유사하게 되며 외국인투자자가에게도 이해하기 쉬운 기업의 지배구조가 될 것이다[293]. 따라서 이하에서는 임원제도의 도입에 따른 기본적인 지위 및 권한과 의무 그리고 기타 생각해 보아야할 법률적 문제를 다루기로 한다.

2. 任員의 法的 地位

(1) 會社와의 契約關係

임원은 종래 업무담당이사 및 사용인 겸무이사가 담당하고 있던 직무를 이사가 아닌 자에게 맡기기 위하여 이사와는 별개의 자격으로써 이사회로부터 선임되어 대표이사의 지휘하에서 회사의 업무집행을 담당하는 책임자를 의미한다. 이사가 아닌 자가 종래의 사용인 겸무이사에게 맡겨져 있던 직무를 위임받아 집행임원의 명칭을 부여하였다고 하더라도 법적 지위를 정함에 있어서는 단순한 사용인에 지나지 않으므로 어떠한 새로운 법적 문제도 생기지 않을 것이다. 즉 이사회가 회사업무집행기관이라고 하는 것은 회사업무집행권한이 전체로서 이사에게 부여되어 있음을 의미한다. 따라서 이사의 전체를 의미하는 이사회의 권한의 일부를 이사회의 구성원인 개개의 이사에게 위임할 것이므로

---

292) 澤口 實, "執行役員制度導入上の問題點", 「商事法務」No. 1494(1998. 6. 25), p. 6.
293) 澤口 實, 위의 논문, p. 6.

이사 중에서 대표이사가 선임되어지는 것처럼 업무담당이사가 인정되어진다고 볼 수 밖에 없다. 그러나 이러한 이사회의 구성원이 아닌 임원은 이사회의 파생적인 기관으로서의 업무담당이사와는 달리 회사의 단순한 보조자이며 이며 기관이 아니라고 본다294). 이와 같이 집행임원은 원칙적으로 사용인이라고 해석되기 때문에 정관, 계약 등에 특별한 정함이 없을 경우에는 고용계약을 기초로 하여 위임규정을 유추하는 것이 타당한 법적 처리가 될 것이다295).

(2) 會社內에서의 地位

미국에서는 최고집행임원(CEO)이 대부분 이사회의 구성원이므로 이사에 부수되는 의무를 지게 되지만, 이사를 겸하지 않는 임원이 회사에 대하여 어떠한 의무를 지는가는 문제이다. 임원은 그 명칭이 어떻든 임원으로서의 근무 계약을 체결하지만 이 계약의 본질은 고용계약과 위임계약의 혼합계약이라 할 수 있다. 이에 따라 상업사용인의 규정이 적용되지만 지배인에 관한 모든 규정이 적용되는 것은 아니다. 경업금지의무, 이익상반거래, 회사에 대한 책임으로 나누어 살펴보기로 한다.

1) 競業禁止義務

임원은 고용계약에 따라 회사에 직무전념의무를 지는 것이 보통이므로 상법 제17조 제1항의 경업피지의무를 지는 것은 확실하다. 즉 이 점이 회사와의 계약에서 명시되지 않더라도 동 조가 적용될 것이며 또한 동조 제2항 및 제4항의 회사의 개입권 및 단기의 제척기간의 적용도 있을 것이다. 그 직무내용에 대해서는 회사와 임원의 고용계약에 따라 달라지게 될 것이다. 임원은 상급의 중요한 사용인이므로 지배인에 관한 규정을 유추적용하려는 견해가 타당하다.

---

294) 강희갑, 앞의 논문(각주 259), pp. 675~676.
295) 森本 滋, "執行任員制度について", 「證券代行ニュース」, 中央信託銀行 27号, p. 19.

2) 利益相反去來

임원에게도 상법 제398조가 정하는 이익상반거래의 규정이 적용될 것인가 하는 문제이다. 임원은 별도로 이사로 선임되지 않는 한, 이사는 아니므로 직접 상법 제398조가 적용되지 않지만 정관에 회사와 임원의 이익상반거래에 대하여 이사회 승인을 요한다고 규정할 수 있을 것으로 해석된다. 이에 대하여 상법 제398조가 유추적용된다는 견해도 있다. 이익상반거래는 실제로 회사의 업무를 집행하는 이사에 대하여 적용이 문제되는 경우가 많았던 것이므로 그와 같은 이사가 임원이 되었다고 하여 회사와의 이익상반거래가 가능하게 되는 것은 아니다.

3) 會社에 대한 責任

상법 제399조 제1항에 의하면 이사가 법령 또는 정관에 위반한 행위를 하거나 그 임무를 해태한 때에는 그 이사는 회사에 대하여 연대하여 손해를 배상할 책임이 있다. 그리고 동조 제2항에 의하면 이사의 법령 또는 정관에 위반한 행위나 임무해태행위가 이사회의 결의에 의한 것인 때에는 그 결의에 찬성한 이사도 위의 책임을 지도록 되어 있다. 그런데 임원에 대해서도 이 책임을 정관으로 규정할 수 있는가에 대한 문제는 그 적용을 부정하여야 옳다고 본다. 왜냐하면 이사는 회사의 업무의 전반에 걸쳐 감시권한과 그에 따르는 정보수집의 권리·의무가 있지만 임원은 업무집행에 있어서 특정업무에 한하여 그 일을 하고 있으므로 다른 임원을 감시할 권리도 의무도 없기 때문이다. 그러므로 임원과 회사의 고용계약에서 다른 임원의 채무를 인수하지 않으면 안되는 경우, 회사와 임원과의 관계는 위임계약과 고용계약의 혼합계약이므로 미리 다른 임원에 대한 금전대부 등에 의하여 발생한 손해를 전보시키는 뜻을 계약하는 것은 무효가 되어야 마땅할 것이다. 따라서 임원의 회사로부터의 차입금에 대하여 이사회에서 찬성한 이사에게 변제책임을 지우는 것은 가능하다고 해도 임원에게 변제책임을 지우는 것은 근로기준법 취지에 반할 우려가 있다.

3. 任員과 代表訴訟 및 監事와의 關係

(1) 代表訴訟과의 關係

대표소송제도는 미국의 제도를 계수한 것이고 원고주주는 회사가 이사에 대하여 갖는 권리를 대위행사하는 소송이며 다른 주주 전체를 대표하여 소송을 제기하는 것으로서 대위소송 또는 대표소송이라 한다. 소송법적으로는 제3자의 소송담당의 한 경우이고 원고주주가 본래의 권리 귀속주체인 회사를 대신하여 소송을 수행하는 지위에 있는 것으로 본다[296].

대표소송제도의 본질은 회사가 이사의 책임을 추궁해야 할 경우에도 이사들 상호간의 특수한 관계 때문에 회사가 책임추궁을 태만히 하는 때 주주가 회사를 대신하여 이사에게 책임을 추궁하는 것이다. 즉, 주주의 소송제기 및 소송 수행권의 근거는 회사기관간의 특수한 관계 때문에 이사의 책임을 묻는 소송이 회사기관에 의하여 제기·수행될 가능성이 없기 때문에 주주에게 대표소송을 통한 책임추궁권을 법으로 인정한 것이다[297].

이와 같이 보면 임원 내지 사용인에 대한 책임추궁은 이사 내지는 이사회의 권리임과 동시에 의무이기도 하다. 반면 주주에게 있어서는 이사에 대한 대표소송이 가능하기 때문이라고 하여 임원에 대하여 대표소송이 가능한 것은 아니다. 즉, 대표소송은 법률이 주주에게 이사책임추궁의 소제기권을 부여한 것이어서 다시 말하면 주주에게는 이사 이외의 자에게는 제소권이 없다고 할 수 있다. 따라서 주주는 임원에 대해서는 그 책임을 추궁할 근거를 결하는 것이라

---

296) 高田裕成, "株主代表訴訟における原告株主の地位", 「民商法雜誌」115卷 4·5号, 1997, p. 538.

297) 박길준·홍복기, 「理事와 理事會 制度」, 韓國上場會社 協議會, 2000, pp. 253~254 ; 양동석, "經營判斷의 原則과 株主代表訴訟", 조선대 통일문제연구 제14집, 2001, pp. 159~160.

고 하지 않을 수 없고 주주는 임원에 대하여 대표소송을 제기할 수 없다고 해야 할 것이다. 이에 대하여 미국의 대표소송의 경우 그 대상을 이사의 책임에 한정하지 않으므로 임원에게도 주주대표소송을 제기할 수 있다고 한다[298].

임원제도를 채용한 회사에서 주주가 임원에 대하여 대표소송을 제기할 수 없지만 이사회의 감시기능을 강화할 필요가 있는 것은 부정할 수 없다. 즉 임원제도를 채용함으로써 이사회는 업무집행으로부터 완전히 벗어나서 그 감시만을 직무로 하기 때문에 만약 임원에 의한 회사재산의 착복행위가 있다고 해도 이사로서는 곧 그 행위를 중지시킴과 동시에 회사에 손해가 발생한 경우에도 그 배상을 청구해야 한다. 그러나 만약 임원의 위법행위가 명백함에도 불구하고 어떤 수단을 강구하지 않는 이사는 자신이 대표소송의 피고가 된 회사에 발생한 손해의 액을 배상할 의무를 지게 된다.

결국 임원이 위법행위에 의하여 회사에 손해를 입힌 경우에 주주는 임원에 대하여 대표소송을 제기할 수 없지만 이사가 이와 같은 임원에 대하여 회사가 입은 손해를 회복하기 위하여 어떤 수단을 강구하지 않은 경우에는 주주는 이사에 대하여 대표소송을 제기하는 것이 가능하다고 보아야 할 것이다.

(2) 監事와의 關係

상법 제412조에 의하면 감사의 대상은 이사의 직무집행이므로 사용인의 지위에 있는 임원의 직무집행 자체는 감사의 대상이 아니라고 보는 견해도 있다[299]. 그러나 감사의 중점적인 대상은 이사의 직무집행이지만, 거기에는 사용인에 대한 지휘명령·감독능력까지 포함되는 것이며, 사용인의 행동까지도 감사함으로써 보다 정확히 평가할 수 있을 것이다. 그리고 임원이 대표이사로부터 업무집행권한의 일부를 위임받아 행사하는 이상 그것을 적절히 감사해야 함은 당연할 것이다.

---

298) 강희갑, 앞의 논문, p. 689.
299) 彌永眞生, "執行役員制度と監査役制度", 「月刊監査役」 418号, p. 34.

따라서 임원회가 제도로서 도입된 회사에서는 감사는 임원회에 출석할 수 있는 권한이 있다고 할 것이다. 또한 감사로서는 적극적으로 임원으로부터 사내정보를 수집할 수 있다. 그리고 회사가 정관 또는 내규로 임원회를 규정한 경우에는 임원이 회사에 현저한 손해를 끼칠 염려가 있는 사실을 발견한 때에는 그 사실을 감사에게 보고해야 하는 것으로 해석할 수 있다(상법 제412조의 2 유추적용). 그러나 정관 또는 내규로 정함이 없는 경우에는 이사의 의무를 임원의 임무로 구성하기가 곤란할 것이다.

第4節 理事會制度 活性化를 위한 理事 責任의 緩和

I. 理事 責任論의 再考

이사회제도의 강화 특히 위에서 논의되었던 사외이사와 관련 위원회제도 그리고 감독기능을 강화하는 문제는 주식회사의 바람직한 운영을 위해 반드시 재고해 보아야할 문제이다. 그러나 이러한 목적을 달성하기 위한 이사회는 그 운영주체가 결국 이사이다. 사외이사도 법문상 규정되어 있는 상법상의 이사라는 점을 감안한다면 더욱 그러하다. 이러한 이사들의 의무 및 책임문제는 이사회의 중요성이 증가할수록 커지게 되며, 결국 이사의 의무와 책임이 증가하면 할수록 이사회 구성원으로서의 이사는 그 역량을 충분히 발휘하기 어렵게 된다. 왜냐하면 과도한 의무를 지게 되는 경우 또는 경영활동에 대한 책임을 무겁게 지게 된다면 이사는 적극적으로 이사회 업무에 참여하기보다 책임회피와 현실안주의 업무행태를 보일 가능성이 크기 때문이다. 이하에서는 상법 제382조의3과 관련된 이사의 충실의무와 선관주의의무와의 관계에 대한 검토와 이에 대하여 현재 대립되고 있는 학설을 정리하고 미국법상의 관련 견해 및 규정 그리고 이사의 책임경감과 관련된 경영판단원칙 등에 대하여 고찰하기로 한다.

Ⅱ. 商法上 理事의 忠實義務[300)

주식회사의 이사는 이사회의 구성원이다. 그리고 이사회는 상법과 정관에 의하여 주주총회의 권한으로 유보되어 있는 사항을 제외한 모든 업무집행사항에 관하여 의사결정권을 가진다. 그러므로 상법은 이사의 회사 내에서의 지위와 그 임무의 중요성을 감안하여 이에 상응하는 의무와 책임에 관한 규정을 두고 있다.

주식회사의 이사가 회사에 대하여 어떠한 의무를 부담하는지에 관한 문제는 원칙적으로 이사와 회사간의 법률관계에 의하여 정해진다. 상법은 이사와 회사간의 법률관계를 위임으로 보고 민법상의 위임에 관한 규정을 이사와 회사간의 법률관계에 준용하도록 하고 있다(상법 제382조 제2항). 따라서 이사는 선량한 관리자의 주의의무를 가지고 회사의 업무를 처리하여야 한다. 그런데 1998년의 개정상법은 제382조의 3에서 이사의 충실의무라는 표제 하에 "이사는 법령과 정관의 규정에 따라 회사를 위하여 그 직무를 충실히 수행하여야 한다"라고 하는 규정을 신설함으로써 그 동안 해석론 내지는 입법론으로써 그 수용이 주장되어 온 이사의 충실의무가 명문화되기에 이르렀다. 그러나 개정상법이 이사의 충실의무를 명문으로 규정하고 있음에도 불구하고 이사의 충실의무와 선관주의의무와의 관계에 대해서는 여전히 논쟁의 대상이 되고 있다.

---

300) 이사의 忠實義務에 관한 基本的 內容은, 강희갑, "美國法上 理事의 忠實義務와 理事의 自己去來, 「企業法研究」제5집(韓國企業法學會, 2000), p. 361 이하를 참조하여 설명한다.

1. 善管注意義務와 忠實義務의 關係

상법이 이사와 회사간의 법률관계에 대해서는 위임에 관한 민법의 규정을
준용하고 있으므로 이사는 회사에 대하여 수임인으로서 선량한 관리자의 주의
의무를 부담하게 된다. 그러나 다른 한편 1998년의 개정상법은 제382조의 3에
서 이사로 하여금 회사를 위하여 그 직무를 충실히 수행하도록 하는 의미에서
이사의 충실의무라고 하는 일반적 의무에 관한 규정을 신설하였다. 따라서 상
법에 의하면 이사는 회사에 대한 일반적인 의무로서 선관주의의무와 충실의무
를 부담하는 것으로 되는데, 이 경우 충실의무는 선관주의의무와는 별개의 독
립적인 이사의 의무인지에 관해서는 견해가 대립되고 있다. 일본은 1950년 상
법 개정시에 제254조의3에서 "이사는 법령과 정관의 정함과 총회의 결의를 준
수하고 회사를 위하여 충실히 그 직무를 수행할 의무를 부담한다"라고 하는
규정을 신설함으로써 이사의 충실의무를 도입한 바가 있으나 학설의 다수설과
판례는 이사의 충실의무를 선관주의의무와 구별되는 별개의 의무로 보지 않고
있다[301].

(1) 同質說의 理論的 背景

이 견해는 이사와 회사간의 법률관계는 위임관계이고 이러한 위임관계로부
터 발생하는 의무로서는 선관주의의무 뿐이라는 전제에서 출발한다. 따라서 상
법 제382조의3이 규정하고 있는 이사의 충실의무는 선관주의의무와는 별개의
의무를 규정한 것은 아니고 동일한 내용의 의무를 구체적으로 부연하여 보다
더 명확히 한 것이라는 입장이다[302]. 따라서 이 견해에 의하면 선관주의의무

---

301) 森淳二朗, 取締役의 善管注意義務와 忠實義務, 商法의 爭點 I (總則 · 會社), 1993, p.
      136.
302) 손주찬, 「商法(上)」, 박영사, 2000, pp. 839~841 ; 최기원, 앞의 책, pp. 613~
      616 ; 정찬형, 「商法講義(上)」, 박영사, 2000, pp. 809~810 ; 이철송, 「會社法講
      義」, 박영사, 2000, pp. 581~582.

와 충실의무는 그 표현을 달리 하는 것일 뿐 그 성질이나 내용면에서 본질적인 차이가 있는 것은 아니라고 한다. 동질설의 이론적 근거로는 ① 위임의 경우 수임인이 부담하는 선량한 관리자의 주의의무는 특정인의 주의력을 기준으로 하는 것이 아니고 통상의 지식과 경험을 가지고 있는 자가 위임받은 사무의 처리를 함에 있어서 준수하여야 할 주의의 정도를 의미하는 것으로서 이는 주식회사의 이사의 경우에도 마찬가지라고 한다. 특히 상법은 이사의 자격을 전문적인 지식을 가지고 있는 자로 제한하고 있지 아니하므로 이사의 지위의 중요성을 고려한다고 하여도 이로써 이사의 주의의무 자체를 강화하는 것은 의미가 없다고 한다. ② 민법의 위임의 경우에도 위임인과 수임인간의 관계는 신뢰관계를 전제로 하는 법률관계이고 이 경우 수임인은 주의의무뿐만 아니라 위임인의 이익을 위하여 행동할 것이 요구되고 있는 것으로 해석할 수 있다. 따라서 상법이 이사의 충실의무를 명문으로 규정하여도 이것은 선관주의의무 자체를 강화하는 것으로 해석할 수가 없고 단지 선관주의의무를 구체적·주의적으로 표현한 것에 지나지 않는 것으로 해석하는 것이다.

(2) 異質說의 理論的 背景

이질설은 상법 제382조의3의 이사의 충실의무는 회사와 이사간에 존재하는 신임관계로부터 비롯되는 고도의 의무로서 회사와 이사간의 위임관계로부터 발생되는 선관주의의무와는 그 성질을 달리하는 의무로 보고 있다[303]. 그 근거로는 ① 상법이 이사회제도에 관해서는 영미 회사법상의 이사회제도를 도입함으로써 종래의 대륙법적인 주식회사의 기관구성과 권한분배에 큰 변화가 있었으므로 이에 상응하여 영미법상의 이사의 충실의무 법리를 도입하여 이사의 의무와 책임을 강화할 필요성이 있음을 들고 있다. ② 선관주의의무와 충실의무는 그 성질에서 차이가 있음은 물론이고 기능적으로도 다르게 작용되는 점

---

303) 이병태, "株式會社의 理事會制度", 1986, p. 102 ; 김교창, "理事의 忠實義務와 競業禁止", 「會社法의 諸問題」, 1982, p. 284.

을 들고 있다[304]. 즉, 선관주의의무는 이사가 직무를 집행함에 있어서 기울여
야 할 주의의 정도에 관한 규범으로서 개개인의 능력에 따른 주관적 주의가
아니고 평균적인 이사에게 통상 요구되는 정도의 합리적인 주의를 기울여야
하는 것을 의미하는 것이다. 이에 대하여 충실의무는 이사가 그 지위를 이용하
여 개인적인 이익을 도모하고 회사의 이익을 희생하는 것을 금지하는 것으로
이사가 회사의 기관구성원으로서 하는 행위 그 자체를 대상으로 하는 것이 아
니고 그 밖의 입장에서 행하는 경우에 관한 규제이므로 선관주의의무와는 본
질적으로 다르다고 한다. 따라서 양자의 대상이 되는 행위를 구별하여 선관주
의의무는 이사가 회사를 위하여 직무를 집행하는 측면에서의 문제가 되는 것
임에 대하여 충실의무는 이사가 그 지위를 이용하여 개인적인 이익을 위하여
행동하는 측면에 있어서의 문제라는 것이다. ③ 이질설에 의하면 선관주의의무
와 충실의무를 구별하여야 할 필요성으로서는 첫째, 선관주의의무위반으로 인
하여 이사가 져야하는 책임은 고의과실을 요건으로 하지만 충실의무위반으로
인한 책임의 경우에는 고의과실이 문제가 되지 아니하는 것으로 보고 있다.
즉, 이사가 회사의 이익에 반하는 행위를 하여 회사에 손해를 입히면 당연히
손해배상책임을 부담하게 된다고 한다. 둘째, 충실의무위반으로 인한 책임의
범위에 관하여 선관주의의무위반의 경우와 같이 회사가 입은 손해의 배상에
한정되는 것이 아니고 이사가 얻은 모든 이익을 회사에 반환하는 것이라는 점
에서 차이가 있는 것으로 보고 있다.

2. 美國法上의 理事의 忠實義務

미국법상의 충실의무(duty of loyalty)는 이사, 지배주주 등과 회사, 소수주
주간의 이해충돌 상황에서 요구되는 의무이다. 일반적으로 미국 주식회사의 경
영진은 회사에 대하여 여러 가지 의무를 진다. 이들 의무는 제정법과 정관의
목적범위 내에서 주어진 권한에 따를 복종의무(duty of obedience), 선관주의

---

304) 이병태, 위의 논문, p. 108 이하.

의무(duty of care and diligence), 충실의 의무(duty of loyalty, fiduciary duty)를 의미한다[305]. 경영진은 회사에 대해서 뿐만 아니라 때로는 회사의 이해집단 즉 주주와 회사채권자에 대하여도 그러한 의무를 지게 된다.

(1) 忠實義務

미국법상 이사로 구성된 이사회는 광범위한 권한을 가지고 있기 때문에 이사는 주식회사 구조에서 독특한 지위를 가진다. 이런 의미에서 이사를 신탁법상의 신탁수탁자(trustee)는 아니지만 이와 유사한 수탁자(fiduciary)의 지위로 파악하고 있다. 이사는 회사에 대하여 고도의 성실(fidelity)과 충성(loyalty)의무를 져야 한다는 것이다[306]. 따라서 이사의 충실의무란 회사의 수탁자로서의 이사가 성실하고 정직하게 회사의 최상의 이익을 위하여 전심전력을 기울여야 한다는 충성의무(duty of loyalty)를 말한다. 미국법은 영국의 신탁수탁자의 법리를 계수하여 이사의 충실의무를 확립하였다. 이 의무는 이사와 회사 사이의 이해충돌 상황에서 회사와 신임관계에 있는 이사는 최대의 성실을 다하여 회사의 복지를 위하여 전심전력을 기울여야 하는 충성의무를 말하고 그 수탁자로서의 이사가 우월한 지위를 이용하여 회사나 주주들의 희생으로 사익을 도모해서는 안된다는 것이다. 따라서 이사의 충실의무는 이사의 회사에 대한 신임관계로부터 나온 의무이며 이사와 회사간에 이해충돌 상황이 있는 경우에 회사의 희생아래 사익을 취해서는 안될 의무로서 행위의 성실성뿐만 아니라 공정성을 핵심적인 요건으로 한다[307]. 충실의무의 위반은 구체적인 경우에 회사의 이익을 희생시켜 이사가 이익을 얻은 객관적인 사실이 있으면 족하고 선관주의의무의 위반의 성립에 필요한 고의 또는 과실은 독립해서 문제로 되지 않는다. 또한 이사의 개인 이익과

---

305) Henn & Alexander, *op. cit.*, p. 612.

306) Robert W. Hamilton, *The Laws of Corporations*, St. Paul, Minn., West Publishing Co., 1996, p. 378.

307) Henn & Alexander, *op. cit.*, pp. 612~627 ; 강희갑, 「지배·종속회사간의 거래에 관한 연구」, 法學博士學位論文, 서울대학교, 1983, pp. 22~23.

회사의 이익이 저촉되는 것이 명백한 경우에 이사가 자신의 개인 이익보다 회사
의 이익을 우선시켜야 함에도 그에 위반하여 이익을 취한 경우는 회사의 손실을
묻지 않고 그것을 회사에 반환해야 하는 수도 있다. 그리고 이사가 충실의무를
위반한 때에는 다양한 구제가 이루어진다. 즉 계약의 취소 또는 해제, 유지명령,
손해배상, 재산의 회복, 이득의 청산, 불공정한 합병에 있어서의 교환율의 변경,
그룹내 계약상의 불공정한 조항을 무효화시키거나, 회사의 기초적 변경의 경우
의 반대주주의 주식매수청구권 등이다. 이사의 충실의무는 이사와 회사간의 이
해충돌상황에 적용되기 때문에 경영판단의 원칙이 적용되지 않으며 법원은 이사
행위의 공정성을 엄격하게 심사한다[308].

(2) 善管主義義務

이에 대하여 이사의 선관주의의무는 회사의 최상의 이익이 된다고 합리적으
로 믿는 방법으로 보통의 사려 깊은 사람이 동일한 지위와 유사한 상황에서
합리적으로 기대되는 주의로써 이사의 직무를 성실히 수행할 의무이다(미국법
률협회 「원칙」§4.01 참조). 이 의무는 이사가 그 직무를 수행함에 있어서 일반
적으로 요구되는 의무이며, 성실성과 합리적인 주의를 그 요건으로 하나 공정
성은 요건으로 하지 않는다. 그리고 이사의 선관주의의무는 경영판단의 원칙에
의하여 완화된다. 즉 이사가 경영판단의 대상에 관하여 이해관계가 없고 그 대
상에 관하여 그 상황에서 적절하다고 합리적으로 받는 정도의 정보를 가지고
회사의 최상이익에 합치된다고 상당하게 믿고 성실히 경영판단을 한 경우에는
면책된다.

그런데 문제가 되는 것은 미국법상의 이사의 충실의무와 관련하여 우리 나
라의 일부 학자들이 이사의 'fiduciary duty'를 신인의무, 신임의무 또는 성실
의무 등으로 표현하고 이는 주의의무와 충실의무로 나뉘어 진다든가 주의의무
와 충실의무를 포함한다는 견해가 과연 적절한 것인가 하는 점이다.

308) 이상, 강희갑, 위의 책, pp. 32～36.

미국의 각종 문헌들에는 이사의 의무를 두 범주로 나누는 경우에는 선관주의의무(duty of care)와 충실의무(duty of loyalty)라는 표현으로 구분하여 설명하는 경우가 일반적이다. 그리고 'duty of loyalty'를 공정거래(fair dealing)의무로 표현하기도 하고 'fiduciary duty'로 표현하기도 한다. 이와 같이 충실의무(duty of loyalty)를 'fiduciary duty'로 표현하는 경우에는 fiduciary duty는 duty of loyalty와 같은 뜻으로 이해된다. 다른 한편 fiduciary duty를 duty of loyalty를 포함하는 개념으로 사용되기도 한다. 예컨대 이사는 회사에 대하여 fiduciary duty of care and loyalty를 다해야 한다는 표현이 그것이다[309]. 그러나 그렇다 하여 이 경우의 fiduciary duty를 신인의무 또는 성실의무로 파악하고 이는 선관주의의무와 충실의무를 포함한다고나 선관주의의무와 충실의무로 나뉘어진다라고 이해하는 것을 적절하지 않다고 본다. 이 경우 이사는 신탁의 수탁자는 아니지만, 이와 유사한 지위에 있다고 보고 이사를 때로는 fiduciary로 표현하고 있는데 이 fiduciary로서의 이사는 회사와 신임관계에 있으며 여기에서 선관주의의무와 충실의무가 나온다[310]고 이해하는 것이 온당할 것이다. 위에서 본 바와 같이 충실의무(duty of loyalty)를 fiduciary duty로 표현하는 경우가 많은데 그렇다면 더욱 그러할 것이다.

(3) 理事의 忠實義務의 適用領域

이사의 충실의무가 적용되는 영역과 그 의무를 위반하는 경우로 들고 있는 것은 대체로 이사가 회사와 경업을 하는 경우, 이사가 회사의 영업 부류에 속하는 거래를 하여 회사의 영업기회를 횡탈하는 경우, 이사가 회사와 거래를 함으로써 양자의 이해관계가 상반하는 경우(이사의 자기거래), 이사가 회사의 주

---

309) Brodsky Adamsky, *Law of Corporate Officers and Directors*, Deerfield, IL., Clark Boardman Callaghan, 1995, §1:03.
310) Fletcher, *Cyclopedia of the Law of Private Corporations*, vol. 3, Chicago, IL., Callaghan & Company, 1975, pp. 58, 142~143.

식이나 사채를 매매함에 있어서 내부정보를 이용하여 개인적 이득을 취하는
경우, 소수주주를 부당하게 압박하는 경우, 회사의 지배권 형성 주식의 매도
(이른바 지배권의 매도)시에 이사가 예외적으로 충실의무를 지는 경우 등이
다311). 이러한 이사의 충실의무는 지배주주의 회사 또는 소수주주에 대한 충
실의무로 발전되었으며 또한 이는 다시 지배회사의 종속회사나 그 소수주주에
대한 충실의무로 발전되었다312). 이리하여 미국법에서는 독일주식법과 달리 지
배·종속회사관계를 규율하는 별개의 규정이 없고 종속회사의 소수주주보호를
위해서는 판례를 통하여 확립된 지배주주의 충실의무 법리에 의하여 규율하고
있으며 채권자 보호를 위해서는 역시 판례로 확립된 법인격부인법리에 의하여
규율되는 것이 일반적이다313).

3. 商法 第382條의3에 대한 檢討

앞서 보았듯이 이사의 선관주의의무와 충실의무가 상호 관련성을 가지면서
이사의 책임을 강화하고 있고 미국의 경우에도 이 두 의무를 구분할 수 있는
기준을 제시하기란 어려운 일이다. 또한 이사의 충실의무를 위반하는 행위가
동시에 주의의무를 위반하는 행위를 구성하는 경우도 있다314). 그러나 이사와
회사간의 이해충돌상황에서는 민법상의 위임관계로부터 나오는 선관주의의무로
는 회사의 이익을 보장할 수 없을 것이다. 왜냐하면 이사의 선관주의의무는 이
사가 그 직무를 집행함에 있어서 기울여야 할 주의의 정도로서 이사의 지위에
있는 자에게 보통 요구되고 있는 정도의 주의를 다 할 의무인데 민법상의 위
임관계에 있어서는 충실의무와 같이 이사가 위임과 관계없는 개인적 사항에
관하여 그 지위를 이용하여 자기의 개인적 이익을 도모하고 회사의 이익을 희
생시켜서는 아니 될 의무를 부담한다고 보기는 어려울 것이다. 따라서 상법 제

---

311) Henn & Alexander, *op. cit.*, pp. 628~661.
312) 강희갑, 앞의 책, pp. 23~26.
313) 강희갑, 위의 책, pp. 12~16.
314) 권재열, 앞의 논문, p. 14.

382조의 3의 규정은 미국법상의 본래의 충실의무를 도입한 규정이라고 해석함
이 마땅할 것이다[315]. 그런데 본래 미국법상의 이사의 회사에 대한 충실의무
는 이사와 회사간의 법률관계에서 신임관계가 존재하는 것을 전제로 한다. 상
법 제382조의 3에서 이사의 충실의무에 관한 규정을 두고 있으나 신임관계에
대한 명시적인 규정은 없다.

　이사와 회사간의 이해충돌상황에서는 민법상의 위임관계로부터 회사의 이익
을 최대한 보장할 수 없기 때문에 이사의 직무와 관계없는 개인적 사항에까지
회사의 이익을 이사개인의 이익에 우선시키기 위해서는 이사와 회사간의 신임
관계를 인정해야 할 것이다. 민법의 위임관계는 위에서 설명한 것과 마찬가지
이유로 이사의 직무와 관계없는 개인적 사항에까지 회사의 이익을 우선시키는
이사와 회사간의 신임관계를 인정하기 어려울 것이다. 따라서 민법의 위임관계
에서 신임관계를 도출하려는 동질설의 견해는 타당하다고 할 수 없다 할 것이
다. 이사와 회사간의 자기거래의 제한규정 등은 이사와 회사간의 신임관계를
전제로 한 규정이라고 볼 수 있을 것이다. 그러므로 상법 제382조의 3에서 신
설된 이사의 충실의무에 관한 규정은 이사와 회사간의 신임관계와 충실의무를
동시에 규정한 것으로 해석할 수 있다. 그러나 상법 제382조의 3은 그 법리적
기초를 명백하게 하고 있지 않으므로 입법론적으로는 이사와 회사간의 신임관
계를 명백히 하는 규정을 둘 필요가 있다.

Ⅲ. 理事責任의 緩和 方案

1. 責任緩和의 必要性

　우리 나라 주식회사의 이사가 회사에 대하여 엄격한 책임을 지고 계약관계
가 없는 제3자에게도 책임을 부담하게 된 것[316]은 현행 상법이 기업의 소유와

---

315) 강희갑, 앞의 논문, p. 361.

260

경영의 분리라는 주식회사의 원리를 도입하게 되면서 주식회사의 권한을 축소하고 이사 및 이사회의 권한을 확대함에 따라 회사와 주주, 이해관계자를 보호하기 위하여 회사경영자로서의 이사의 책임을 강화한 것이라 볼 수 있다. 회사경영에서 이사의 책임이 강화되고 그 중요성이 증가하고 있는 추세에서 이사가 회사의 업무집행으로서 행한 행위가 이사의 예상을 벗어나 회사에 손해를 끼친 결과가 되었다 하여 이 때문에 당연히 이사가 주의의무위반이 있었다고 하여 이사의 책임을 묻는다면 이사의 업무동기는 크게 감퇴될 것이다. 이에 따라 이사책임의 경감 즉, 이사의 책임에 대한 구제방안에 대한 논의의 필요성이 나오게 된다.

미국에서는 이사가 회사의 업무집행으로서 행한 경영판단에 대하여는 그 경영판단이 기업인으로서의 합리적인 선택의 범위 내에서 성실히 행하여졌다면 비록 그 결과가 나빠서 회사에 손해를 끼쳤다 하더라도 이 때문에 이사가 주의의무위반이 있는 것으로서 그 책임을 추궁할 수는 없지 않을까의 문제가 제기되어 소위 경영판단의 법칙(business judgement rule)으로 논의되어 왔다317). 또한 이사에 대한 책임을 구제하는 또 다른 수단으로 보상제도(indemnification)와 이사책임보험(director's liability insurance)이 있고 이러한 제도들은 대단히 적극적으로 활용되고 있다. 이 후자의 두 가지 제도는 상호 결합적인 것으로서, 보상제도는 이사가 그 직에 있음으로 말미암아 부담하게 되는 소송비용, 변호사 비용, 제3자에 대한 손해배상액, 벌금 등을 회사가 일정한 조건하에서 지급하는 제도이고, 이사책임보험은 이사가 위의 보상제도에 의하여 회사로부터 보상받지 못하는 부분을 보험계약에 의하여 전보하여 주는 제도로서 현재 미국 대부분의 주에서 이에 관한 명문의 규정을 두고 있다318).

316) 商法 제382조 제2항, 제399조 제1항, 제399조 제3항, 제401조 제1항 참조.
317) 經營判斷의 原則은 理事의 주의의무와 충실의무위반으로 인한 理事의 責任의 存否 및 理事에 대한 代表訴訟(derivative suit)의 각하신청의 適否에 대한 決定에 있어서 미국의 판례상 중요한 기능을 하고 있다.
318) Henn & Alexander, *op. cit.*, p. 1121 : Knepper, *Liability of Corporate Officers*

우리 나라 이사회의 구성원인 이사의 책임을 완화 내지 제한하기 위해, 우리 나라에는 아직 관련 판례와 학설이 정리되어 있지 못하였으므로 미국의 경우를 판례와 함께 검토해보고 우리 법 체계와 상황에서 그 적용여부를 가늠해 본다.

2. 經營判斷原則의 適用

(1) 經營判斷原則의 意義

경영판단의 원칙은 19세기 초부터 미국에서 판례법을 통하여 발전된 것이다. 이 원칙은 이사의 경영판단이 회사에 손해를 끼쳤다고 해도, 당해 판단이 성실성과 합리성을 충족한 경우에는 법원이 그 당부에 대하여 사후적으로 개입하여 주의의무위반이라고 이사에게 책임을 직접 물을 수 없다는 법리이다[319].

우리 상법상 이사의 위법행위나 경영 실패에 대하여 이사의 회사에 대한 책임이 추궁될 수 있는 경우는 상법 제399조가 직접적인 근거규정으로 이용될 수 있다. 특히 이사의 경영판단 실패에 대하여 이사로서의 주의의무 내지 충실의무에 위반된다고 하여 책임을 추궁할 경우 「경영판단원칙」은 어떤 의의와 기능을 갖는 것이며, 주의의무와 경영판단원칙은 어떤 관계를 갖는 것인지 규명할 필요가 있다.

---

and Directors, 3rd ed. (Indiana : The Allen Smith Company, 1978), pp. 619~620.

319) 經營判斷의 원칙이 비로소 공식화된 것은 1912년 뉴욕상소법원(Court of Appeals)의 판결이다. 그 판결요지는 다음과 같다. "經營방침, 계약 혹은 행동의 방법, 대가의 결정, 기업의 이익을 증진시키기 위한 기업자금의 적법한 사용 등은 오로지 이사들의 정직하고도 사심 없는(honest and unselfish) 독자적인 결정에 맡겨져야 한다. 비록 결과적으로는 이사들의 행위가 현명치 못하였거나 부적절하더라도 會社의 일반적인 이익을 위한 이사들의 권한행사는 문제될 수 없는 것이다(Pollitz v. Wabash R. R., 207 N. Y. 113, 124, 100 N. E. 721, 724(1912)).

(2) 經營判斷原則과 理事의 義務

1) 經營判斷原則과 理事의 注意義務

미국에 있어서 이사의 주의의무(duty of care)에 관한 법체계는 특별법에 의하여 형성되어 온 것이지만 오늘날에 있어서는 22개주의 회사법이 이사의 주의의무에 관한 규정을 두고 있다[320]. 모범사업회사법(MBCA)은 제35조에서 규정하고 있고 뉴욕주법[321]이나 캘리포니아 회사법[322]도 이사회 임원은 통상의 신중한 사람이 동일한 상황, 동일한 지위에서 기울였을 성실과 주의로써 그들이 임무를 수행하여야 한다는 뜻을 규정하고 있다. 이러한 이사의 주의의무와 경영판단의 원칙과의 관계에 대하여는 논의가 많다. 이사의 주의의무를 규정한 모범사업회사법 제35조에 대한 미국법률가협회(ABA)의 해석은 「제35조는 이사는 경영상의 판단에 관한 성실한 잘못에 대하여는 책임을 부담하지 않는다는 잘 알려진 개념을 통합한 것이다. 회사를 위하여 이익을 추구하여야 할 이사는 자주 기업에 대하여 위험을 가져올 수 있는 결정을 하여야만 한다. 경영상의 판단을 할 때 성실하게 결정하는 한 그 후에 있어서 잘못되었다 하더라도 이사는 개인적 책임을 부담할 수 없다」고 한다[323]. 물론 이에 대한 반대의 견해도 있다[324].

경영판단의 원칙과 이사의 주의의무와의 관계는 경영판단의 원칙이 경영상의 판단의 잘못에 대하여 이사의 책임을 물을 수 없다하여 이것이 이사의 주의의무를 경감하는 것이 아니냐, 또는 이와는 견해를 달리하여 경영판단의 원칙은 이사의 주의의무위반으로 인한 과실책임과 다름이 없어 특별한 의의를

---

320) ALI, Principles of Corporate Governance and Structure : Restatement and Recommendation Tentative Draft No. 1, p. 193(1982).
321) N. Y. Bus. Corp. Law §717.
322) Cal. Corp. Code §309(2).
323) Model Bus. Corp. Act Ann. 2d (1977 Supp.), p. 254.
324) Marsh, *California Corporation Law & Practice*, Vo. 1., 1977, p. 557.

발견할 수 없다는 견해는 경영판단의 원칙과 주의의무를 혼동한 것으로 볼 수 있다. 왜냐하면 경영판단의 원칙과 주의의무는 동일선상의 개념이 아니기 때문이다. 즉, 경영판단의 원칙이 적용되기 위하여는 이사가 주의의무를 다 하여야 한다는 전제조건이 충족되어야 하는 것이다[325].

경영판단의 원칙은 이사가 상당한 주의를 다하면 알 수 있었을 정보와 자료를 기초로 하여 경영상의 결정을 내린 경우에 한하여 결정의 결과로부터 이사를 보호하는 원칙에 지나지 않는 것이다[326]. 만약 이사가 문제된 거래와 관련되는 충분한 자료와 정보의 수집에 대하여 상당한 노력을 하지 않았다면 경영상의 판단을 행하였다는 것을 근거로 하여 이사의 책임추궁에 대하여 항변할 수는 없는 것이다[327]. 결국 경영판단의 원칙은 주의의무와 같이 책임기준에 관한 것이거나 이사의 면책을 목적으로 하는 것이 아니라 이사의 경영판단에 대한 법원의 심사를 견제하거나 심사범위를 제한하는 지침인 것이다[328].

2) 經營判斷原則과 理事의 忠實義務

이사의 충실의무는 성실(good faith)이라는 개념으로 설명할 수 있는데 미국 판례는 이에 대하여 성실에 대한 정의를 내리기가 매우 곤란하기 때문에 자주 그 반대개념인 불성실(bad faith)에 대한 정의를 하고 불성실의 입증책임을 원고에게 부담시키고 있다. 불성실은 단순히 부적합한 판단 혹은 부주의하게 행동하는 것뿐만 아니라 불정직한 목적을 가지고 행동하는 것도 포함하고 있다[329]. 회사의 이익을 추구할 입장에 있는 이사가 자기를 위하여 한 행위에 대하여는 경영판단의 원칙이 적용되지 않는 것은 재론의 여지가 없다. 따라서 이

---

325) Nader, Green & Seilgman, *Constitutionalizing the Corporation*, 1976, p. 145.
326) Lutz v. Boas, 39 Del. Ch. 585, 171 A. 2d 387 (Ch. 1961).
327) Stern v. Lucy Webb Hayes Nat'l Training School for Deaconesses and Missionaries, 381 F. Supp. 1003, 1013~14(D.D.C. 1974).
328) Johnson, The Business Judgment Rule : A Review of Its Application to the Problem of Illegal Foreign Payments, 1981 *J.C. Law*, 487(1981).
329) Lewis, *Supra note 5*, at 447.

사가 충실의무에 위반한다던가 불성실한 경우 예컨대 자기거래 기타 이익상반 거래에 대하여는 경영판단의 원칙이 적용되지 않고 공정(fairness)의 기준에 의 하여 판단된다고 할 것이다. 결국 경영판단의 원칙이 적용되기 위하여는 주의 의무와 마찬가지로 먼저 충실의무를 다하였다는 것이 전제되어야 한다[330].

일반적으로 어떠한 결정에 있어서 당연히 경영판단에 영향이 있는 자기거래 또는 개인적 이해관계가 존재한다던가 존재하지 않는다라는 것을 추정하는 원 칙은 미국에서 인정되고 있지 않다. 따라서 경영판단의 원칙에 의한 항변을 배 척하려면 어느 결정을 공격하는 측에서 그 결정에 있어 이사가 개인적 이해관 계를 갖고 있다던가 또는 해당 결정에 따른 거래가 자기거래라는 것을 증명하 지 않으면 안된다. 그러나 그 결정에 있어서 이사가 단순한 개인적 이해관계를 갖는 것에 지나지 않는 경우에는 반드시 경영판단의 원칙의 적용이 배제되는 것은 아니다. 이사의 책임을 추궁하는 소송에 있어서 주주나 이사가 그 결정 또는 거래에 있어서 개인적인 이해관계를 갖는다는 것을 주장한다면 법원은 반드시 개인적 이해관계의 내용에 대하여 충분한 심리를 하여야 하지만 심리 의 결과 이해관계가 자기거래 또는 이와 동일시할 정도의 것이 아니라면 법원 은 경영판단의 원칙을 적용하여 주주의 청구를 각하하여야 한다. 이와 같이 이 사의 개인적인 이해관계가 경영판단의 원칙의 적용을 배제하는가의 여부는 이 해의 성질과 정도에 달려있다고 볼 수 있으나 이에 대한 미국 법원의 태도는 일치하지 않고 있다[331]. 회사의 이익과 대립하는 이사의 개인적 이해관계가 문제되어 경영판단의 원칙이 적용되지 않은 경우로서 미국 판례에 나타난 것 으로는 이사가 자기보수의 인상을 스스로 결정한 경우, 주주에 대한 이익배상 을 금지한 경우, 회사가 이익을 얻을 수 있는 기회가 있었는데 이를 이용하지 않고 나중에 이사가 이를 이용한 경우, 회사를 해산시키고 후일에 이사가 개인 으로서 회사재산을 매수한 경우 등이 있다[332].

---

330) 이에 관한 미국의 판례로는 Lewis v. S.L. & E. Inc., 629 F. 2d 764, 769 (2d Cir. 1980)가 있다.
331) Harman v. Wilberm, 520 F. 2d 1333 (10th Cir. 1975) ; McDonnel v. American Leduc Petroleums, Ltd., 491 F. 2d 280 (2nd Cir. 1974).

(3) 經營判斷原則의 根據

우리 나라에서의 경영판단원칙에 대한 근거에 관하여 다양한 설명을 하고 있다. 일반적으로 들 수 있는 주된 근거들을 예시하자면 다음과 같다.

첫째, 경영판단의 원칙은 기본적으로 경영에 관한 결정에는 위험이 수반된다는 사실을 전제로 하고, 이사에게 사법적인 사후심사에 대한 우려 없이 역동적이고 효과적인 경영정책수립에 필요한 재량권을 부여하기 위하여 인정되는 것이다. 이사도 인간이기 때문에 완벽할 수 없으므로 이사가 성실하게 상당한 주의로 행동하였음에도 불구하고 손해가 발생한 경우에는 이사에게 책임을 물을 수 없다는 견해이다. 생각건대, 기업경영에는 항상 위험이 따르는 것이고 위험을 무릅쓰지 않고는 기업의 성공이나 성장을 기대할 수는 없는 것이므로 이사를 엄격한 책임아래 두는 것은 이사의 행동을 위축시키고 적극적인 회사경영을 저해할 수 있다고 본다.

둘째, 경영판단원칙을 인정하는 이유는 법원이 경영상의 판단에 관한 전문적인 경험이나 지식이 부족하여 이사의 경영판단을 사후적인 심사로 대체할 수 없기 때문이다. 만일 법원이 이사의 경영판단에 대하여 사후적 심사(Second guess)를 하게 된다면, 자칫 법원의 경영판단으로 이사의 경영판단을 대신하는 결과를 가져올 수도 있다. 이 근거에 의할 경우, 즉 법원이 전문적인 지식이나 경험을 가지고 있지 않다든가 사후의 사정에 따라 판단할 염려가 있다는 것은 회사의 경영영역에 한정되는 것은 아니다. 의사, 공인회계사, 기타 농업·공업·환경 등 전문직업인의 책임과 비교하면, 회사의 이사에게만 경영판단원칙을 적용해야 할 근거로서는 미약하기 때문이다.

셋째, 만일 주주들이 이사회의 결정에 대하여 사법적 심사를 요구할 수 있는 권한을 부여받게 되면, 회사의 경영에 대한 결정권한을 이사회로부터 주주들에게 넘겨주는 부당한 결과를 초래하기 때문에 주주들에 의한 지나친 경영간섭 내지 경영권침해로부터 이사를 보호하려는 취지가 경영판단의 원칙의 저

---

332) Lattin, *The Law of Corporations*, 1951, p. 250.

변에 깔려있다는 견해이다. 경영판단원칙은 이사로 하여금 위험의 인수를 고무시키는 기능이 있기 때문에 이 원칙을 채택함으로써 유능한 인물을 이사로 영입할 수 있게 하고 남소예방의 효과가 있다고 본다.

넷째, 주주는 이사를 선임하고 회사의 경영을 이사에게 위임하게 되면 경영판단의 실패에서 올 수 있는 위험을 부담해야 한다는 입장이 있다. 이 견해를 강조하게 되면 고도의 의료행위에 위험이 따른다고 하여 의사와의 관계에서 환자가 당연히 위험을 인수한 것이라고 볼 수 있게 되므로, 이사에게 경영판단원칙을 인정하는 것이 타당한가하는 본질에 관한 의문이 생길 수 있다.

(4) 經營判斷原則의 機能

경영판단원칙이 이사의 경영판단 결과로서 회사에 손해가 발생했다고 하더라도 이사가 주의의무를 다했다면 책임이 발생하지 않는다는 것만을 의미할 뿐이라면 우리 나라에 이 원칙을 도입할 것인가에 대하여 논의할 특별한 이유가 없을 것이다. 왜냐하면 우리 나라의 선관주의의무로써도 당연히 인정될 수 있는 것이기 때문이다. 그러나 ALI가 주의의무와는 별도의 조항으로써 경영판단의 원칙을 정하고 있기 때문에 동 원칙이 갖는 독자적 기능을 고찰할 필요가 있다.

1) 理事의 注意義務 輕減機能

경영판단원칙의 수용 가능성에 관한 최근 연구의 대부분은 동 원칙이 이사의 주의의무를 경감하는 것이라고 이해하는 것이 많고, 입법화를 요구하는 주장도 그러한 이유에 근거하고 있다. 그러나 ALI의 원칙에 의하면 이러한 이해에 의문이 생기게 된다.

① 經營判斷의 過程과 內容의 區別

경영판단의 과정은 합리성(reasonability)의 기준에 의하여 규율되지만, 이 요건을 충족하면 보다 느슨한 내용상의 상당성(rationality) 기준에 의해서만 심사되며 폭 넓은 범위 내에서 허용될 수 있을 것이다. 따라서 이사의 책임을 추궁하려는 주주에 의하여 합리성요건을 충족하지 못한 것이 증명되면 ALI원칙 4.01조 (a)항의 주의의무기준에 따라 심사될 것이다. 그리고 내용상 상당성 요건이 충족되지 못한 것으로 입증되면 동시에 4.01조 (a)의 주의의무 기준에도 미치지 못한 것이 될 것이다.

회사의 경영은 개성적인 것이고 동일한 정도의 능력을 갖는 기업인이 동일한 상황에서 동일한 경영판단을 한다고는 단언할 수 없기 때문에 이사 및 임원에게는 광범위한 재량을 인정할 필요가 있다. 그러나 다른 사람에 대하여 이와 같은 이유 때문에 이렇게 행동한다는 조리 있는 설명을 할 수 있을 정도는 요구하는 것이 당연할 것이다. 따라서 요건③의 성실함을 충족하지 못하는 경우로서는 조리 있는 설명이 불가능한 결정이나 무모한(reckless) 행동을 들 수 있을 것이다. 또한 회사에 불리한 결과밖에 초래될 수 없을 것이 명백한 거래를 한 경우에는 이에 해당할 것이다.

② 行動基準과 審査基準

경영판단의 원칙과 주의의무와의 관계에 대하여 ALI원칙의 수석보고자(chief reporter)인 Melivin A. Eisenberg교수는, 주의의무는 행동기준(standard of conduct)이므로 이사가 어떤 행동을 해야 할 것인가를 나타내는 기준이며, 주의의무 자체는 경영판단 원칙에 의해서 완화되는 것이 아니라고 한다. 이에 대하여 경영판단 원칙은 심사기준(standard of review)이므로 법원이 이사의 행동을 평가할 때 이용하는 기준이라고 한다. 이 설명에 의하면 주의의무가 행동기준이고 심사기준이기도 하다는 상황과 비교하여 심사기준이 완화되고 있음을 보여주는 것이며, 주의의무와 경영판단의 원칙을 이론상 모순 없이 설명할 수 있게 된다.

③ 重過失(gross negligence)

델라웨어주 등에서는 이사는 중과실에 대해서만 책임을 지도록 하고 있다. 유명한 사건인 Smith v. Van Gorkon판례에서, 법원은 이사회가 충분한 정보를 얻은 후 경영판단에 도달하였는가 여부를 결정함에 있어서 적당한 기준은 중과실이라고 하였다. 그것은 통상의 과실(negligence)기준보다 책임을 완화하는 것이지만, 법원이 그와 같이 정식화했기 때문이고 경영판단원칙을 도입하는 것이 반드시 중과실을 책임요건으로 하는 것과는 연계되지 않는다. 중과실을 책임요건으로 함에는 너무 완화한다든가, 중과실이라는 기준이 애매하고 경영실무의 복잡함을 고려하여 이사에게 일정한 재량의 폭을 부여하는 것이라면 중과실 기준을 이용할 필요가 없다는 비판이 있다.

2) 免責的 機能

경영판단의 원칙이 적용되면 경영판단에 따른 이사 또는 임원의 개인적 책임으로부터 이사를 보호하는 즉 이사를 면책시키는 효과가 발생한다. 이것은 경영판단원칙의 본질적 기능이라고 할 수 있으며, 동 원칙을 안전항(safe harbor) 또는 책임으로부터 피난처(shield against liability)라고 비유하는 이유이다.

경영판단의 원칙은 이사에 의하여 이루어진 경영판단에 대한 존중 내지는 이에 대한 사법적 개입의 억제를 근간으로 하여 발전되어 온 것이다. 따라서 일정한 요건 아래서는 실질심사가 행하여지기 전에 소를 각하하는 법리로서 기능하고 있다. 그러나 경영판단에 의하여 취하여진 어떤 거래나 행위가 중대하고 명백한 재량권의 남용(gross and palpable overreaching)이거나 중대한 과실이 있는 경우

조차 법원이 그 경영판단의 내용의 타당성을 심사할 수 없는 것은 아니다.

3) 推定 내지 立證責任의 分配 機能

경영판단의 원칙은 이사에게 그들이 경영판단을 하는 과정에서 충분한 정보에 의하여 선의로, 회사의 최상의 이익에 합치한다는 정직한 신뢰 위에서 행동하였다는 추정을 부여하여 왔다. 따라서 반대의 증명이 없는 한 이사의 경영판단은 성실하게 이루어진 것으로 추정되며, 원고인 주주는 이러한 추정을 깨뜨리기 위해서는 무거운 입증책임(heavy burden)을 부담하게 된다. 결국 경영판단의 원칙은 이 추정적 효과에 의하여 입증책임의 전환을 가져오게 된다.

그러나 ALI 원칙의 시도에서는, 경영판단원칙에 대하여 추정이라는 용어는 부정확하고 또한 오해를 초래하기 쉬운 것이므로 이 말의 사용을 피하고 있다. 그리고 입증책임에 대해서는 별도의 조항을 두고, 이사의 책임을 추궁하고자 하는 측이 당해 행위에 대하여 경영판단원칙이 구비되어 있지 않는 것 및 주의의무 위반이 있는 것을 증명하도록 하고 있다(4.01조 (d)항). 따라서 ALI의 이해에 의하면 경영판단 원칙은 추정 내지 입증책임의 분배의 기능을 그 본질로 하는 것이 아니라고 할 수 있다.

본래 입증책임의 일반원칙 아래서도, 이사의 책임을 추궁하기 위해서는 원고가 입증책임을 져야하기 때문에 경영판단원칙을 거론할 필요까지도 없을 것이다. 우리 나라에서 이사의 회사에 대한 책임요건 및 입증책임을 명백히 하지 않고, 경영판단원칙의 추정적 효력을 전제로 하는 논의를 한다면 성급한 결론이 될지도 모른다.

(5) 經營判斷原則의 適用制限

1) 閉鎖會社

경영판단의 원칙은 소유와 경영의 분리라는 대규모의 공개회사를 전제로 하는 것이기 때문에 소유와 경영이 분리되지 않은 소규모·폐쇄회사에 대해서는 이 원칙을 공개회사와 동일하게 적용할 수 없을 것이다.

생각건대, 1인회사이거나 극소수의 주주들로 구성된 회사로서 주주들이 모두 이사의 지위를 겸하고 있는 상황에서는 이사들이 경영판단을 잘못하여 회사에 손해를 야기하더라도, 그것이 바로 주주의 개인적 손해가 되기 때문에 법원이 간섭하지 않고 이사의 경영판단은 합리성·성실성을 갖게 될 것이다. 그러나 대주주와 소수주주간에 경영상의 불화, 이익배당, 소수주주의 축출 등 분쟁이 발생할 경우 법원에 의한 경영판단원칙의 적용은 오히려 소수주주의 보호를 간과하게 될 것이다. 따라서 폐쇄회사의 경우에는 특정한 소수주주를 억압하는 형태로 운영되기 쉽기 때문에 법원이 소수주주를 보호하기 위하여 이사의 경영판단에 적극적으로 개입할 필요성이 강하게 요구된다[333]. 소규모의 폐쇄회사는 그 업무가 한정적이고 사후심사가 용이하며 경영판단도 단순하기 때문에 개입하기가 어렵지 않을 것이다. 따라서 미국의 법원은 이러한 소규모·폐쇄회사의 특수한 상황을 고려하여 기존의 경영판단원칙을 제한적으로 적용[334]하며 이사의 고도의 재량권을 제한하는 등 소수주주보호를 위하여 노력하고 있다.

2) 敵對的 M&A에 대한 防禦行爲

적대적 기업인수(hostile takeover)라 함은 인수대상 회사 경영자의 의사에 반하여 그 회사를 인수하는 것이다. 적대적 기업인수가 이루어지면 대상회사의 경영진은 교체되므로 당연히 대상회사의 이사 등 경영진은 이를 저지하기 위하여 방어행위를 하게 된다. 이러한 이사의 방어행위에 대하여도 경영판단원칙을 적용할 것인가의 문제가 제기될 수 있다.

---

333) O'neal, *Close Corporation* : Law & Practice §1. 14C pp. 75~76(2nd ed., 1971).
334) *Ibid.*, p. 75.

이에 대하여 적대적 기업인수가 대상 회사와 주주에게 해가 된다고 판단될 경우 이사의 방어행위는 통상적인 경영행위의 범위에 속하게 될 것이므로 당연히 경영판단원칙이 적용된다. 그러나 이사가 자신의 지위를 지키기 위하여 회사와 주주의 이익에 반하는 방어행위를 한다면 이사의 충실의무 위반행위가 되기 때문에 경영판단의 원칙은 적용될 수 없을 것이다.

이러한 문제해결을 위하여, 주요목적기준(primary purpose test), 합리성 (proportionality test), 중간적기준(intermediate standard) 등이 제시되었다. 이상의 기준 중에서 비례성기준이 인수대상 회사의 이사회의 방어행위에 대하여 가장 유력하고 가장 널리 채택되고 있다. 비례성기준은 이사가 방어행위를 하기 위해서는 회사의 정책과 효율성에 대하여 위험이 존재한다고 믿을 합리적인 근거가 있어야 하고 또한 그 방어행위의 정도가 기업인수에 의해 나타난 위협에 대하여 합리적이어야 한다는 것이다. 따라서 적대적 기업인수에 대한 이사의 방어행위에는 이사의 경영판단을 존중하는 기존의 경영판단원칙이 상당히 수정 또는 제한되어 적용되고 있다.

3. 補償制度

(1) 美國의 補償에 관한 判例의 態度

미국이 처음부터 이사에 대하여 보상을 인정한 것은 아니었다. 보통법 (common law)하에서의 판결은 보상을 이사나 임원이 소송에서 승소하지 않으면 인정하지 않았다[335]. 이러한 판결의 근거는 회사가 그의 임무를 위반한 이사나 임원의 소송경비를 지급하는 것은 정당화될 수 없다는 것이었고 더 나아가 일부 법원은 소송이 회사에 이익을 가져왔다는 것이 증명될 수 없었다면 보상을 인정하는데 주저하고 있었다[336]는 것이다. 이와는 반대로 New Jersey

---

335) Wickersham v. Crittenden, 106 Cal. 329, 39 Pac. 603(1895) ; Hollander v. Breeze Corp., 131 N.J. Eq. 585, 26A 2d 507(1941).

주에서의 선도적 판결(leading case)은 보상이 책임 있는 경영자가 이사의 지위를 수락하게끔 유도하는데 있어 도움을 준다는 근거로 보상을 인정하였다[337].

Minnesota 주의 획기적인 판결에서 법원은 보상은 책임 있는 기업경영의 필요조건으로서 기업경영의 건전한 성장을 위한 공공정책(public policy)을 확립하는데 있어 필요한 것이라고 판결하였다[338]. 미네소타주 최고법원은 위의 판결을 인용하여 보상의 권리는 책임 있는 기업활동의 전제조건으로서 건전한 경영자의 육성을 위하여 바람직한 정책수립에 그에 근거가 있다고 밝힌 다음, 회사에 대하여 직접의 또는 현실의 이익이 존재한다는 것을 밝히지 않아도 회사의 이사는 대표소송에 의하여 그의 임무수행에 있어서 책임이 문제되었고, 그것에 대하여 책임이 없다는 것이 본안에서 밝혀진 후라면 회사자금으로부터 합리적인 비용의 지출로서 보상을 받을 권리를 갖는다고 하였다. 또한 회사경영자가 성실하다고 증명되었다면 이것만으로 회사에 이익이 될 수 있다고 생각할 수 있지만 그와 같은 이익이 보상의 전제로 되는 것은 아니고 회사경영에 있어서 부수적인 것에 지나지 않는다고 판시하고 보상을 인정하였다. 이러하던 판결의 경향은 1933년 뉴욕주 최고법원의 판결[339]로 말미암아 보상에 관한 판례법의 혼란이 야기되는데, 이 판결에서 법원이 대표소송에 있어서 의무위반으로 책임이 추궁된 이사가 소송에 있어 승소하였더라도 이사는 회사의 대리인[340]이 아니고 더욱이 이사의 소송활동에 있어서의 성공이 회사에게 아무런 이익을 가져다주지 않았기 때문에 소송비용을 회사로부터 보상받을 수

---

336) Jesse v. Four-Wheel Drive Auto Co., 177 Wis. 627, 189 N.W. 276(1922) ; Grisse v. Lang, 37 Ohio App. 533, 175, N.E. 222(1931) ; Red Bud Realty Co. v. South, 96 A가, 281, 131 S.W. 340(1910).

337) Solmine v. Hollander, 129 N.J. Eq. 264, 272, 194A. 2d 344, 348(1941).

338) In re E.C. Warner Co., 232 Minn. 207, 214, 45 N.W. 2d 388, 393(1950).

339) New York Dock Company v. McCollom, 173 Misc. 105, 16 N.Y.S. 2d 844(1939).

340) Sebring, *Recent Legislative Changes in the Law of Indemnification of Directors*, Officer and Others, 23 Bus. Law 95(1967).

없다고 판시한 것이다[341]. 이 판결의 영향은 매우 커서 각 주법이 명문으로 보상에 관한 규정을 두게 되었는데 1941년의 뉴욕주 일반법원[342]이 그 효시이고 뒤이어 1943년의 델라웨어주 회사법[343]이 보상규정을 둔 이래 대부분의 주법이 양주의 법을 모방하여 보상에 관한 규정을 두고 있다.

(2) 制定法에 의한 補償

1) 州法의 規定

미국의 50개주와 콜럼비아 특별구(District of Columbia), 포에르토리코, Virgin Island는 입법에 의하여 회사의 이사나 임원 등에 대한 보상규정을 두고 있는데 이들 규정은 몇 가지 방법에 의하여 분류될 수 있다.

첫째, 배타형 규정인가 아니면 비배타형 규정인가에 의한 구분이다. 배타형 규정은 주법이 규정하는 보상만을 인정하는 것으로 이에는 New York주법, North-Carolina주법, South-Carolina주법, Connecticut주법, Tennessee주법 등이 속한다. 비배타형 주법은 대부분의 주법이 취하고 있는 형태로서 회사가 주법에 규정되어 있는 보상뿐만 아니라 부속정관, 합의, 이해관계가 없는 이사 또는 주주들의 결의 등에 의하여 부여되는 권리도 배척하지 않는 입법이다[344].

둘째, 의무적 보상인가 임의적 보상인가에 따른 구분이다. 의무적 보상은 회사가 일정한 조건 하에서는 보상을 행하여야 할 의무가 있음을 규정한 경우이고 임의적 보상은 회사가 의무로서 하는 보상이 아니라 일정한 상황에서 보상할 수 있는 권한을 회사가 갖고 있다는 뜻으로 규정한 경우이다. 오늘날 대부분의 주회사법은 임의적 보상과 의무적 보상의 규정을 함께 두고 있는 것이 일반적이다.

---

341) *Ibid.*
342) N.Y. Gen. Corp. Law §27a, §61a(1941).
343) Del. Corp. Act, §2~10(1943).
344) 대표적인 입법은 Delaware General Corporation Law §145(f)이다.

또한 각 주법은 제3자에 의한 이사 등에 대한 소송에 있어서의 보상과 대표
소송에 있어서의 보상을 구별하고 있다. 제3자에 의한 소송은 이사, 임원 등이
회사가 아닌 제3자에 의하여 회사에 대한 의무위반 때문이 아니라, 불법행위로
서의 제3자에 대한 권리침해를 이유로 피고로 되는 경우이다. 이에 대하여 대
표소송은 회사에 의한 또는 회사의 권리에 기한 소송으로서 회사에 대한 의무
위반을 그 이유로 한다. 대표소송은 회사의 이름으로 회사에 의하여 제기될 수
도 있지만 보통은 회사의 이름으로 주주에 의하여 제기된다.

  2) 補償의 範圍

  이사책임에 대한 보상규정에 의하여 보상이 되는 자, 즉 피보상자는 회사의
이사뿐만 아니라 임원, 종업원, 대리인이거나 이었던 자를 말하며 여기에는 회
사의 요청에 의하여 조합, 합병기업, 신탁 또는 기타 기업의 이사, 임원, 종업
원 또는 대리인으로서 근무하거나 근무하였던 자를 포함한다345). 보상의 대상
은 대표소송과 제3자에 의한 소송의 경우에 따라 차이가 나지만 화해를 어떻
게 다룰 것이냐에 대하여는 주회사법에 따라 다르다. 대부분의 주회사법은 화
해에 있어 법원의 승인이 필요하다는 일반원칙에도 불구하고 화해에 있어서
발생한 소송비용을 화해에 있어서 지급된 금액과 함께 보상의 대상에 포함시
키고 있다346). 그러나 California, Connecticut, New York 주회사법에서는 법
원의 승인 없는 화해비용과 화해에 있어서 지급된 금액에 대한 보상을 배척하
고 있다.

---

345) 이 경우는 會社가 다른 會社의 株主이거나 債權者인 경우를 말한다.
346) Henn & Alexander, *op. cit.*, p. 1127.

(3) 補償의 要件

1) 任意的 補償

임의적 보상의 경우 피보상자가 회사로부터 보상을 받으려면 일정한 행동기준을 만족시켜야 하는데 그 요건은 제3자에 의한 소송과 대표소송에 있어서 약간 다르게 규정되고 있다.

제3자에 의한 소송의 경우에는, 첫째 피보상자가 성실하게 또 그가 회사의 최선의 이익으로 된다던가 또는 회사의 최선의 이익에 반하지 않는다고 합리적으로 믿은 바에 따라서 행동할 것이 요구된다. 둘째 형사소송 또는 절차와 관련하여 보상이 이루어지려면 피보상자의 행위가 위법하다고 믿을 만한 상당한 이유가 없어야 한다.

대표소송의 경우에도 피보상자가 성실하게 또한 회사의 최선의 이익으로 되다던가 또는 이에 반하지 않는다고 합리적으로 믿은 방법에 따라 행동하여야 회사로부터 보상받을 수 있다. 그러나 피보상자가 그의 회사에 대한 의무이행에 있어서 과실 또는 비행에 대한 책임이 있다고 판결이 내려진 주장, 쟁점 또는 사실에 대하여는 보상이 인정되지 않는다. 다만 이에 대한 예외로서 소송이 제기된 법원에서 유죄판결에도 불구하고 그 사건의 모든 상황에 비추어 볼 때 피보상자가 법원이 정당하다고 인정하는 비용에 대하여 보상을 받는다는 것이 공정하고도 합리적이라고 결정하면 보상이 인정된다. 이 예외규정은 과실책임이 인정되기 쉬운 사건에서 사외이사(outside directors)의 재정적 부담을 덜어주기 위하여 적용될 수 있다고 한다[347].

---

347) Sebring, *Supra note* 74, at 548.

2) 補償의 決定

임의적 보상에 있어서 보상이 최종적으로 인정되려면 법원의 명령이 있는 경우를 제외하고는 피보상자가 행동기준을 충족하였다는 결정이 요구되는데 이 결정은 첫째 당사자가 아닌 이사들로 구성된 이사회의 정족수의 과반수에 의한 결의, 둘째 독립변호사의 서면에 의한 의견, 셋째 주주들에 의하여 이루어진다. 이에 대하여 첫째의 경우는 이사들이 동료의식에서 보상을 무조건 인정할 위험성이 있고 둘째의 경우는 독립변호사의 독립성과 관련하여 의문성이 제기되고 있으며 셋째의 경우는 당사자인 이사가 주주인 경우에 이사의 지위로서는 보상의 가부에 대한 결정에 참여할 수 없지만 주주로서는 참여할 수 있느냐는 문제가 있고 공개회사에서 주주총회의 결의가 이루어진다는 것이 그리 쉽지 않다는 등의 문제점들이 제기되고 있다.

3) 義務的 補償

의무적 보상의 경우에는 이사 등의 피보상자가 본안 기타 절차에 있어서 방어에 성공해야 보상이 권리로서 인정되는데 여기에서 방어에 성공한다는 의미와 관련하여 몇 가지 문제점이 있다.

첫째, 본안판결에서 일부승소한 경우에 보상의 권리가 인정될 것이냐에 관한 것이다. 이에 대하여 델라웨어 일반회사법 및 캘리포니아 일반회사법 등은 '방어에 성공한 한도에서'라는 문언을 사용하여 일부보상이 인정된다는 뜻을 나타내고 있으나 뉴욕주회사법에는 이러한 문언이 없다. 또한 일부보상이 인정되는 일부승소라 함은 수 개의 소송원인에 기하여 피소된 경우에 일부의 소송원인에 대하여는 승소하고 다른 소송원인에 대하여는 패소한 경우를 포함할 것인가에 대하여도 문제다. 델라웨어주 최고법원은 이에 대하여 이사가 다른 소송원인으로 유죄가 된 경우에 보상을 인정하는 것은 법의 정신, 목적 및 건전성에 직접적으로 반하는 것이라는 판결을 내리고 있다[348].

둘째, 방어에 성공한다는 것은 본안 뿐만 아니라 예컨대 출소기간의 경과에
의한 각하판결 등의 소송절차적 이유로 승소한 경우에도 포함할 것이냐에 관
한 것이다. 이에 대하여 뉴욕주법원은 명문으로 제724조에서 '본안 기타'라는
문구를 두고 있어 절차적 사유로 인하여 승소하여도 보상이 인정됨을 입법적
으로 해결하고 있다[349].

셋째, 불항쟁의 답변(Plea of nolo contendere)은 피고가 당해사건에 있어
서는 자신의 책임을 자백하는 것으로 되지만 타의 사건에서는 그 답변을 피고
인에게 불리한 증거로 사용할 수 없는 경우를 말하는데 보상을 청구하는 소송
에서 어떻게 취급할 것이냐가 문제된다. 대다수의 주회사법에서는 임의적 보상
의 경우에 불항쟁의 답변 그 자체는 이사 등이 보상을 인정받기 위한 행동기
준, 즉 성실하게 또 회사의 최선의 이익으로 된다던가 또는 이에 반하지 않는
다고 합리적으로 믿은 방법에 따라 행동하는 것에 반한다는 추정을 생기게 하
는 것은 아니라고 규정하고 있으나 의무적 보상의 경우에는 아무런 규정이 없
다. 판례는 불항쟁의 답변에 기하여 내려진 판결도 이사에 대한 책임을 긍정한
판결로서 인정하여 보상을 부정하였으나[350] 불항쟁의 답변은 반드시 이사가
책임이 있다는 이유로 제출되는 것은 아니기 때문에 임의적 보상규정의 경우
와 마찬가지로 사건의 배후에 있는 사정을 조사하여 보상여부를 결정해야 할
것이라는 비판이 있다[351].

---

348) Merritt-Champman & Scott Corporation v. Wolfon, 264A. 2d 358(Del. Sup. Ct, 1970).
349) Comments, Mandatory Indemnification of Corporate Officers and Directors, 29 Sw. L.J. 727~730(1975).
350) Meritt-Chapman & Scott Corporation v. Wolfson 321 A. 2d 138(Del. Sup. Ct. 1974).
351) Comments, *Supra nate* 119, at 740~741.

4. 理事責任保險

(1) 州法의 規定 및 批判

미국의 모범사업회사법 제5조 g항 및 델라웨어 일반회사법 제145조 g항은
보상제도와 관련하여 회사는 그 회사의 이사, 임원, 종업원 또는 대리인을 위
하여 이들이 그 지위 때문에 부담하게 되는 책임에 대하여 회사가 동법의 규
정에 기하여 이들에게 보상할 권리를 갖는가의 여부와 관계없이 보험계약을
체결하고 이를 유지할 권한이 있다는 뜻을 규정하고 있다. 본 조항은 이사 및
임원에 대한 책임보험과 관련하여 회사가 보험료를 지급할 수 있음을 규정한
것인데 현재에는 30개주 이상의 주법에서 이러한 보험에 가입할 수 있는 권한
을 부여하고 있다.

이사책임보험이 나오게 된 배경은 법률적인 이유로서는 각주법이 보상제도
를 인정하더라도 공서문제나 혹은 증권관계소송에서 연방증권거래위원회
(SEC)의 태도 때문에 보상이 부정되는 경우가 많고 또 피보상자가 그의 의무
를 다하지 않으면 보상되지 않는 것이고, 경제적으로는 회사의 이사나 임원에
대하여 책임을 묻는 소송의 경우에는 다툼이 심하고 그 소송비용도 10만달러
이상의 것이 보통이어서 이러한 비용을 이사 등에 부담시키는 것은 커다란 재
앙과 같은 것이므로 이사 등을 보호하여야 한다는 것이 반드시 요청되기 때문
이라고 일반적으로 설명되고 있다[352].

그러나 위의 모범사업회사법이나 델라웨어 일반회사법과 같이 회사가 동법
의 규정에 기하여 이들에게 보상을 할 권리를 갖는가의 여부와 관계없이 보험
계약을 체결할 수 있다고 규정한 것은 법이 허용하고 있는 보상 이상의 것을
주는 것이어서 공서에 반하는 것이고, 이사의 온갖 책임에 대하여 보험계약을
체결할 수 있다는 뜻이어서 책임제도가 갖는 의무위반행위에 대한 유지적 기
능을 상실케 한다는 비판이 가해지고 있다[353]. 이에 대하여는 모범사업회사법

---

352) knepper, *op. cit.*, pp. 619~620.

제5조 g항이나 델라웨어 일반회사법 제145조 g항은 보험법의 규정이 아니고 단순히 공서에 반하지 않는 유효한 이사책임보험계약의 보험료를 회사가 지급할 수 있다는 뜻을 규정한 것이지 동조항이 없었다면 인정되지 않는 보험계약이 동조항에 의하여 인정되는 것은 아니라는 지적이 있다[354].

(2) 保險契約의 種類

이사책임보험은 보통 회사가 보상규정에 의하여 이사에 대하여 보상할 금액을 담보하는 회사보상보험(Corporate Reimbursement Form)과 회사에 의하여 보상되지 않는 이사의 책임을 담보하는 이사책임보험(Directors Form)의 두 가지 형태로 나뉜다. 이 두가 가지 형태가 동시에 체결되거나 양자를 포함하는 단일의 보험으로 체결되기도 한다[355]. 이사책임보험은 보험기간 중에 이사가 위법행위를 이유로 청구를 받은 경우에 보험자가 이사가 법률상 지급책임을 부담함으로써 생기는 모든 손해를 전보하는 것이다. 여기서 이사라 함은 모회사, 보험기간개시 이전에 또는 그 당시에 존재하는 자회사, 보험기간 중에 취득 또는 설립한 회사의 이사를 모두 포함한다. 또 현재뿐만 아니라 과거, 장래에 있어서의 이사를 포함하고 이사가 사망한 경우에는 그 부동산관재인, 법정대리인, 법정상속인을 말하며 이사가 자격상실, 지급불능, 파산의 경우에는 그의 법정대리인 또는 재산양수인을 의미한다. 위법행위라 함은 이사가 직무의 이행에서 단독 또는 공동으로 행한 과실, 잘못된 진술, 작위 또는 부작위, 부주의 도는 의무위반 또는 회사의 이사라는 것을 유일한 이유로서 이사에 대하여 손해배상의 청구가 주장된 경우를 말한다.

이사책임보험에 있어서는 보험사고가 발생하였다고 손해를 모두 전보하여

353) Bishop, *Sitting Ducks and Decoy Ducks: New Trends in the Indemnification of Corporate Directors and Officers*, 77 Yale L.J. 1078, 1091(1968).

354) Knepper, *op. cit.*, p. 625.

355) Henn & Alexander, *op. cit.*, p. 1145.

주는 것이 아니라 일정한 한도액(보통은 5천달러)은 자기부담액으로 하고 또 그 이상이라 하더라도 손해액의 일정비율만 전보하여 줌으로써 일반책임보험에 있어서와 마찬가지로 책임제도의 유지적 효과를 달성하는 한편 보험료의 경감을 목적으로 하고 있다.

(3) 免責規定

이사책임보험에 있어서도 보험자의 면책사유가 비교적 광범위하게 인정되는데 그 중 주요한 것을 들면, 구두비방 또는 문서비방으로 청구를 받은 경우, 법률상 취득할 수 없는 개인적 이익 또는 특권을 얻음으로 말미암은 청구, 주주들에 의한 사전승인 없이 불법적으로 받은 보수의 반환청구를 받은 경우, 불정직을 이유로 제기된 청구, 통상의 주의의무위반 이상의 행위로 인한 연방증권법에 기한 청구, 부정이나 고의적인 불법행위로 인한 청구 등이다.

5. 適用與否의 檢討

이상에서 이사의 책임에 대한 구제수단 내지는 완화방안에 대하여 미국회사법상의 규정인 경영판단원칙, 보상제도, 이사책임보험에 대하여 개략적인 내용을 살펴보았다. 이러한 제도들이 이사의 책임을 완전히 보장하여 주지는 못하지만 우리보다 먼저 시행하고 있는 제도이고 이러한 제도들이 이사회의 운영에 득이 되는 부분은 분명히 존재할 것이다. 이러한 제도들을 우리의 상법에 적용이 가능한가의 문제도 그러한 측면에서 논의해 보아야 할 것이다.

(1) 經營判斷의 原則

경영판단의 원칙에 관하여 이를 다루고 있는 국내의 학설356)은 등장하고 있으나 아직 관련 판례357)는 찾아볼 수 없다. 경영판단의 원칙을 우리 상법에서 인정한다면 임무해태로 인한 이사의 책임요건으로서 과실의 개념과 어떻게 결부되느냐가 중요할 것이다. 만약 경영판단의 원칙이 단순히 과실이 없는 또는 합리적이라고 생각되는 판단을 이사가 내렸으나 결과적으로 잘못된 판단이었을 경우에 그 판단을 내린 이사는 책임을 부담하지 않는다는 것을 의미하는 것이라면 경영판단의 원칙에 대하여 우리 상법상 특별한 의미를 부여할 것이 없다. 그러나 그 이상의 것을 의미하는 것이라면 경영판단의 원칙의 타당성 및 과실의 개념과의 조화라는 문제가 발생하게 되기 때문이다.

그러나 앞에서 본바와 같이 경영판단의 원칙을 적용한 판례와 다수견해의 태도는 원칙적용의 전제로서 이사가 상당한 주의로써 합리적인 판단을 할 것을 요구하고 있으므로 과실의 개념과 모순되는 것은 아니라 할 것이다. 또한 경영판단의 과정에서도 정보와 자료수집 등 준비과정과 이를 근거로 의사결정을 하는 부분으로 나눌 수 있는데 주의의무위반의 문제는 주로 전자의 경우이다. 후자의 경우 즉 의사결정 자체에 있어서는 어느 정도의 투기성과 기업위험을 수반하는 수많은 선택 중에서 어느 것을 결정하느냐의 문제로 이사 개인의 경영능력을 발휘하여야 할 부분이고 매우 개성적인 행위이므로 일반기업인의 평균적인 판단으로써 평가하여 단순히 주의의무의 문제로서 처리할 수 없기 때문이다. 이러한 부분에 대해서는 오히려 이사의 독자적 재량에 맡기어 설사 이사의 경영판단이 잘못되어 회사에 손해를 끼쳤다 하더라도 법원이 이에 간섭하지 않는 것이 이사의 창의와 기업가정신을 위축시키지 않고 경영활동을 할 수 있는 것이다.

---

356) 이병태, "理事의 會社에 대한 責任", 「法學論叢」, 創刊號, 1984, p. 19 : 이태로·이철송, 「會社法講義」(1984), p. 433.

357) 우리와 비슷한 법체계를 가지고 있는 일본에서는 나타나고 있다. 京都地法 1980年 10月 14日 判例(判例 タイムズ 427號, p. 189).

따라서 경영판단의 원칙은 주의의무와 같이 책임기준에 관한 것이거나 이사의
면책을 목적으로 하는 것이 아니라 오히려 이사의 경영판단에 대한 법원의 심사
범위를 판단에 이르기까지의 준비절차에 한정하는 것으로서 인식하여야 하며 이
러한 바탕 위에서 상법상의 적용을 시도하여야 할 것이다.

(2) 補償制度

소송사회라고 일컫는 미국 사회와는 달리 우리 나라에서는 이사의 책임을
추궁하는 소송이 활성화되어 있지 못하고 또한 보상제도가 없다고 하여 이사
직에의 취임을 거부하는 사례가 일어난 사례도 없고 또 현재로서는 거의 예견
할 수 도 없다. 그러나 이사회의 강화와 사외이사제도의 적극적인 활동이 나타
나고 있는 현재의 이사회제도하에서는 가까운 장래에는 가족기업에 가까운 대
기업이 실질적으로 공개되고 자본시장이 크게 육성되어 상법이 바라고 있는
기업의 소유와 경영의 분리라는 것이 실현된다면 자연발생적으로 주주나 회사
의 권리를 보호하기 위하여 이사에 대한 책임소송의 빈도가 많아지고 따라서
보상문제도 현실성을 띄게 되리라 생각할 수 있다.
　손해배상책임액에 대한 보상여부를 검토해 보면 부정적으로 볼 수밖에 없을
것이다. 이사의 회사에 대한 책임이나 제3자에 대한 책임이 성립하였는데도 불
구하고 회사가 이에 대하여 보상한다는 것은 이사의 책임을 규정하는 법의 취
지를 상실케 하는 것이기 때문이다. 회사에 대한 손해배상책임액에 대하여는
총주주의 동의를 얻는다는 것이 어려워 실효성이 있을지는 의문이지만 상법
제400조의 총주주의 동의에 의한 이사의 회사에 대한 책임면제의결로 보상과
같은 효과를 달성할 수는 있을 것이다.
　방어비용에 대하여는 이사가 소송에서 승소한 한도 내에서는 회사에 대하여
보상을 청구할 수 있다고 보인다. 그러나 이에 대하여는 대표소송에 있어 이사
가 승소하더라도 방어비용을 청구할 수 없다는 반대 견해[358]가 있다. 그러나

---

358) 韓國司法行政學會(編), 「判例·學說 註釋商法(上)」, p. 1039.

대표소송이 남용되거나 부당하게 제기된 경우를 보면 이사가 나중에 불법행위에 기하여 방어비용을 청구할 수 있더라도 시간과 노력을 요하고 현실적으로 지급 받을 수 있느냐도 분명치 못하기 때문에 지나치게 가혹하다고 볼 수 있다. 또 우리 상법상 회사와 이사의 관계는 위임에 관한 규정이 준용되므로 만약 대표소송에서 이사가 승소하여 회사에 대한 의무위반이 없었다는 것이 밝혀지면 민법 제688조 제3항의 위임사무의 처리를 위하여 손해를 받은 것으로 보아 이사의 방어비용에 대한 보상을 인정할 수 있을 것이다. 결국 보상제도가 명문으로 규정되어 있지 않은 우리 상법의 경우에도 이사에 대한 책임추궁소송에 있어서의 방어비용에 대하여는 민법 제688조 제3항의 요건이 충족되는 한 인정될 수 있는 것이다.

(3) 理事責任保險

이사책임보험에 관하여는 이사의 책임을 추궁하는 소송이 활성화되어 있지 않은 우리 나라의 실정에서 보면 그 실효성이 많지 않다고 생각할 수 있고 또 이 제도는 미국회사법상의 보상제도와 밀접하게 관련되어 보험료를 회사가 부담하기 때문에 이점도 우리 법제에서의 수용에 부담이 되는 것은 사실이다. 또한 아직 우리의 경우에는 직업적 배상책임보험(professional liability insurance)이 발달되어 있지 않기 때문에 책임보험에 있어서 본질적인 문제라 할 수 있는 민사책임의 유지적 기능과의 관계에 대해서도 검토하여야 할 부분이다.

그러나 이사회제도의 바람직한 개선을 위하여 사외이사 등 각종의 미국식 제도를 도입한 이상 이사의 책임구제제도 역시 충분한 검토가 이루어져야 하고 그 중에 하나인 이사책임보험에 대하여도 가까운 시일 내에 본격적인 논의가 있을 것으로 기대한다.

第5章 結 論

　지금까지 우리 나라의 이사회 특히 이사회의 경영감독기능의 실태와 문제점 그리고 현재까지의 국내외의 논의를 바탕으로 앞으로 우리 나라 주식회사의 이사회제도가 나아가야 할 바람직한 방향과 그 대안의 제시를 해 보았다.

　주식회사의 기본적이고도 효율적인 운영을 위해서는 주식회사내의 기관들이 제기능을 발휘하여야만 한다. 특히 이사회가 그 기능을 상실하거나 제대로 기능하지 못할 때에는 여러 가지 직접적인 문제점들이 드러나게 된다. 본 서는 주식회사 이사회의 기능 특히 경영감독기능을 그 논의의 대상으로 하여 운영실태의 문제점과 법제도상의 문제점들을 파악하고 그 개선방안을 제시하고자 하였다.

　최근 상법학계에서 논의의 대상이 되는 중요한 사항들 중에 하나가 바로 주식회사의 지배구조문제이다. 지배구조의 개념에 대하여는 아직도 완전한 결론이 나지 않은 상태이고 따라서 지배구조가 포함하고 있는 범위에 대하여도 의견이 분분하다. 일반적으로 광의로는 주식회사를 효율적으로 운영하기 위한 모든 측면을 포함하는 개념으로 보고 협의로는 그 가운데 주식회사의 경영 및 감독구조만을 의미한다고 파악하고 있다. 본 서에서는 이러한 지배구조의 개념을 협의로 파악하여 지배구조의 문제점을 지적하고 특히 경영감독기구로서 이사회의 문제점을 중점적으로 고찰한다. 우리 나라 주식회사 지배구조의 문제점으로는 이사회의 형해화와 감사제도의 형해화로 진단했으며 특히 감사제도가 이사회와 밀접한 관련이 있다는 점을 강조하여 이사회의 문제점을 개선한다면 자연스럽게 주식회사의 감사제도도 개선되리라 생각한다. 주식회사의 경영감독기구는 단순하지 않다. 대표이사·주주총회·상법상 감사·이사회 등이 있고 기타의 기구로는 기관투자가·사외이사·감사위원회 그리고 최종적인 경영감독기구라 할 수 있는 주주 등이 있다. 이처럼 많은 경영감독기구 가운데 본 서는 이사회만을 그 논의 대상으로 하였다. 본 서에서 논의한 이사회제도의 문제점을 간략히 정리해 보면 다음과 같다. 이사회의 법제도상의 문제점으로 첫째, 주식회사내의 업무집행기관에 의한 경영감독, 둘째, 이사회내에 설치된 각종 위원회의 형해화, 셋째, 사외이사제도의 운영 미숙 등을 지적하였고 이사회 운영 실태상의 문제점으로는 첫째, 지배주주·경영진에 의한 이사회의 종속, 둘째, 비등기임원의 비대화, 셋째, 상법상 감사의 기능 부재 등을 지적하였다.

이러한 문제점 지적을 바탕으로 그 개선방안을 찾기 위하여 본격적인 논의에 앞서 세계 각국의 입법례를 살펴보았는데 그 대상이 되는 국가는 미국, 독일, 프랑스, 일본, 중국 등이다. 미국은 전통적인 일원적 경영감독기구를 가지고 있는 나라로 각 주법상에 규정된 내용들을 살펴보고 이어 최근 자국내의 회계부정사태로 인하여 기업개혁법(Sarbanes-Oxley Act)을 검토하였다. 독일은 미국과는 달리 이사회와 감사회를 나누어진 이원적 경영감독기구를 가지고 있으며 프랑스는 기본적으로는 일원적 기구였던 것을 최근 이원적 제도를 병행하여 양 제도의 선택적 시행을 하였으나 이원적 제도의 선택이 그리 많지 않아 성공하지 못한 것으로 평가되고 있다. 일본의 경우는 우리 나라의 경우와 유사하게 감사와 감사위원회의 선택을 할 수 있도록 관계 법규를 개정하였고 그 내용을 살펴 보았다.

본 서에서 경영감독기구로서 이사회의 개선방안으로 제시한 것을 아래에 정리하여 결론에 갈음하고자 한다.

첫째, 사외이사의 독립성 확보이다. 사외이사는 결국 경영감독의 효율성을 제고시키기 위하여 상법이 도입한 제도로서 그 성공을 위한 핵심은 사외이사의 경영진 및 지배주주로부터의 독립적 업무수행 보장이라고 할 수 있다. 지금까지 우리 나라의 사외이사는 인맥·혈연 등의 연고를 통하여 사외이사가 되고 이러한 문제로 인하여 사외이사들이 제기능을 다 하지 못하였음은 누누이 지적되어 온 바다. 결국 사외이사의 독립성을 엄격히 확보하기 위해서는 사외이사의 선임방법을 획기적으로 개선하여야 하며 이를 위하여 집중투표제도의 강제, 사외이사 자격의 강화 및 책임의 면제 등이 논의되어야 한다.

둘째, 이사회내 위원회제도의 활성화이다. 이사회내 위원회제도는 이사회의 원활하고 투명한 운영을 위하여 상법이 도입한 제도로서 이사회의 업무결정기능과 경영감독기능을 강화시킬 수 있다. 이 제도 또한 그 구성원이 사외이사라는 점을 감안한다면 사외이사와 마찬가지로 경영진의 영향력으로부터 그 활동의 독립성을 보장받아야 하며 더 나아가 회사의 정보에 접근할 수 있는 정보개시청구권을 확실히 부여하여 각 위원회가 경영감독을 하는데 길을 열어주어야 할 것이다.

셋째, 감사 및 감사위원회제도의 활성화로서, 기존의 상법상 감사의 기능이 감사위원회제도를 시행함으로써 중복되게 되었고 이에 따라 어떠한 제도를 선택할 것인지에 대한 문제가 남게 되었다. 물론 증권거래법상 일정 규모 이상의 공개 주식회사에 대해서는 감사위원회의 설치가 강제되지만 이 문제를 더욱 명확히 하여 주로 대규모 주식회사에서 문제됨을 고려하여 소규모 인적 회사에 대해서는 감사위원회의 설치와의 선택의 문제에서 벗어나도록 함이 타당할 것이다.

넷째, 집행임원제도의 도입을 통한 이사회 감독기능의 강화이다. 집행임원제도는 미국의 경우와 같이 이사회는 경영감독의 기능만을 담당하도록 하고 회사의 전반적 운영은 집행임원에게 일임시키게 되는 제도로서 우리 나라의 이사회의 기능제고를 위하여 반드시 논의해 보아야 할 제도인 것이다. 본 서에서도 이사회 감독기능의 제고를 위해서는 임원제도의 도입이 필요하다고 보았다.

이상의 개선방안 제시와는 별도로 이사회의 기능제고시 이사가 과중한 책임을 지게 될 수 도 있는 이사책임의 중복 및 과중문제를 재검토하여 유능한 사외이사의 확보와 감독활동의 활성화를 위한 이사책임의 완화방안을 몇 가지 제시하였다. 그 방안으로는 이사의 충실의무의 개념 재검토·경영판단원칙·보상제도·이사책임보험 등을 제시하였고 각 방안에 대한 상법상의 적용여부를 검토하였다.

현재 우리 나라의 상법상 이사회제도의 가장 큰 문제점은 주식회사의 업무집행기관과 그 업무집행에 대한 감독을 동일한 기관인 이사회에서 담당하고 있다는 것이다. 이에 따라 이사회를 개선하기 위하여는 반드시 기업의 소유와 경영의 분리를 전제로 이사회는 경영감독기능만을 담당하도록 하여야 할 것이다. 이를 위하여 상법상 사외이사제도를 적극 활용하여 종국에 가서는 이사와 임원을 분리시켜 이사의 기능을 회사의 경영으로부터 개념적으로 분리시켜 이사회의 독립성을 확보하여야 할 것이다. 또한 감사기관을 강화하고 그 방안으로 일정규모 이상의 공개 회사에 대하여 상법상으로 감사위원회의 설치를 강제하는 것을 검토할 필요가 있다.

參考文獻

Ⅰ. 國內 文獻

1. 單行本

강희갑, 「지배·종속회사간의 거래에 관한 연구」, 法學博士學位論文, 서울대학교, 1983.

_____, 「株式會社의 經營監督·監査 및 監査委員會制度에 관한 研究」, 上場協 研究叢書(韓國上場會社協議會), 2002. 5.

권기범, 「現代會社法論」, 삼지원, 2001.

김상규, 「社外理事와 監査委員會制度의 改善에 관한 研究」, 韓國上場會社協議會, 2000.

박길준·홍복기, 「理事와 理事會 制度」, 韓國上場會社 協議會, 2000.

손주찬, 「商法(上)」, 박영사, 2000.

友桂 강희갑박사 회갑기념논문집, 「現代商事法 論集」, 三進印刷公社, 2001. 12. 31.

이철송, 「會社法 講義」제9판, 박영사, 2001.

임홍근, 「會社法」, 법문사, 2000.

이균성, 「新體系 商法(Ⅱ) 會社法」, 고시계사, 1996.

이형규·이상복, 「社外理事 選任制度 改善方案에 관한 研究」, 「상장협 연구총서 2002-3」, 韓國上場會社協議會, 2002. 5.

이범찬, 「株式會社의 監査制度」, 韓國上場會社協議會, 1997.

이태로・이철송, 「會社法講義」, 1984.

이철송, 「會社法講義」, 박영사, 2001.

_____, 「會社法講義」, 박영사, 2000.

정동윤, 「會社法」, 법문사, 2000.

정석호, 「監事의 監査機能 活性化에 관한 研究」, 漢陽大 碩士學位論文, 1994. 6.

정찬형, 「商法講義(上)」, 박영사, 2000.

_____, 「商法講義(上)」, 제5판, 박영사, 2001.

_____ 외, 「株式會社 監査制度의 改善方案에 관한 研究」, 上場協 研究報
        告書 95-4, 韓國上場會社協議會, 1995. 12.

최기원, 「新會社法論」, 박영사, 2001.

경실련, "商法上 「集中投票制 强制條項化」를 위한 법개정청원", 보도자료 1999.
        9. 28.

公正去來委員會, 「2001년 대규모기업집단 주식소유현황」, 2001. 7.

_____, 「公正去來白書」, 2002. 7.

大韓商工會議所, 社外理事制度 改善方案에 대한 業界 意見.

_____, 商法 議員立法案에 대한 意見(建議書), 2000.
        12. 7.

法務部, 「各國의 會社支配構造」, 法務資料 제229집, 1999. 12.

上場會社協議會, 「연구보고서 99-1」.

_____, 「企業支配構造 模範規準」, 1999. 10.

全國經濟人聯合會, 「企業支配構造 改善方案의 諸問題」, 2000. 10.

韓國司法行政學會(編), 「判例・學說 註釋商法(上)」.

韓國上場會社協議會,「社外理事 職務遂行規準解說」, 韓國證券去來所, 2001. 7.

_____,「企業支配構造의 改善과 社外理事의
役割」, 상장협자료 2002-7, 2002. 11.

2. 論　文

강희갑, "會社支配構造에 있어서의 株主의 代表訴訟",「比較私法」제4권 제2호,
韓國比較私法學會, 1997. 12.

_____, "株式會社의 支配構造에 관한 美國法의 動向",「企業構造의 再編과 商
事法(Ⅰ)」(회명 박길준교수 화갑기념 논문집), 도서출판 정문, 1998.

_____, "우리 나라의 企業支配構造의 立法論的 檢討", 上場協, 1999. 春季號.

_____, "韓國 株式會社法上 支配構造의 問題點과 改善方向",「比較私法」제6권
2호, 韓國比較私法學會, 1999.

_____, "株式會社의 支配構造와 美國法上의 經營管理構造",「經營法律」제9집, 韓
國經營法律學會, 1999. 2.

_____, "우리 나라의 企業支配構造의 立法論的 檢討",「上場協」, 韓國上場會
社協議會, 1999. 春季號.

_____, "美國法上의 執行任員制度의 導入에 관한 硏究",「比較私法」제27권 2
호, 韓國比較私法學會, 2000.

_____, "美國法上 理事의 忠實義務와 理事의 自己去來,「企業法硏究」제5집,
韓國企業法學會, 2000.

_____, "主要國家의 會社支配構造論과 日本의 株式會社의 經營監督構造에 대
한 改善論議",「商事法硏究」제18권 제3호, 韓國商事法學會, 2000. 2.

_____, "美國의 株式會社의 監查委員會制度에 관한 最近動向과 그 示唆點",「
商事法硏究」제20권 4호, 韓國商事法學會.

292

_____, "主要 유럽국가의 會社支配構造의 最近 動向과 우리 나라의 企業結合에 있어서의 支配構造", 「商事法研究」제20권 제1호, 韓國商事法學會, 2001. 5.

_____, "主要西歐國家의 會社法 改正의 最近 動向", 「比較私法」제8권 1호, 韓國比較私法學會, 2001. 6.

_____, "株式會社 經營監督機構의 改革", 「現代法의 爭點」明知大 法學研究所 국제학술세미나 發表論文集.

_____, "美國의 企業支配構造 및 會計監査에 관한 最近의 改革立法", 「商事法研究」제21권 4호, 商事法學會, 2003. 2.

권기범, "獨逸 및 EU에서의 會社支配構造", 「比較私法」제6권 2호, 韓國比較私法學會, 1999.

권재열, "經營判斷의 原則", 「比較私法」, 제6권 1호, 통권 제10호.

권종호, "日本의 企業支配構造 動向과 우리 나라 監査制度의 改善", 上場協, 1999. 春季號.

_____, "日本의 監査制度 -개정사적 관점에서 본 1990년대 일본상법(1)-", 「人權과 正義」Vol. 274, 1999. 9.

_____, "韓國型 社外理事制度의 問題點과 그 改善方案에 관한 立法論的 摸索", 「上場」제44호, 韓國上場會社協議會, 2001. 9.

_____, "監査制度의 改善과 監査委員會制度의 課題", 「商事法研究」제19권 3호, 韓國商事法學會, 2001. 2.

_____, "理事의 賠償責任緩和", 「上場」제329호, 韓國上場會社協議會, 2002. 5.

김교창, "理事의 忠實義務와 競業禁止", 「會社法의 諸問題」, 1982.

김동철, "社外理事制度의 效率的 活用", 「法學碩士學位論文」, 高麗大, 2000. 2

김재형, "監事委員會의 獨立性 確保를 위한 方案", 「商事法研究」제19권 제1호,

韓國商事法學會, 2000. 6.

김지환, "株式會社의 支配構造에 관한 研究", 法學博士 學位論文, 成均館大.

김홍수, "社外理事制度 小論", 「기업구조의 재편과 상사법(박길준교수 화갑기념논문집)(Ⅰ)」, 도서출판 정문, 1998.

남경현, "社外理事制度의 法的 地位와 責任에 관한 研究", 「法學碩士學位論文」, 高麗大, 2001. 2.

노일석, "敵對的 企業買受와 會社支配理論", 「商事法研究(商事法學會)」, 제17권 제1호, 1998. 6.

맹주형, "上場會社 監査制度와 運營現況分析", 「上場協」, 1992, 秋季號.

양동석, "理事會의 活性化方案", 「企業法研究」제4집, 韓國企業法學會, 1999.

_____, "株式會社의 監査機關의 再構成", 「上場」, 上場會社協議會, 1999. 6.

_____, "經營判斷의 原則과 株主代表訴訟", 「統一問題研究」제14집, 朝鮮大, 2001.

오수근, "OECD 企業支配構造 原則에 대한 分析", 「企業支配構造의 法的 諸問題」, 연세대, 1999. 10. 9.

원용수, "프랑스 商事會社法上 會計監査人에 관한 小考", 손주찬교수 고희기념 논문집, 삼성출판사, 1993.

_____, "프랑스 會社法上 單純株式·合資會社(SAS)와 自由職業人會社(SEL)", 「經營法律」제7집, 韓國經營法律學會, 1997.

_____, "프랑스 株式會社의 支配構造에 관한 研究 -經營 및 監督構造를 中心으로-", 「經營法律」제10집, 韓國經營法律學會, 1999.

_____, "프랑스 株式會社의 支配構造에 관한 研究", 「經營法律」제10집, 韓國經營法律學會, 1999.

_____, "美國과 프랑스의 會社支配構造論의 比較考察", 「社會·敎育科學研究」

」, 淑明女子大學校, 2002.

유영일, "常勤監事와 社外監査制度의 導入意義와 運營 效率化 方案", 「上場協」 제37호, 韓國上場會社協議會, 1998. 春季號.

유진희, "韓國商法의 未來(最近 獨逸 商法(總則, 會社法)改正을 바라보며)", 「한국법학 50년 ～ 과거·현재·미래(대한민국 건국 50주년 기념 제1회 韓國 法學者 大會 論文集)」(Ⅲ).

_____, "우리 나라 企業支配構造 改革의 成果와 課題", 「商事法研究」제20권 제2호, 韓國商事法學會, 2001.

이문지, "集中投票에 의한 理事選任의 得과 失", 「上場」, 韓國上場會社協議會, 1999. 4.

이범찬, "社外理事制度", 「企業構造의 再編과 商事法(Ⅰ)」, 박길준교수 화갑기념논문집, 1998)

이병태, "理事의 會社에 대한 責任", 「法學論叢」, 創刊號, 1984.

_____, "株式會社의 理事會制度", 1986.

_____, "理事會 運營의 活性化 方案", 「上場協」, 韓國上場會社協議會, 1998. 春季號.

이균성, "株式會社의 社外理事의 地位", 「商事法研究」제20권 1호, 韓國商事法學會, 2001.

이기수, "獨逸 株式會社의 機關構成과 變遷", 「現代商事法論集」, 友桂 姜熙甲敎授 華甲紀念論文集, 2001.

_____, "社外理事制度의 强化를 둘러싼 爭點", 「商事法研究」, 韓國商事法學會, 2001.

이형규, "企業支配構造改革의 未解決課題", 「商事法研究」제20권 2호, 韓國商事法學會, 2001.

임중호, "株式會社 經營監督制度의 改善方向", 企業支配構造 改善方案 세미나 자료, 全國經濟人聯合會, 1999.

_____, "社外理事制度의 定着을 위한 先決課題", 「上場」, 2000. 10.

_____, "株式會社의 監査制度의 變遷過程", 「商事法研究」제20권 제2호, 韓國商事法學會, 2001.

정광선 외, 「韓國型 社外理事制度에 관한 研究」, 韓國上場會社 協議會, 1999. 4.

정동윤, "韓國型 監査委員會 制度의 虛와 實", 「上場」, 韓國上場會社協議會, 2000. 2.

정문호, "株式會社 監査制度 運營現況分析", 「上場協」, 1987. 秋季號.

정병석, "企業支配構造의 改善方案", 韓國上場會社協議會 심포지움 자료 99~2, 1999. 3. 23.

_____, "監査制度 改善의 基本方向", 「OECD가이드라인과 韓國企業의 支配構造」, 韓國企業法學會·韓國商事判例學會 1999년도 하계공동학술대회 자료, 1999. 6. 19.

정준영, "社外理事制度의 導入 및 運營實態", 「21세기 商事法의 發展」, 정동윤선생화갑기념, 법문사, 1999.

정찬형, "企業經營의 透明性 提高를 위한 株式會社의 支配構造의 改善", 「商事法研究」제17권 1호, 韓國商事法學會, 1999.

조병택, "日本企業의 所有·支配構造에 관한 調査研究", 「經濟研究」제20권 제2호, 漢陽大, 1999. 11.

최병규, "證券去來法·商法上 監査制度의 問題點과 改善方案", 「21세기한국 상사법의 진로」, 우홍구 박사 정년기념논문집, 삼진인쇄공사.

최완진, "社外理事制度에 관한 再檢討", 「商事法의 理念과 實際」, 박영길교수 화갑기념논문집, 2000.

_____, "株式會社의 監査制度의 改善方案에 관한 研究", 「21세기한국 상사법의 진로」, 우홍구 박사 정년기념논문집, 삼진인쇄공사.

_____, "監査委員會制度에 관한 法的 考察", 「21세기 한국상사법학의 과제와 전망」, 심당송상현선생 화갑기념논문집.

최준선, "美國과 英國의 支配構造와 그 動向", 「企業支配構造 改善의 法的 諸問題」, 韓國比較私法學會 學術大會 자료.

홍복기, "社外監査制度에 대하여", 「商事法研究」 제13호, 1994.

_____, "社外理事制度와 그 問題點", 「商事法研究」 제7집, 1988. 10.

_____, "社外理事 制度의 定着과 그 活性化", 「上場協」, 韓國上場會社協議會, 1998. 春季號.

Coudert Brothers · 법무법인 세종 · International Development Law Institute · Bernard S. Black 교수, 「國際競爭力 强化를 위한 韓國의 企業支配構造 最終報告書 및 法改正 勸告案」, 1999. 6.

Curtis J. Milhaupt, *Sarbanes-Oxley as Implemented by the SEC : A Preliminary Evaluation of its Significance for U.S. and Foreign Firms*, 證券法學會 국제세미나, 韓國證券法學會, 2003. 5. 28.

Erich S. Lee, Audit Committees and Outside Directors, 「현대법의 쟁점」, 명지대법학연구소 주최 국제학술세미나 발표논문집, 2001.

II. 外國 文獻

1. 美　國

(1) 單行本

ALI, *Principles of Corporate Governance and Structure* : Restatement and Recommendation Tentative Draft No. 1, 1982.

_____, *Proposed Final Draft*, March 31, 1992.

_____, *Principles of Corporate Governance : Analysis and Recommendations*, vol. 1, May 13, 1992, as adopted and promulgated by the American Law Institute at Washington, D. C. Paul Minn : American Law Institute Publishers), 1994.

Arthur R. Pinto & Gustavo Visentini, *The Legal Basis of Corporate Governance in Publicly Held Corporations - A Comparative Approach*, Kluwer, 1998.

Berle and Means, *The Modern Corporation and Private Property*, The McMillan Company, 1932.

Bishop, *Sitting Ducks and Decoy Ducks: New Trends in the Indemnification of Corporate Directors and Officers*, 77 Yale, 1968.

Brodsky Adamsky, *Law of Corporate Officers and Directors*, Deerfield, IL., Clark Boardman Callaghan, 1995.

Cary/Eisenberg, *Cases and Materials on Corporations*, The Foundation Press, 1995.

Christian J. MeierSchatz, *Corporate Governance and Legal Rules: A Transnational Look at Concepts and Problems of Internal Management Control*, 13 J. Corp.

Comments, *Mandatory Indemnification of Corporate Officers and Directors*, 29 Sw, 1975.

Cox/Lee Hazen/O' Neal, *Corporations*, Aspen Law & Business, 1997.

D.D. Prentice, *Some Aspects of the Corporate Governance Debate, Contemporary Issues in Corporate Governance*, Clarendon Press Oxford/Allen & Overy, 1993.

Fletcher, *Cyclopedia of the Law of Private Corporations*, vol. 3, Chicago, IL., Callaghan & Company, 1975.

Frank H. Easterbrook / Daniel R. Fischel, *The Economic Structure of Corporate Law*, 1991.

Hamilton, *Cases and Materials on Corporations*, West Publishing, 1994.

_____, R. W., *Law of Corporations*, 4th ed., West, 1996.

_____, R. W., *Corporation - Black Series*, 4th ed., West, 1997.

Henn & Alexander, *Laws of Corporations*, St. Paul, Minn., West Publishing Co., 1983.

J. E. Parkinson, *Corporate Power and Responsibility*, Oxford : Clarendon Press, 1993.

Jonathan P. Charkham, *Keeping Good Company*, Oxford : Clarendon Press, 1993.

Knepper, *Liability of Corporate Officers and Directors*, 3rd ed. (Indiana : The Allen Smith Company, 1978).

Mark J. Roe, *Strong Managers Weak Owners*, 1994.

Marsh, *California Corporation Law & Practice*, Vo. 1., 1977.

Nader, Green & Seilgman, *Constitutionalizing the Corporation*, 1976.

Rebert A. G. Monks and Nell Minow, *Corporate Governance*, 1995.

Robert W. Hamilton, *The Laws of Corporations*, St. Paul, Minn., West Publishing Co., 1996.

Sir Adrian Cadbury, *Highlights of the Proposals of the Committee on Financial Aspects of Corporate Governance, Contemporary Issues in Corporate Governance*, Clarendon Press Oxford/Allen & Overy, 1993.

The Business Lawyer, vol. 53, May 1998 ; vol. 54, Nov. 1998 ; vol. 54, February 1999 ; vol. 54, May 1999 ; vol. 55, Nov. 1999; vol. 55, May 2000.

(2) 論　文

Charles R. T. O'Kelley/Robert B. Thompson, "Corporations and Other Business Associations", Aspen Law & Business, New York, 1999.

Dallas, "Two Models of Corporate Governance : Beyond Berle and Means", 22 U. Mich, 1988.

Geoffrey C. Hazard, Jr., "Director's Foreword, in : American Law Institute, Principles of Corporate Governance: Analysis and Recommendations", 1994.

Harold M. Williams, "Introduction to Symposium on Corporate

Governance", 8 Hofstra Law Review 1, 1997.

Ira M. Millstein et al., "Corporate Governance Improving Competitiveness and Access to Capital in Global Market", A Report to the OECD by the Business Sector Advisory Group on Corporate Governance, 1998.

John H. Matheson & Brent A. Olson, "Corporate Cooperation, Relationship Management and the Trialogical Imperative for Corporate Law", 78 Minesota Law Review 1444 N.3, 1994.

Johnson, "The Business Judgment Rule : A Review of Its Application to the Problem of Illegal Foreign Payments", 1981 J.C. Law, 487(1981).

Melvin A. Eisenberg, "Answers to Questions on Part Ⅲ and Ⅲ-A", 3(2).

O'neal, "Close Corporation : Law & Practice §1. 14C", 1971.

Recommendations on Corporate Governance in the Netherland, Forty Recommendation, Committee on Corporate Governance, 1997.

Richard B. Smith, "An Underview of the Principles of Corporate Governance", The Business Lawyer; Vol. 48, August 1993.

Stern v. Lucy Webb Hayes Nat'l Training School for Deaconesses and Missionaries, 1974.

Sebring, "Recent Legislative Changes in the Law of Indemnification of Directors", Officer and Others, 23 Bus. Law 95, 1967.

SEC, "Staff Report on Corporate Accountability", 1980 Proxy Disclosure Monitoring Program.

The Committee on Corporate Laws, "Changes in the Model Business Corporation Act Pertaining to Directors and Officers", The Business

Lawyer, vol. 54, May 1999.

The Committee on Corporate Laws, "Changes in the Model Business Corporation Act Pertaining to Directors and Officers", The Business Lawyer, vol. 54, May 1999.

William R. Mclucas & Paul R. Eckert, "The Securities and Exchange Commission's Revised Auditor Independence Rule", 56 The Business Lawyer, May, 2001.

2. 日 本

(1) 單行本

酒卷俊雄=阪埜光男編, 「會社法全面改正の 動向と 課題」, 判例タイムズ 839号.

元木伸, "監査役制度の變遷", 「企業會計」第51卷 1号, 1999.

北村雅史, 經營機構改革, 「商事法務」 No. 1603, 商事法務硏究會, 2001. 8. 25.

春田素夫・鈴木直次, 「アメリカの經濟」, 東京 : 岩波書店, 1998.

前田重行, 「株式會社の營業方法」, 岩波講座 基本法學 7-企業, 1993.

(2) 論 文

皇田公明, "執行役員の法的地位と責任", 「商事法務」 No.1505, 1998. 10. 5~15.

太田誠一, "コ-ポレ-ト・ガナンスに關する商法等改正試案骨字", 「商事法務」No. 1470, 商事法務硏究會, 1997. 10. 5.

江頭憲治郎, "コ-ポレ-ト・ガナンスを論する意義", 「商事法務」, 商事法務硏究會, 1994. 8. 25.

小林秀之 / 近藤光男, 「株主代表訴訟大系」, 弘文堂, 1996.

加護野忠男, "日本における コ～ポレ～ト・カバナンスの制度的課題", 「會社法學への問いかけ」, 日本私法學會 商法部會シンポジウム資料, 1999. 10.

市川兼三, "コ－ポレ－ト・ガナンス", 「民商法雜誌」第117卷, 1998.

前田重行, "ドイツにおけるコ－ポレ－ト・ガバナンスの問題", 「民商法雜誌」第117卷, 1998.

武井一浩, "米國型取役の實態と日本への導入上の問題(Ⅰ)", 「商事法務」No. 1505, 1998. 10. 5.

_____, "米國型取役會の實態と日本への導入上の問題(Ⅱ)", 「商事法務」No. 1506, 商事法務研究會, 1998. 10.25.

_____, "米國型取役會の實態と日本への導入上の問題(Ⅴ)", 「商事法務」No. 1506, 商事法務研究會, 1998. 12. 5.

市川兼三, "コ－ポレ－ト・ガパナソス", 「民商法雜誌」第117卷, 1998.

川村正幸, "コ－ポレ－ト・ガパナソス論と會社法", 田中誠二先生追悼論文 「企業の社會的役割と商事法」, 經濟研究會, 1995.

海外情報, "ニューヨーク事業會社法の大改正, 「商事法務」No. 1493, 日本商事法務研究會, 1998. 6. 15.

酒卷俊雄, "日本法における企業再編と親子會社統治機構の課題", 商法制定 40周年 記念 國際學術大會, 韓國商事法學會, 2002. 9. 27～28.

前田庸, "商法等の一部を改正する法律案要綱の解說", 「商事法務」 No. 1622, 2002. 3. 5.

_____, "商法等の一部を改正する法律案要綱の解說", 「商事法務」 No. 1623, 2002. 3. 15

＿＿＿＿＿, “商法等の一部を改正する法律案要綱の解說”, 「商事法務」No. 1624, 2002. 3. 25.

高田正淳, “コ～ポレイト・ガバナンスからみた事後監査と會計監査”, 「企業會計」vol .46 No. 2, 1994.

上村達男, “公開株式會社と經營監督體制の確立”, 上村達男・伊藤邦雄(編著), 「金融ビグバン會計と法[企業會計別冊]」, 東京 ： 中央經濟社, 1998.

“商法及び株式會社の監査等に關する商法の特例に關する法律の一部を改正する法律案修正案新舊對照條文”, 「商事法務」제1614호, 2001. 12. 5.

資料①, “商法等の一部を改正する法律案要綱中中間試案”, 「ジュリスト」No. 1206, 2001. 8. 1~15.

澤口 實, “執行役員制度導入上の問題點”, 「商事法務」No. 1494, 1998. 6. 25.

森本 滋, “執行任員制度についで”, 「證券代行ニュース」, 中央信託銀行 27号.

＿＿＿＿＿, “日米構造問題協議と會社法の改正”, 「商事法務」, 第1309号, 1993.

高田裕成, “株主代表訴訟における原告株主の地位”, 「民商法雜誌」115卷 4・5号, 1997.

彌永眞生, “執行役員制度と監査役制度”, 「月刊監査役」418号.

森淳二朗, “取締役の善管注意義務と忠實義務”, 商法の爭點 Ⅰ(總則・會社), 1993.

岩原神作發言, 座談會, “經營環境の變化と企業の取締役會改革”, 「商事法務」第151号, 1998.

太田・佐藤丈文, “米企業改革法とNYSE・NASDAQ新規則案の概要[上]”, 「商事法務」No. 1639, 2002. 9. 15

＿＿＿＿＿, “米企業改革法とNYSE・NASDAQ新規則案の概要[中]”, 「商事法務」No. 1640, 2002. 9. 25.

_____, "米企業改革法とNYSE・NASDAQ新規則案の概要[下]", 「商事法務」No. 1641, 2002. 10. 5・15.

3. 其他 國家

Barbara Grunewald, Gesellschaftsrecht, 2.Aufl., 1996.

Begründung zum Gesetzesentwurf der Bundesregierung, BT-Drucksache 13/9712.

Couret, Le secret professionnel des commissaires aux comptes à l'épreuve des mesures d'infractions civiles, Bull. Joly 1996.

Hans-Joachim Mertens, in:Kölner Kommentar zum Aktiengesetz, Band 2, 2. Lief., 1996.

Karl-Heinz Forster, Zum Zusammenspiel von Aufsichtsrat und Abschlußprüfer nach dem KonTraG, AG 1999/5.

K.Schmidt, Gesellschaftsrecht, 3.Aufl..

Martin Frühauf, Geschäftsführung in der Unternehmenspraxis, ZGR 1998.

Maurice Cozian et Alain Viandier, Droit des sociétés, Litec, 1998.

Opel-Entscheidung, BGHZ 106, 54, NJW 1989, 979.

P.Hommelhoff/D.Mattheus, Corporate Governance nach dem KonTraG, AG 1998/6.

Roberta Romano, Foundations of Corporate Law, New York, Oxford, 1993.

Theodor Baums, Der Aufsichtsrat – Augaben und Reformfragen – , ZIP 1995. S. 12; Klaus J. Hopt, The German Two – Tier Board (Ausichtsrat) A German View on Corporate Governance, K. J. Hopt

/ E. Wymeersch (ed.), Comparative Corporate Governance, 1997.

Thomas Raiser, Recht der Kapitalgesellschaften, 2.Aufl.

_____, Gesellschaftsrecht, 2.Aufl.

Ⅲ. 資 料

참여연대, 증권거래법 및 유관법령에 관한 의견청원, 1999. 11. 11.

_____, 商法 改正 立法請願, 2000. 10. 16.

韓國上場會社協議會, 韓國型 社外理事制度의 定立(심포지움 자료).

_____, 商法中 改正法律案에 대한 意見, 2000. 12. 20.

동아일보, 2003년 3월 31일 자.

연합뉴스, 2000년 9월 29일 자.

조선일보, 1999년 3월 24일 자, 4월 12일 자, 6월 18일 자, 6월 21일 자, 6월 26일 자, 7월 14일 자, 7월 20일 자, 7월 24일 자, 7월 26일 자, 7월 28일 자, 7월 29일 자, 2003년 2월 25일 자, 2003년 4월 1일 자.

한국일보, 2002년 12월 2일 자.

· 저자 ·

윤동은　┃약 력
(尹東恩)
명지대학교 법과대학 법학과 졸업
명지대학교 대학원 법학석사
명지대학교 대학원 법학박사

명지대학교 법과대학 강사
국립 진주산업대학교 강사

┃주요 논저

「주식회사의 자본조달에 관한 연구」
「경영감독기구로서의 이사회의 문제점 및 그 개선방안에 관한 연구」
「이사의 회사에 대한 손해배상책임과 경영판단원칙」
「상법상 주식회사의 이사의 의무와 미국법상의 충실의무」
「우리 나라 노인복지제도의 문제점 및 그 개선방안에 관한 연구」
外 다수

◉ 주식회사의 이사회와 경영감독

· 초판 인쇄	2005년 12월 20일
· 초판 발행	2005년 12월 20일
· 지 은 이	윤동은
· 펴 낸 이	채종준
· 펴 낸 곳	한국학술정보㈜
	경기도 파주시 교하읍 문발리 526-2
	파주출판문화정보산업단지
	전화 031) 908-3181(대표) · 팩스 031) 908-3189
	홈페이지 http://www.kstudy.com
	e-mail(e-Book사업부) ebook@kstudy.com
· 등 록	제일산-115호(2000. 6. 19)
· 가 격	20,000원

ISBN 89-534-4299-0 93360 (Paper Book)
　　　 89-534-4300-8 98360 (e-Book)